विवाद, विरोध और विकास की नर्मदा

मध्यप्रदेश, गुजरात, राजस्थान, महाराष्ट्र में नर्मदा विवाद, विरोध और विकास का सम्पूर्ण लेखा-जोखा

विवाद, विरोध और विकास की नर्मदा

आदिल ख़ान

राजकमल प्रकाशन
नयी दिल्ली पटना इलाहाबाद

मूल्य : ₹ 350

पहला संस्करण : 2011

प्रकाशक : राजकमल प्रकाशन प्रा.लि.
1-बी, नेताजी सुभाष मार्ग
नई दिल्ली-110 002

शाखाएँ : अशोक राजपथ, साइंस कॉलेज के सामने, पटना-800 006
पहली मंजिल, दरबारी बिल्डिंग, महात्मा गांधी मार्ग, इलाहाबाद-211 001

वेबसाइट : www.rajkamalprakashan.com
ई-मेल : info@rajkamalprakashan.com

आवरण : हेमंत वायंगणकर

मुद्रक : बी.के. ऑफसेट
नवीन शाहदरा, दिल्ली-110 032

VIVAD, VIRODH AUR VIKAS KI NARMADA
by Adil Khan

ISBN : 978-81-267-2097-2

विवाद, विरोध और विकास की नर्मदा

भारत के प्रथम प्रधानमंत्री पण्डित जवाहर लाल नेहरू और भारत के प्रथम गृहमंत्री वल्लभ भाई पटेल ने नर्मदा नदी के जल का उपयोग भारत के विकास में करने का जो स्वप्न संजोया था वह लगभग 60 वर्ष बाद साकार होता दिखने लगा है। नर्मदा देश के जिस भूभाग से बहती हुई अरब सागर में मिलती है वह भूभाग 3 राज्यों–मध्यप्रदेश, महाराष्ट्र और गुजरात की सीमाओं में बंटा हुआ है। नर्मदा से विकास के विचार को मूर्त रूप देने का विचार सबसे पहले 1901 में सामने आया। इसके बाद देश स्वतंत्र होने पर 1948 से इस दिशा में क्रमिक विचार-विमर्श आरम्भ हुआ। नर्मदा के जल को विकास के लिए दोहन करने के विचार को पण्डित जवाहर लाल नेहरू के उस विकास मॉडल ने आधार प्रदान किया जिसमें नदियों पर बड़े बांधों का निर्माण करना प्राथमिकता में सम्मिलित था। लेकिन नर्मदा जल के दोहन के विचार के साथ ही नर्मदा जल बंटवारे का विचार आरम्भ हुआ जो कालान्तर में नर्मदा जल विवाद बन गया।

राजनैतिक और प्रशासनिक विकास की प्रक्रिया में देश में नये राज्यों का गठन होने लगा तो नर्मदा जल का विवाद मध्यप्रदेश, गुजरात के बीच का तथा बाद में मध्यप्रदेश, महाराष्ट्र और गुजरात के बीच का विवाद बन गया। विवाद को सुलझाने की अवधि में ही इसमें राजस्थान राज्य भी सम्मिलित हो गया। विवादों के निराकरण के प्रयासों में जल विवाद न्यायाधिकरण का गठन हुआ और लंबे समय तक केन्द्र और संबंधित राज्यों के बीच नर्मदा जल विवाद निराकरण की गतिविधियां चलती रहीं। न्यायाधिकरण ने चार राज्यों में जल का बंटवारा, नर्मदा पर परियोजनाओं का निर्माण, जल का उपयोग, जल विद्युत उत्पादन

और अन्य संबंधित विषयों के साथ ही अनेक अंतर्राज्यीय दायित्वों का भी निर्धारण किया। इस सबके बावजूद राज्यों के बीच छोटे-मोटे विवाद और समस्याएँ उठती रहीं, सुलझती रहीं। जब वृहद् परियोजनाओं का निर्माण आरम्भ हुआ तो इनके विरोध से नए विवाद की स्थिति बनी। सरदार सरोवर सहित घाटी की अन्य बड़ी परियोजनाओं का निर्माण, विरोध और विवादों के बीच ही हुआ और हो रहा है। परियोजनाओं से संबंधित कई विवाद आज भी न्यायालयों में विचाराधीन हैं। कुल मिला कर विवाद और विरोध नर्मदा से विकास की प्रक्रिया का अभिन्न अंग बन गए हैं।

नर्मदा और उससे संबंधित उपरोक्त विषय इतने विस्तृत और गहन हैं कि उन्हें सम्पूर्ण रूप से समझना आसान नहीं है। अंतर्राज्यीय और बहुस्तरीय विषय होने के कारण प्रायः भ्रम की स्थिति उत्पन्न होती है। नर्मदा जल विवाद और परियोजनाओं के विरोध का लंबा इतिहास है। नर्मदा विवाद, विरोध और विकास के विविध आयामों को प्रस्तुत करने का अब तक कोई समग्र प्रयास नहीं हुआ है। इसको देखते हुए यह आवश्यक प्रतीत हुआ कि नर्मदा और उससे संबंधित विवाद, विरोध और विकास के इतिहास और वर्तमान की सम्पूर्ण जानकारी सरल और समग्र रूप में एक जगह संकलित की जाए। यह संकलन जहां नर्मदा घाटी विकास के भावी नीति निर्धारकों, राजनेताओं, प्रशासकों, इंजीनियरों, पत्रकारों तथा इस विषय पर अध्ययन करने वाले छात्रों के लिए उपयोगी होगा वहीं विकास से संबंधित संदर्भ के रूप में भी इसका उपयोग हो सकेगा, ऐसा विश्वास है। पुस्तक में उल्लेखित तथ्यों, प्रसंगों, जानकारियों को पूर्ण प्रामाणिकता के साथ प्रस्तुत करने का प्रयास किया गया है, तथापि इस संबंध में सुधार तथा सुझावों का स्वागत है।

–आदिल ख़ान

भोपाल,
दिनांक : 01 जुलाई, 2011

नमामिदेवी नर्मदे

सविन्दु सिन्धु सुस्खलत्तरङ्गभृंग रंजितं,
द्विषत्सुपापजात-जातकारि-वारिसंयुतम्।
कृतान्त-दूतकालभूत–भीतिहारि वर्मदे,
त्वदीयपादपंकजं नमामि देवी नर्मदे।।

–आदि शंकराचार्य

आभार

इस पुस्तक की रचना में नर्मदा नियंत्रण प्राधिकरण के प्रतिवेदनों, प्रकाशनों का संदर्भ के रूप में उपयोग किया गया है। मध्यप्रदेश, गुजरात, राजस्थान और महाराष्ट्र के नर्मदा विकास संबंधी प्रकाशन, सरदार सरोवर नर्मदा निगम लिमिटेड के प्रकाशनों का संदर्भ के रूप में उपयोग किया गया है। इसके लिए लेखक इन सभी के प्रति आभारी है। नर्मदा जल विवाद और बड़े बांधों के विरोध का घटनाक्रम संकलित करने में हिन्दुस्तान टाइम्स, नई दुनिया, दैनिक भास्कर, राजस्थान पत्रिका आदि समाचार पत्रों की समय-समय पर हुई रिपोर्टिंग को भी आधार बनाया गया है। लेखक इन समाचार पत्रों के प्रति भी आभार व्यक्त करता है।

नर्मदा घाटी विकास के घटनाक्रम, विशेषकर तकनीकी पक्ष से संबंधित जानकारी संकलित करने में मध्यप्रदेश के वरिष्ठ सिंचाई इंजिनियर और नर्मदा घाटी विकास परियोजनाओं के विशेषज्ञ श्री एल.के. वाघ के सुदीर्घ अनुभव का पूरा लाभ मिला। नर्मदा जल विवाद न्यायाधिकरण में मध्यप्रदेश की पैरवी करने वाले विधि विशेषज्ञों को तकनीकी जानकारी देने वाली टीम के सदस्य रह चुके श्री वाघ ने पुस्तक को प्रामाणिक बनाने में निरंतर सहयोग किया। इस सहयोग के बिना यह कार्य सहज रूप से संभव नहीं होता। लेखक कृतज्ञ है।

इस पुस्तक को इस स्वरूप में पाठकों तक पहुंचाने में श्री डी. नागेश्वर राव के सहयोग का उल्लेख आवश्यक है। श्री राव ने पुस्तक से संबंधित सामग्री को व्यवस्थित, संग्रहित करने में योगदान दिया।

भोपाल —लेखक

दिनांक : 01 जुलाई, 2011

आ.वि. सिंह
राज्य निर्वाचन आयुक्त

दूरभाष { कार्यालय : **2551535**
निवास : **2441282**
4252282
फैक्स : (0755) 2551076

मध्यप्रदेश राज्य निर्वाचन आयोग
'निर्वाचन भवन'
58, अरेरा हिल्स, भोपाल (म.प्र.) 462 011
अ.शा. पत्र क्रमांक 196/रानिआ/10 दिनांक 17.08.2010

भूमिका

भारत में नर्मदा घाटी विकास की गतिविधियां व्यापक जनरुचि का विषय रही हैं। लम्बे समय तक चला नर्मदा जल विवाद, मध्यप्रदेश, गुजरात, महाराष्ट्र, राजस्थान को जल का बंटवारा, आवंटित जल के उपयोग की परियोजनाएं, परियोजनाओं से जुड़े विभिन्न मुद्दे, मुद्दों पर जनप्रतिक्रियाएं, आंदोलन, राष्ट्रीय और अंतर्राष्ट्रीय जनसंचार माध्यमों में प्रमुखता पाते रहे हैं। नर्मदा घाटी विकास का विषय बहुआयामी है। विषय का हर आयाम एक-दूसरे से इस तरह गुंथा हुआ है कि किसी एक आयाम को अन्य आयामों से काट कर सही स्वरूप में देखा और समझा नहीं जा सकता। अगर ऐसा किया गया तो यह नर्मदा घाटी विकास को सम्पूर्णता और समग्रता से समझने में बाधक होगा। वास्तविकता यह है कि नर्मदा घाटी विकास से जुड़े विभिन्न मुद्दों को विकास की वृहत्तर जरूरतों से काट कर ही अब तक प्रस्तुत किया जाता रहा है। यही कारण है कि ऐसे प्रस्तुतीकरण से जनसामान्य नर्मदा घाटी विकास गतिविधियों को खण्ड-खण्ड ग्रहण कर भ्रमित हुआ।

इस विषद् विषय के प्रस्तुतीकरण से जुड़ी ऐसी कमियों और खामियों को अनुभव करते हुए आदिल ख़ान ने नर्मदा घाटी विकास को प्रस्तुत पुस्तक में सभी संदर्भों को समाहित करते हुए सम्पूर्णता और समग्रता के साथ प्रस्तुत किया है। पुस्तक में नर्मदा घाटी विकास के

इतिहास और वर्तमान को जिस तरह सिलसिलेवार और सूचनात्मक तरीके से प्रस्तुत किया गया है वह निश्चित तौर पर इस विषय में रुचि रखने वालों को नर्मदा घाटी विकास के सम्पूर्ण परिदृश्य को सही परिप्रेक्ष्य में समझने में मददगार साबित होगा। मध्यप्रदेश की नर्मदा घाटी विकास योजनाओं और कार्यक्रमों में संयुक्त निदेशक, सूचना और जनसम्पर्क के रूप में कार्यरत आदिल ख़ान ने अपनी व्यक्तिगत रुचि के चलते नर्मदा घाटी विकास से जुड़े सभी छोटे-बड़े मुद्दों को गहराई से समझा है। मैंने नर्मदा घाटी विकास से संबंधित महत्त्वपूर्ण मुद्दों पर आदिल ख़ान के कई आलेख मध्यप्रदेश के प्रमुख समाचार-पत्रों के सम्पादकीय पृष्ठों पर देखें हैं। इस विषय में लेखक की सूचना क्षमता ही पुस्तक की उपयोगिता का आधार है। मुझे विश्वास है, यह पुस्तक नर्मदा घाटी विकास को समझने में रुचि रखने वाले पाठकों के साथ ही मध्यप्रदेश, गुजरात, महाराष्ट्र और राजस्थान राज्यों में नर्मदा घाटी विकास के संदर्भ के रूप में भी उपयोगी होगी।

{आदित्य विजय सिंह}
राज्य निर्वाचन आयुक्त, म०प्र०
पूर्व मुख्य सचिव, म०प्र०शासन,
पूर्व अध्यक्ष, नघाविप्रा, मध्यप्रदेश

विषय - सारणी

परिशिष्ट

विवाद, विरोध और विकास की नर्मदा

मध्यप्रदेश में नर्मदा का उद्गम स्थल

गुजरात में नर्मदा

नर्मदा घाटी : विविधताओं का संगम

नर्मदा नदी

भारत के लोगों की धार्मिक आस्थाओं में प्रमुख स्थान पाने वाली देश की पांचवीं सबसे बड़ी नदी नर्मदा, अपने अंचल में बसी आबादी के लिए साक्षात् जीवनदायिनी है। इसके विशाल कछार क्षेत्र में फैले वन, वनों में विचरते वन्य प्राणियों और पक्षियों के विविध रूप नर्मदा घाटी को प्रकृति का अनुपम सौंदर्य प्रदान करते हैं। वन्य प्राणी हों या पक्षी, वनों पर आश्रित आदिवासी हों या धरती से अन्न उपजाने वाले किसान, अपनी शरण में आए सभी को नर्मदा जीवन का आधार सुलभ कराती है। इस स्वरूप में नर्मदा और नर्मदा घाटी प्रकृति और मानव जीवन की विविधताओं का अनूठा संगम है।

मध्यप्रदेश के अनूपपुर जिले में मैकल पर्वतमालाओं में बसा अमरकण्टक नर्मदा का उद्‌गम स्थल है। अमरकण्टक समुद्र तल से 900 मीटर की ऊंचाई पर स्थित है। अमरकण्टक से निकल कर गुजरात में खम्बात की खाड़ी से अरब सागर में समाहित होने तक नर्मदा कुल 1312 किमी. प्रवाहित होती है। अपने उद्‌गम के बाद नर्मदा अनुपपुर, डिण्डोरी, मण्डला, जबलपुर, नरसिंहपुर, होशंगाबाद, हरदा, खण्डवा, खरगोन और बड़वानी जिलों से बहती हुई मध्यप्रदेश में 1077 किमी. की दूरी तय करती है। इसके बाद 35 किमी. मध्यप्रदेश और महाराष्ट्र की सीमा पर तथा 39 किमी. महाराष्ट्र और गुजरात की सीमा पर बहती है। शेष 161 किमी. गुजरात के नर्मदा और भरूच जिले से बहती हुई भरूच से 50 किमी. दूर खम्बात की खाड़ी से अरब सागर में समाहित हो जाती है। नदी का प्रवाह पूर्व से पश्चिम दिशा की ओर है। पश्चिम दिशा की ओर प्रवाहित होने वाली भारत की यह एकमात्र बड़ी नदी है।

नर्मदा कछार

नर्मदा का कुल कछार क्षेत्र 98796 किमी. है। इस कछार का 85859 वर्ग किमी. क्षेत्र (87 प्रतिशत) मध्यप्रदेश में है। कछार क्षेत्र में से 1538 वर्ग किमी. महाराष्ट्र

राज्य और 11399 वर्ग किमी. गुजरात में है। नर्मदा कछार की औसत वार्षिक वर्षा 112 से.मी. है। नर्मदा कछार क्षेत्र में मध्यप्रदेश के 21, गुजरात के 5, छत्तीसगढ़ के 2 और महाराष्ट्र का 1 जिले आते हैं। नर्मदा कछार में आने वाले राज्यवार जिलों का विवरण इस प्रकार है–

नर्मदा कछार में आने वाले जिले

मध्यप्रदेश - अनूपपुर, शहडोल, मण्डला, बालाघाट, सिवनी, जबलपुर, नरसिंहपुर, सागर, दमोह, छिंदवाड़ा, होशंगाबाद, बैतूल, रायसेन, सिहोर, खण्डवा, खरगोन, बड़वानी, देवास, इंदौर, धार, अलीराजपुर

गुजरात - पंचमहल, वड़ोदरा, नर्मदा, भरूच, सूरत

छत्तीसगढ़ - राजनांदगांव, कवर्धा

महाराष्ट्र - धूलिया

नर्मदा की सहायक नदियां

नर्मदा की सैकड़ों सहायक नदियां हैं लेकिन जिन सहायक नदियों का जलग्रहण क्षेत्र 500 वर्ग किमी. से अधिक है, ऐसी प्रमुख सहायक नदियों की संख्या 41 है। इनमें से 19 सहायक नदियां दाएं तट से तथा 22 नदियां बाएं तट से नर्मदा में मिलती हैं। कुल 41 प्रमुख सहायक नदियों में से 39 सहायक नदियां नर्मदा से मध्यप्रदेश में मिलती हैं। केवल 2 सहायक नदियां गुजरात में मिलती हैं। मध्यप्रदेश में मिलने वाली सहायक नदियां इस प्रकार हैं–

दाएं तट से मिलने वाली नदियां

1. सिल्गी	10. जामनेर
2. बलई	11. चनकेशर
3. गौर	12. खारी
4. हिरन	13. कनार
5. बिरंज	14. चोरल
6. तेन्दोनी	15. कारम
7. बारना	16. मान

8. कोलार 17. उरी
9. सिप 18. हथनी

बाएं तट से मिलने वाली नदियां

1. खारमेर 2. दूधी 3. छोटा तवा
4. बुढनेर 5. सुखरी 6. कावेरी
7. बजंर 8. तवा 9. खरकिया
10. तेमुर 11. हाथेर 12. कुण्डी
13. सोनेर 14. गंजाल 15. बोराड
16. शेर 17. अजनाल 18. डेब
19. शक्कर 20. माचक 21. गोई

गुजरात में मिलने वाली सहायक नदियां

दाएं तट से मिलने वाली नदी

1. ओरसांग

बाएं तट से मिलने वाली नदी

1. करजन

इनके अतिरिक्त नर्मदा की कई उप सहायक नदियां भी हैं, अर्थात एक नदी सहायक नदी से मिलती है और सहायक नदी नर्मदा से मिल जाती है।

नर्मदा से विकास की आरम्भिक पहल

आजादी के पूर्व

नर्मदा के प्रवाह को बांध कर इसके जल का सिंचाई के लिए उपयोग करने का विचार उन्नीसवीं शताब्दी के अंत में जन्मा। भारत के पहले सिंचाई आयोग ने वर्ष 1901 में अपनी रिपोर्ट में भरूच के पास नर्मदा पर बैराज बनाने की आवश्यकता का उल्लेख किया था। वर्ष 1946 में तत्कालीन बम्बई राज्य और सेण्ट्रल प्राविन्स और बरार (सी.पी. एण्ड बरार) ने केन्द्रीय जल मार्ग, सिंचाई और नौपरिवहन आयोग, (सेण्ट्रल वॉटर वेज इरीगेशन एण्ड नेवीगेशन कमीशन - सी.डब्ल्यू.आई.एन.सी. - वर्तमान केन्द्रीय जल आयोग) से अनुरोध किया कि नर्मदा पर बाढ़ नियंत्रण, नौपरिवहन, सिंचाई और जल विद्युत विकास पर आधारित अनुसंधान का कार्य आरम्भ किया जाए।

आजादी के बाद

इस प्रस्ताव पर भारत सरकार ने सी.डब्ल्यू.आई.एन.सी. के चेयरमैन ए.एन. खोसला की अध्यक्षता में एक तदर्थ समिति गठित की। श्री खोसला की अध्यक्षता वाली इस समिति ने वर्ष 1948 में बरगी, तवा, पुनासा (वर्तमान इंदिरा सागर) और भरूच (वर्तमान सरदार सरोवर) परियोजनाओं के लिए विस्तृत सर्वेक्षण और अनुसंधान करने की अनुशंसा की। यहां यह बात उल्लेखनीय है कि भारत के प्रथम प्रधानमंत्री पण्डित जवाहर लाल नेहरू के उस विकास चिंतन ने भी बड़े बांधों के निर्माण के प्रति प्रेरित किया, जिसमें वे देश के कोयना और भाकरानांगल जैसे बड़े बांधों को भारत के आधुनिक तीर्थ निरूपित करते थे।

वर्ष 1955 में केन्द्रीय जल मार्ग सिंचाई और नौपरिवहन आयोग का नाम बदलकर केन्द्रीय जल और ऊर्जा आयोग (सेण्ट्रल वॉटर एण्ड पॉवर कमीशन- सी.डब्ल्यू. एण्ड पी.सी.) कर दिया गया। इस आयोग द्वारा नर्मदा की जल विद्युत

उत्पादन क्षमता का अध्ययन कर 16 स्थानों पर जल विद्युत उत्पादन की संभावना रेखाकिंत की गई। अध्ययन के अनुसार, नर्मदा और उसकी सहायक नदियों पर 16 स्थानों पर 1300 मेगावाट जल विद्युत उत्पादन की संभावना दर्शाई गई। इस अध्ययन में मध्यप्रदेश में चिन्हित 14, गुजरात में चिन्हित 1 तथा महाराष्ट्र में चिन्हित 1 स्थान निम्नानुसार थे–

मध्यप्रदेश

1. बरगी
2. ट्रोसरा
3. बसानिया
4. होशंगाबाद
5. चिंकी
6. पुनासा
7. बड़वाह
8. हरिनफाल
9. बुढ़नेर
10. सीतारेवा
11. तवा
12. कोलार
13. बरगी नहर-।
14. बरगी नहर-।।

गुजरात

1. गोरा

महाराष्ट्र

1. केली

केन्द्रीय जल और ऊर्जा आयोग द्वारा नर्मदा पर वर्ष 1956 में गोरा ग्राम के निकट भरूच परियोजना स्थल का चयन किया गया। परियोजना के अंतर्गत प्रथम चरण में 160 फीट जलाशय का निर्माण और दाईं तट नहर से 4.44 लाख हेक्टेयर सिंचाई क्षमता प्रस्तावित की गई।

सितम्बर 1957 में मध्यप्रदेश और बम्बई राज्य के बीच केन्द्रीय जल और ऊर्जा आयोग के चेयरमैन की अध्यक्षता में हुई बैठक में पुनासा और भरूच के बीच सिंचाई और जल विद्युत क्षमताओं का आकलन करने का महत्त्वपूर्ण निर्णय लिया गया। इस निर्णय में मध्यप्रदेश और बम्बई राज्य अनुसंधान पर होने वाले कुल व्यय का आधा-आधा भाग वहन करने के लिए भी सहमत हुए।

केन्द्रीय जल एवं विद्युत आयोग के तत्कालीन सदस्य डॉ. के.एल. राव ने फरवरी 1957 में नर्मदा पर प्रस्तावित भरूच परियोजना (गोरा ग्राम के निकट) का स्थल निरीक्षण किया। डॉ. राव ने प्रस्तावित बांध स्थल से 2.5 किमी. ऊपर नवागाम के निकट एक अन्य स्थल को बांध निर्माण के लिए सुझाया। डॉ. राव के सुझाव के

आधार पर स्थल की उपयुक्तता के कारण नवागाम के निकट बांध स्थल निश्चित किया गया। केन्द्रीय जल और ऊर्जा आयोग ने वर्ष 1959 में इस परियोजना के प्रस्तावित नए स्थल पर नवागाम (वर्तमान सरदार सरोवर) बांध दो चरण में बनाया जाना प्रस्तावित किया।

जनवरी 1959 में भारत सरकार के सिंचाई और ऊर्जा मंत्रालय ने भरूच सिंचाई परियोजना के पुनरीक्षण के लिए विशेषज्ञों के एक पैनल का गठन किया। पेनल ने भरूच परियोजना के नवागाम बांध स्थल पर दो चरणों के निर्माण प्रस्ताव को एकीकृत करते हुए 320 फीट ऊंचे बांध निर्माण का सुझाव दिया। पैनल ने कहा कि उत्तरी गुजरात, कच्छ के रन की ओर उच्चस्तरीय नहर निर्माण कर सिंचाई कमाण्ड क्षेत्र बढ़ाया जा सकता है। वर्ष 1960 में बम्बई राज्य पुनर्गठन अधिनियम के तहत् 01 मई 1960 को बम्बई राज्य दो भागों में विभाजित कर गुजरात और महाराष्ट्र राज्य अस्तित्व में आये। प्रस्तावित नवागाम बांध स्थल का क्षेत्र नए गुजरात राज्य की सीमा के अंतर्गत आने से परियोजना संबंधी सभी कार्य गुजरात को स्थानांतरित कर दिये गए।

अगस्त 1960 में योजना आयोग द्वारा भरूच परियोजना का बांध दो चरणों में निर्माण का अनुमोदन किया गया। प्रथम चरण में बांध की ऊंचाई 162 फीट तथा निचले स्तर पर नहर का निर्माण, जिससे 3.89 लाख हेक्टेयर सिंचाई क्षमता निर्मित हो सके। द्वितीय चरण में बांध की ऊंचाई 320 फीट करते हुए उच्चस्तरीय नहर का निर्माण जिससे 3.64 लाख हेक्टेयर सिंचाई क्षमता निर्मित हो। इसके अतिरिक्त, बांध के ऊपर की ओर प्रस्तावित पुनासा (वर्तमान इंदिरा सागर) और अन्य बांध बन जाने पर मध्यप्रदेश की सिंचाई आवश्यकता की पूर्ति के बाद प्रवाहित जल से लगभग 625 मे.वा. जल विद्युत उत्पादन करना भी अनुमोदित किया गया।

गुजरात राज्य द्वारा फरवरी 1961 में योजना आयोग के अनुमोदन के परिप्रेक्ष्य में भरूच बांध निर्माण प्रथम चरण के लिए प्रशासकीय अनुमोदन प्रदान किया गया। भारत के तत्कालीन प्रधानमंत्री पण्डित जवाहरलाल नेहरू ने 05 अप्रैल 1961 को गुजरात में नवागाम के पास बांध का शिलान्यास किया।

नर्मदा जल विवाद

वर्ष 1961-62 में सेण्ट्रल वॉटर एण्ड पॉवर कमीशन ने सर्वे ऑफ इण्डिया (भारत सरकार) को मध्यप्रदेश में प्रस्तावित केली और हरिनफाल परियोजनाओं से निर्मित होने वाले जलाशयों से डूब क्षेत्र का सर्वेक्षण कर 'रिजरवायर शीट्स' तैयार करने का काम सौंपा। सर्वे ऑफ इण्डिया द्वारा 'रिजरवायर शीट्स' तैयार की गई। केली तथा हरिनफाल परियोजना जलाशय डूब क्षेत्र की 'रिजरवायर शीट्स' की जानकारी के आधार पर गुजरात ने नवागाम बांध की ऊंचाई अधिकतम करने पर ध्यान केन्द्रित किया। रिजरवायर शीट्स में निष्कर्षित सूचनाओं के आधार पर गुजरात ने अब अधिक ऊंचाई का बांध निर्माण कर वृहद् जलाशय बनाने के लिए निर्धारित स्थल से 650 मीटर ऊपर भौगोलिक और भूगर्भीय परीक्षणों के बाद बांध का नया स्थल निश्चित किया। इससे मध्यप्रदेश में प्रस्तावित हरिनफाल बांध स्थल तथा महाराष्ट्र-मध्यप्रदेश की सीमा पर प्रस्तावित जलसिंधी (केली) बांध स्थल डूब में आने की संभावना निर्मित हो गई। इस प्रकार निचली नर्मदा क्षेत्र में प्रस्तावित बांधों के निर्माण प्रस्तावों में टकराव आरम्भ हुआ।

वर्ष 1963 में तत्कालीन सिंचाई मंत्री डॉ. के.एल. राव ने भरूच परियोजना के प्रस्तावित नए स्थल पर नवागाम बांध 425 फीट ऊंचा निर्मित करने का सुझाव दिया। बांध की 425 फीट ऊंचाई इस आधार पर सुझाई गई कि इससे ऊंचे बांध से डूब क्षेत्र में अत्यधिक बढ़ोत्तरी होगी। नवागाम बांध निर्माण के इस प्रस्ताव में परियोजना से बनने वाली पनबिजली का पूरा लाभ गुजरात को देना प्रस्तावित किया गया। इसके साथ ही मध्यप्रदेश में प्रस्तावित पुनासा (वर्तमान इंदिरा सागर) बांध से बनने वाली बिजली का मध्यप्रदेश, महाराष्ट्र और गुजरात प्रत्येक को एक तिहाई भाग मिलना प्रस्तावित किया।

गुजरात और मध्यप्रदेश के बीच भोपाल एग्रीमेण्ट

नवम्बर 1963 में केन्द्रीय सिंचाई और ऊर्जा मंत्री ने मध्यप्रदेश और गुजरात राज्य के मुख्यमंत्रियों के साथ नवागाम बांध की ऊंचाई के विवाद पर एक बैठक ली। इस

बैठक में दोनों राज्यों के बीच नवागाम बांध ऊंचाई विवाद निराकरण के लिए दिल्ली में तैयार मसौदे पर चर्चा के बाद संबद्ध मुद्दों पर सहमति हुई। उस समय इसे 'भोपाल एग्रीमेण्ट' के नाम से जाना गया। इस एग्रीमेण्ट के मुख्य बिन्दु इस प्रकार थे–गुजरात राज्य नवागाम बांध 425 फीट ऊंचा बनायेगा, इस बांध के समस्त लाभ गुजरात राज्य को मिलेंगे। मध्यप्रदेश पुनासा बांध 850 फीट ऊंचा निर्मित करेगा। इस बांध के निर्माण की लागत तथा ऊर्जा लाभ में गुजरात और मध्यप्रदेश की भागीदारी 1:2 की होगी। मध्यप्रदेश को मिलने वाली बिजली में से आधा भाग 25 वर्ष तक महाराष्ट्र को दिया जाएगा। इसके एवज में महाराष्ट्र राज्य पुनासा बांध निर्माण की कुल लागत का एक तिहाई अंश मध्यप्रदेश को ऋण के रूप में उपलब्ध कराएगा। यह ऋण मध्यप्रदेश को 25 वर्ष की अवधि में वापस करना होगा। मध्यप्रदेश द्वारा बरगी बांध प्रथम चरण में 1365 फीट और द्वितीय चरण में 1390 फीट निर्मित किया जाएगा। इसके लिए गुजरात और महाराष्ट्र राज्य मध्यप्रदेश को कुल रुपये 10 करोड़ का ऋण उपलब्ध कराएंगे।

मध्यप्रदेश ने अंततः भोपाल एग्रीमेण्ट को मान्य नहीं किया। भोपाल एग्रीमेण्ट स्वीकार नहीं करने के संबंध में मध्यप्रदेश के तत्कालीन मुख्यमंत्री डी.पी. मिश्रा ने तत्कालीन केन्द्रीय सिंचाई और ऊर्जा मंत्री डॉ. के.एल. राव को 28 नवम्बर 1963 को पत्र द्वारा सूचित किया। लेकिन गुजरात राज्य ने भोपाल एग्रीमेण्ट के संदर्भ में नवागाम बांध 425 फीट की प्रोजेक्ट रिपोर्ट तैयार कर केन्द्रीय जल और ऊर्जा आयोग को 14 फरवरी 1964 को प्रस्तुत की। मध्यप्रदेश ने भोपाल एग्रीमेण्ट में प्रस्तावित नवागाम बांध की ऊंचाई 425 फीट रखने के संबंध में कड़ी आपत्ति व्यक्त करते हुए कहा कि चूंकि मध्यप्रदेश और गुजरात सीमा पर नर्मदा नदी का नदी तल 162 फीट है इसलिये नवागाम बांध 162 फीट से ऊंचा नहीं बनना चाहिये।

खोसला समिति

भोपाल एग्रीमेण्ट को मध्यप्रदेश द्वारा नकार दिये जाने से उपजी समस्या का निवारण करने के लिए भारत सरकार ने उड़ीसा के तत्कालीन राज्यपाल डॉ. ए.एन. खोसला की अध्यक्षता में 05 सितम्बर 1964 को एक उच्चस्तरीय नर्मदा जल संसाधन विकास समिति का गठन किया। इस समिति में कई वरिष्ठ सिविल इंजिनियरों को सदस्य बनाया गया।

खोसला समिति ने 01 सितम्बर 1965 को भारत सरकार को अपनी रिपोर्ट प्रस्तुत की। इस रिपोर्ट में नर्मदा विकास का मास्टर प्लान प्रस्तुत किया गया। मास्टर प्लान में मध्यप्रदेश में 12 बड़े बांधों का निर्माण करने तथा गुजरात में नवागाम स्थल पर 500 फीट ऊंचा बांध निर्मित करने की अनुशंसा की गई। इस प्लान में नवागाम बांध से कुल 1400 मे.वा. जल विद्युत उत्पादन भी अनुशंसित किया गया। खोसला समिति ने नर्मदा जल का संबंधित राज्यों में बंटवारा भी प्रस्तावित किया। इस प्रस्ताव में नर्मदा में प्राप्त 30.40 मिलियन एकड़ फीट (एम.ए.एफ.) जल में से मध्यप्रदेश को 15.6 एम.ए.एफ., गुजरात को 10.65 एम.ए.एफ., महाराष्ट्र को 0.10 एम.ए.एफ. और नर्मदा जल पर दावा नहीं करने वाले राज्य राजस्थान को भी 0.25 एम.ए.एफ. जल देने का सुझाव दिया गया। शेष 3.9 एम.ए.एफ. जल बिजली उत्पादन के लिए प्रस्तावित किया गया।

खोसला समिति की सिफारिशों को गुजरात और राजस्थान ने स्वीकार किया लेकिन मध्यप्रदेश और महाराष्ट्र ने इन सिफारिशों को पूरी तरह अस्वीकार कर दिया। मध्यप्रदेश को यह आपत्ति थी कि राजस्थान राज्य का कोई भी भाग नर्मदा कछार में नहीं होने से राजस्थान को नर्मदा के पानी के उपयोग का अधिकार नहीं है। मध्यप्रदेश ने अपने क्षेत्र में उत्पादित होने वाली पनबिजली पर भी शत-प्रतिशत अधिकार का दावा किया। इस प्रकार गुजरात, राजस्थान, मध्यप्रदेश और महाराष्ट्र के बीच नर्मदा जल जटिल विवाद का विषय बन गया।

खोसला समिति की सिफारिशों पर चारों राज्यों को एकमत करने के लिए भारत सरकार के सिंचाई और ऊर्जा मंत्री ने मई-जून 1966 में चारों राज्यों में जाकर वहां के मुख्यमंत्रियों से विचार-विमर्श किया। बाद में जुलाई-अगस्त 1966 में सेण्ट्रल वॉटर कमीशन (सी.डब्ल्यू.सी.) द्वारा नई दिल्ली में अधिकारिक स्तर की बैठकों में खोसला समिति प्रतिवेदन के तकनीकी बिन्दुओं पर संबंधित राज्यों के अधिकारियों से विचार-विमर्श बैठकें आयोजित कीं।

जलसिंधी समझौता

नर्मदा जल विवाद के संबंध में जब खोसला समिति की कार्रवाई जारी थी, उस दौरान मध्यप्रदेश और महाराष्ट्र राज्यों ने नर्मदा पर जलसिंधी नामक स्थान पर बांध निर्माण का समझौता कर लिया। दोनों राज्यों के बीच 05 अप्रैल 1965 को हुए इस समझौते में जलसिंधी बांध से कतिपय शर्तों के साथ बिजली उत्पादन का निर्णय लिया गया।

जलसिंधी स्थल हरिनफाल और नवागाम बांध (वर्तमान सरदार सरोवर) के बीच नर्मदा पर मध्यप्रदेश, महाराष्ट्र की सीमा पर है। दोनों राज्यो में हुए समझौते के अनुसार, महाराष्ट्र ने जलसिंधी बिजली उत्पादन परियोजना के लिए मध्यप्रदेश के मास्टर प्लान के संदर्भ में आवश्यक अनुसंधान और परियोजना प्रतिवेदन बनाना स्वीकार किया। महाराष्ट्र ने बांध, पॉवर हाऊस और अन्य संबंधित कार्य करना भी स्वीकार किया। मध्यप्रदेश ने बांध निर्माण के संबंध में भूमि अधिग्रहण और अन्य संबंधित सुविधाएं देना स्वीकार किया। इस परियोजना की लागत को दोनों राज्यों ने नदी के ढाल के अनुपातिक उपयोग के संदर्भ में वहन करना स्वीकार किया। इस समझौते को जलसिंधी समझौते के नाम से जाना जाता है। खोसला समिति ने मध्यप्रदेश और महाराष्ट्र के बीच हुए समझौते को 'स्वार्थ प्रेरित' समझौता बताते हुए अमान्य कर दिया। भारत सरकार ने भी इस समझौते को कोई महत्त्व नहीं दिया। इस प्रकार जलसिंधी समझौते पर कोई कार्रवाई नहीं हो सकी।

अगस्त 1966 में केन्द्रीय सिंचाई और ऊर्जा मंत्री की अध्यक्षता में गुजरात, राजस्थान, महाराष्ट्र और मध्यप्रदेश के मुख्यमंत्रियों की बैठक नर्मदा मुद्दे पर विचार के लिए नई दिल्ली में आयोजित हुई। इस बैठक में लिए गए निर्णय के अनुसार मध्यप्रदेश और गुजरात के मुख्यमंत्री आपसी विवाद सुलझाने के लिए मई 1967 को पचमढ़ी में मिले। इसके बाद केन्द्रीय जल और ऊर्जा आयोग की अध्यक्षता में मध्यप्रदेश और गुजरात राज्यों की बैठक जून 1967 को नई दिल्ली में हुई। इस संबंध में चारों राज्यों के मुख्यमंत्रियों के साथ एक और बैठक केन्द्रीय सिंचाई मंत्री की अध्यक्षता में दिसम्बर 1967 में नई दिल्ली में हुई। कुल मिला कर इन सभी बैठकों में नर्मदा जल विवाद को सुलझाया नहीं जा सका।

नर्मदा जल विवाद न्यायाधिकरण

नवागाम बांध की ऊंचाई को लेकर नर्मदा जल के बारे में मुख्यतः गुजरात, मध्यप्रदेश और महाराष्ट्र के बीच विवाद पैदा हुआ। इस विवाद को लेकर गुजरात द्वारा अंतर्राज्यीय जल विवाद अधिनियम के तहत् भारत सरकार को एक शिकायत जुलाई 1968 में प्रस्तुत की गई। गुजरात द्वारा प्रस्तुत शिकायत के निराकरण के लिए अंतर्राज्यीय जल विवाद अधिनियम 1956 के सेक्शन 4 (1) के तहत् भारत सरकार ने 06 अक्टूबर 1969 में तीन न्यायाधीशों की एक पंचाट (ट्रिब्यूनल) का गठन किया। बाद में 16 अक्टूबर 1969 को भारत सरकार ने राजस्थान राज्य द्वारा उठाये गये कतिपय मुद्दों

को भी इस न्यायाधिकरण की परिधि में सम्मिलित किया। इस पंचाट को नर्मदा जल विवाद न्यायाधिकरण (नर्मदा वॉटर डिस्प्यूट्स ट्रिब्यूनल) के नाम से जाना जाता है। इस ट्रिब्यूनल का अध्यक्ष उच्चतम न्यायालय के तत्कालीन जज वी. रामास्वामी को बनाया गया। कलकत्ता हाईकोर्ट के तत्कालीन जज ए.के. सिन्हा तथा जम्मू कश्मीर हाईकोर्ट के तत्कालीन मुख्य न्यायाधीश एम.आर.ए. अंसारी इस ट्रिब्यूनल के सदस्य नियुक्त किये गये। ट्रिब्यूनल की कार्यवाही के दौरान स्थानांतरणों के कारण भारत सरकार ने तीन और सदस्य नियुक्त किये। इन सदस्यों के नाम और ट्रिब्यूनल सदस्य के रूप में कार्यकाल इस प्रकार हैं– जी.एस. माथुर, तत्कालीन जज इलाहाबाद हाईकोर्ट (06 अक्टूबर 1969 से 2 मई 1970), ई. वेंकटेशन, तत्कालीन जज आंध्रप्रदेश हाईकोर्ट (07 मई 1970 से 29 अक्टूबर 1974), वी.पी. गोपालन, नाम्बियार तत्कालीन मुख्य न्यायाधीश केरल हाईकोर्ट (06 अक्टूबर 1969 से 07 नवम्बर 1977)।

नर्मदा जल विवाद न्यायाधिकरण ने अपने कार्य संचालन के लिए अनुभवी एवं योग्य तकनीकी विशेषज्ञों (असेसर्स) की सेवाएं लीं। न्यायाधिकरण के लिए सेवाएं देने वाले तकनीकी विशेषज्ञ निम्नानुसार थे–

1. डॉ. एम.आर. चोपड़ा, पूर्व अध्यक्ष केन्द्रीय जल एवं ऊर्जा आयोग तथा पूर्व उप कुलपति रुड़की विश्वविद्यालय।
2. सी.एस. पद्मनाभ अय्यर, पूर्व मुख्य अभियन्ता, केरल राज्य।
3. बलवंत सिंह नाग, पूर्व सलाहकार योजना आयोग, भारत सरकार।
4. डॉ. अम्बिका सिंह, सहायक महानिदेशक, भारतीय कृषि अनुसंधान परिषद्।
5. डॉ.एम.बी. हुकेरी, सहायक महानिदेशक, भारतीय कृषि अनुसंधान परिषद्।

न्यायाधिकरण के क्षेत्राधिकार पर मध्यप्रदेश की आपत्ति

जुलाई 1972 में नर्मदा न्यायाधिकरण ने विधिक मुद्दों पर निर्णय दिये। इसमें मध्यप्रदेश की यह आपत्ति स्वीकार कर ली गई कि राजस्थान राज्य का कोई भाग नर्मदा कछार में नहीं होने से राजस्थान को नर्मदा के पानी पर दावा करने का अधिकार नहीं है। न्यायाधिकरण द्वारा मध्यप्रदेश की यह दलील अमान्य कर दी गई कि प्रस्तावित नवागाम बांध से मध्यप्रदेश और महाराष्ट्र राज्यों की भूमि डूब में आयेगी। अतः यह विवाद जल विवाद नहीं, अपितु भूमि विवाद है। मध्यप्रदेश का कथन था कि नर्मदा न्यायाधिकरण अंतर्राज्यीय जल विवाद अधिनियम के अंतर्गत

बनाया गया है अतः न्यायाधिकरण को भूमि विवाद पर निर्णय देने का अधिकार नहीं है। न्यायाधिकरण ने इस पर निर्णय दिया कि जल विवाद में मुख्य मुद्दा 'जल का राज्यों में बंटवारा' है। बांध की ऊंचाई इस बंटवारे पर आधारित होगी। इसका निर्णय 'इक्विटेबल अपोर्शनमेण्ट' के विधिक नियम के अंतर्गत आता है। इसलिये न्यायाधिकरण नवागाम बांध के लिए भूमि उपलब्ध करने के लिए मध्यप्रदेश और महाराष्ट्र को निर्देश दे सकता है। मध्यप्रदेश द्वारा वर्ष 1972 में नर्मदा जल विवाद न्यायाधिकरण के समक्ष नर्मदा नदी के जल संसाधन विकास का एक मास्टर प्लान भी प्रस्तुत किया।

नर्मदा जल विवाद न्यायाधिकरण के उक्त विधिक निर्णय के विरुद्ध मध्यप्रदेश और राजस्थान द्वारा उच्चतम न्यायालय में अपील की गई। इस अपील पर उच्चतम न्यायालय ने 'स्टे' दे दिया। 22 जुलाई 1972 को मध्यप्रदेश, गुजरात, महाराष्ट्र और राजस्थान राज्यों ने एक समझौता कर नर्मदा का 0.5 एम.ए.एफ. जल राजस्थान को देना स्वीकार कर लिया। इसमें इस बात पर भी सहमति हुई कि नर्मदा जल विवाद, न्यायाधिकरण के स्थान पर प्रधानमंत्री को निर्णय के लिए सौंप दिया जाये। इस समझौते के अनुसार, चारों राज्यों ने नर्मदा जल विवाद, निर्णय के लिए तत्कालीन प्रधानमंत्री श्रीमती इंदिरा गांधी को सौंप दिया। प्रधानमंत्री के पास यह मामला निर्णय के लिए 2 वर्ष तक लंबित रहा और इस पर कोई निर्णय नहीं हो सका।

अंततः न्यायाधिकरण की शरण में

दो वर्ष की प्रतीक्षा के बाद 12 जुलाई 1974 को चारों राज्यों ने एक और समझौता किया जिसके अंतर्गत नर्मदा जल विवाद फिर से न्यायाधिकरण को सौंपने पर सहमति हुई। इस समझौते के बाद मध्यप्रदेश और राजस्थान द्वारा उच्चतम न्यायालय में की गई अपीलें वापिस ले ली गईं। पंचाट ने विवाद से संबंधित चारों राज्यों का पक्ष सुनने और तर्कों पर विचार करने की कार्रवाई शुरू की। नर्मदा जल विवाद भारत का अपनी तरह का ऐसा अंतरर्राज्यीय जल विवाद है जिसकी सुनवाई प्रक्रिया निरंतर 10 वर्ष तक चली। इस प्रक्रिया में न्यायाधिकरण के स्तर पर और चारों राज्यों की ओर से दर्जनों विधिवेत्ताओं और तकनीकी विशेषज्ञों ने भाग लिया। किसी नदी के जल विवाद संबंधी कानूनी और तकनीकी पक्षों का इतना विस्तृत और गहन विश्लेषण पहली बार हुआ। नर्मदा जल विवाद का एक उल्लेखनीय पक्ष यह भी है कि न्यायाधिकरण द्वारा जल विवाद पर दिये गये अंतिम निर्णय को चारों राज्यों ने पूर्ण

अनुशासन के साथ स्वीकार किया और निर्णय के पालन की दिशा में गम्भीरतापूर्वक प्रयास आरम्भ किये।

पंचाट ने संबंधित राज्यों में विभिन्न क्षेत्रों का दौरा कर मौका मुआयना किया। विवाद से जुड़े सभी पहलुओं पर गहन अध्ययन और अनुसंधान करने के बाद नर्मदा जल विवाद न्यायाधिकरण ने 16 अगस्त 1978 को नर्मदा जल विवाद पर चार खण्ड में संबंधित मुद्दों पर विस्तृत विश्लेषणात्मक विवरण के साथ निष्कर्ष प्रतिवेदन जारी किया। न्यायाधिकरण के एक सदस्य ने कुछ मुद्दों पर अपना स्वतंत्र मत दिया। अध्यक्ष तथा एक सदस्य के बहुमत से यह प्रतिवेदन जारी किया गया। इस प्रतिवेदन में चारों राज्यों द्वारा प्रस्तुत दावों पर विस्तृत व्याख्या करते हुए न्यायाधिकरण ने मुख्य रूप से नवागाम बांध 455 फीट ऊंचा रखने और चारों राज्यों को जल आवंटन संबंधी निर्देश दिये। नर्मदा पंचाट के निष्कर्ष प्रतिवेदन पर चारों राज्यों और केन्द्र शासन ने स्पष्टीकरण याचिकाएं (रेफरेंसेस) प्रस्तुत की।

गुजरात ने रेफरेंस में विभिन्न मुद्दों पर स्पष्टीकरण चाहा और सुझाव प्रस्तुत किये। गुजरात द्वारा दिये गये मुख्य सुझाव इस प्रकार थे–

1. नवागाम बांध की ऊंचाई 473 फीट की जाये।
2. बांध की नींव 530 फीट ऊंचाई के हिसाब से बनाने की अनुमति दी जाए ताकि भविष्य में आवश्यकता पड़ने पर बांध की ऊंचाई बढ़ाई जा सके।
3. मध्यप्रदेश के नर्मदा सागर (वर्तमान इंदिरा सागर) बांध से बनने वाली पनबिजली में से गुजरात राज्य को भी हिस्सा दिया जाये।

मध्यप्रदेश की ओर से भी रेफरेंस में सुझाव दिये गये। प्रमुख सुझाव इस प्रकार थे–

1. नवागाम बांध की ऊंचाई 443 फीट रखी जाए।
2. आवंटित जल का उपयोग सुविधानुसार कछार के अंदर या बाहर के भाग में करने की छूट प्रदान की जाए।

महाराष्ट्र तथा राजस्थान राज्यों द्वारा भी रेफरेंस में स्पष्टीकरण याचिकाएं प्रस्तुत की गईं। केन्द्र सरकार ने भी कतिपय मुद्दों पर स्पष्टीकरण याचिकाएं प्रस्तुत कीं।

न्यायाधिकरण की सुनवाई के दौरान परिहास के प्रसंग

नर्मदा जल विवाद न्यायाधिकरण वर्ष 1969 में गठित किया गया था। इस न्यायाधिकरण के सामने मध्यप्रदेश, गुजरात, महाराष्ट्र और राजस्थान राज्यों की

सुनवाई दस वर्ष की लंबी अवधि तक चली। नई दिल्ली में न्यायाधिकरण की कार्यवाही विज्ञान भवन में चलती थी। सभी राज्यों ने नर्मदा के जल पर अपने अधिकारों की पैरवी के लिए उस समय के उत्कृष्ट वकीलों की सेवाएं लीं। इन वकीलों को तकनीकी जानकारी और अन्य विवरण उपलब्ध कराने के लिए वरिष्ठ इंजिनियरों और योजनाकारों की टीम लगाई गई (परिशिष्ट-1)। न्यायाधिकरण के अध्यक्ष उच्चतम न्यायालय के तत्कालीन जज वी. रामास्वामी थे तो न्यायाधिकरण के सदस्य भी विभिन्न राज्यों के उच्च न्यायालयों के जज थे। इस प्रकार नर्मदा जल विवाद सुलझाने की नर्मदा जल विवाद न्यायाधिकरण की सम्पूर्ण कार्यवाही उच्च स्तरीय तकनीकी और कानूनी बहस के स्वरूप में थी। इन बहसों में संबंधित राज्यों की मिट्टी के रासायनिक विश्लेषण से लेकर कृषि उत्पादन की बारिकियों, जल विज्ञान के तकनीकी पक्षों से लेकर राज्यों की आबादी के मानवीय, जातिगत, सामाजिक और आर्थिक पहलू भी बहस का मुद्दा बने।

न्यायाधिकरण कार्यवाही की इस अत्यंत गम्भीर, जटिल और एक प्रकार से नीरस बहस के दौरान मानव स्वभाव के अनुरूप ऐसे कई हल्के-फुल्के क्षण भी उपस्थित हुए जिससे बहसों का बोझिल वातावरण हल्का हुआ। न्यायाधिकरण की कार्यवाही के साक्षी रहे लोगों को अब भी ऐसे प्रसंग याद हैं। ऐसी ही कुछ स्मृतियां यहां प्रस्तुत हैं।

न्यायाधिकरण के समक्ष मध्यप्रदेश की पैरवी करते हुए वरिष्ठ वकील एन.ए. पालखीवाला ने कहा कि गुजरात द्वारा अपने राज्य में नर्मदा पर ऊंचा बांध बनाने पर मध्यप्रदेश की भूमि का बड़ा रकबा डूब जाएगा। इस पर न्यायाधिकरण के अध्यक्ष जस्टिस वी. रामास्वामी ने कहा कि आप (मध्यप्रदेश) उड़ीसा के हीराकुण्ड बांध से अपनी भूमि डूबाने के लिए सहमत हो गये, आप उत्तर प्रदेश के रीहन्द और माताटीला बांध से भी अपनी भूमि डूबाने के लिए सहमत हो गये। इस आधार पर अगर सरदार सरोवर बांध से आपकी भूमि डूब संबंधी निर्णय लिया जाता है तो इसमें आपको क्या आपत्ति हो सकती है। इस पर श्री पालखीवाला ने तपाक से उत्तर दिया - ''माय लार्ड मैं अपना हैट पड़ोसी को दे सकता हूं लेकिन इसे प्राप्त करने के लिए वह कानून का सहारा लेकर इसकी मांग नहीं कर सकता।'' (My Lord, I can give my hat to neighbour but he can not go to court of law and demand my hat)

पालखीवाला के इस जवाब पर न्यायाधिकरण के अध्यक्ष ने कहा कि गुजरात मध्यप्रदेश की उस भूमि का पैसा चुकाने को तैयार है जो सरदार सरोवर बांध के कारण

डूब में आयेगी। इस पर फिर मध्यप्रदेश के वकील ने कहा कि गुजरात इस प्रकार पड़ोसी राज्यों की भूमि खरीदता रहा तो उन राज्यों का क्या होगा। कल्पना कीजिये, सरदार सरोवर बांध से मध्यप्रदेश का 3 लाख एकड़ रकबा डूब में आये और मध्यप्रदेश राज्य का कुल क्षेत्र भी 3 लाख एकड़ हो तब मध्यप्रदेश गायब हो जाएगा। पालखीवाला के इस जवाब से न्यायाधिकरण के अध्यक्ष, सदस्य और उपस्थित वकील जोर से हंस पडे।

गुजरात की पैरवी करते हुए गुजरात के महाधिवक्ता जे.एम. ठाकोर ने अपने तर्कों के पक्ष में कृष्णा नदी जल विवाद न्यायाधिकरण के निर्णय के कुछ अंशों को पढ़ना चाहा। इस पर न्यायाधिकरण के अध्यक्ष ने कहा कि हमें किसी अन्य नदी जल विवाद के निर्णय पर क्यों गौर करना चाहिये। इसके बाद अपनी बात के समर्थन के लिए अध्यक्ष ने न्यायाधिकरण के अन्य सदस्यों से पूछा कि क्या हमें कृष्णा नदी जल विवाद निर्णय को विचार में लेना चाहिये। इस पर न्यायाधिकरण के सदस्य, केरल उच्च न्यायालय के जज नाम्बियार ने कहा ''प्रकाश कहीं से भी आये, उसे आने देना चाहिये'' इस पर अध्यक्ष ने मुस्कुराते हुए गुजरात के महाधिवक्ता को संबंधित अंश पढ़ने की अनुमति दे दी।

एक प्रसंग पर गुजरात के महाधिवक्ता खोसला समिति द्वारा वर्ष 1965 में दी गई रिपोर्ट का वाचन कर रहे थे। इस बीच अध्यक्ष ने टिप्पणी की कि डॉ. खोसला की आदत है कि वे मामले में निर्णय पहले लेते हैं तथा उसके समर्थन में तर्क और आधार बाद में प्रस्तुत करते हैं। अध्यक्ष की इस टिप्पणी पर क्षण भर के लिए पूरे माहौल में सन्नाटा खिंच गया। अपनी टिप्पणी के कारण पूरे माहौल में तनाव को तत्काल भांपते हुए अध्यक्ष वी. रामास्वामी ने अपनी तीखी टिप्पणी को प्रभावहीन करने के लिए कहा कि ''ऐसा तो मैं भी करता हूं'' इस पर पूरे माहौल में हँसी फूट पड़ी।

एक अन्य प्रसंग में न्यायाधिकरण के सदस्य जस्टिस एम.आर.ए. अन्सारी ने कार्यवाही के दौरान कहा कि जल विवाद से संबंधित हर राज्य दूसरे राज्य पर न्यायाधिकरण को भ्रमित करने का आरोप लगा रहा है। हमें यह देखना होगा कि अंततः कौन सा राज्य इसमें सफल होता है।

राजस्थान के वरिष्ठ वकील के.के. जैन ने राजस्थान की पैरवी करते हुए कहा कि मध्यप्रदेश का पूरा जलग्रहण क्षेत्र नर्मदा के बांधों को गाद से भर देगा। मध्यप्रदेश और महाराष्ट्र की सीमा पर प्रस्तावित जलसिंधी बांध भी जल्द ही गाद से भर जाएगा।

अध्यक्ष ने पूछा कि जलसिंधी बांध को गाद से भर जाने में कितने वर्ष लगेंगे। श्री जैन ने तपाक से उत्तर दिया - ''दो से तीन वर्ष।'' इस पर वहां उपस्थित सभी ठहाका लगा कर हँस पड़े। राजस्थान के वरिष्ठ वकील के इस हास्यास्पद जवाब पर अध्यक्ष ने गम्भीरता ओढ़ते हुए कहा कि - ''ठीक है आगे पढ़ो, आपके नोट्स बहुत उम्दा हैं''।

जब न्यायाधिकरण में जम्मू-कश्मीर हाईकोर्ट के तत्कालीन मुख्य न्यायाधीश एम.आर.ए. अन्सारी ने सदस्य के रूप में कार्यभार ग्रहण किया तो अध्यक्ष ने कार्यवाही के दौरान कहा कि श्री अंसारी संबंधित राज्यों से कुछ सवाल करना चाहते हैं, लेकिन पहले वह आपके द्वारा प्रस्तुत लिखित जानकारी का अध्ययन करेंगे। हो सकता है इसके बाद उनके पास कोई सवाल ही न बचे।

न्यायाधिकरण की लंबी चली कार्यवाही के दौरान हर दिन बैठक समाप्ति पर राज्यों के वकील न्यायाधिकरण के अध्यक्ष और सदस्यों के प्रति सम्मान और आभार व्यक्त करते हुए 'धन्यवाद, मैं बहुत आभारी हूं' जैसे शब्द बोलते थे। न्यायाधिकरण की सुनवाई के अंतिम दिन 15 मार्च 1978 को कार्यवाही समाप्त होने पर अध्यक्ष ने कहा कि अब आगे कोई सुनवाई नहीं होगी। इस पर अपनी आदत के मुताबिक महाराष्ट्र के वकील के मुंह से निकला - ''हम बहुत आभारी हैं।'' इस पर कोई भी अपनी हंसी रोक नहीं सका।

न्यायाधिकरण का ऐतिहासिक निर्णय

स्पष्टीकरण याचिकाओं की सुनवाई एक वर्ष तक चली। पंचाट ने गुजरात राज्य द्वारा रेफरेंस में प्रस्तुत सभी सुझाव नामंजूर कर दिये। पंचाट ने मध्यप्रदेश के बांध की ऊंचाई 443 फीट रखने के सुझाव को भी स्वीकार नहीं किया लेकिन आवंटित पानी को कछार के अंदर या बाहर सुविधानुसार उपयोग करने की मध्यप्रदेश की मांग स्वीकार कर ली गई। स्पष्टीकरण याचिकाओं पर समग्र विचार-विमर्श के बाद नर्मदा जल विवाद न्यायाधिकरण ने दिसम्बर 1979 में अंतिम रूप से अपना ऐतिहासिक आदेश जारी किया, जिसे 'नर्मदा जल विवाद अवार्ड' के नाम से जाना जाता है। भारत सरकार द्वारा 12 दिसम्बर 1979 को गजट में प्रकाशित होने के साथ ही यह अवार्ड चारों राज्यों पर अंतिम रूप से बंधनकारी हो गया। अन्तर्राज्यीय जल विवाद अधिनियम 1956 की कण्डिका 6 तथा 11 के अनुसार, नर्मदा न्यायाधिकरण का निर्णय चारों राज्यों पर बंधनकारी है तथा इस पर किसी भी न्यायालय में अपील नहीं की जा सकती।

न्यायाधिकरण के अंतिम आदेश का सार

न्यायाधिकरण का अंतिम आदेश कुल 16 खण्डों में जारी किया गया है। इन खण्डों का सार निम्नानुसार है–

खण्ड एक

न्यायाधिकरण के आदेश अन्तर्राज्यीय जल विवाद अधिनियम 1956 की धारा 6 के अंतर्गत सरकारी गजट में प्रकाशित होने की तिथि से प्रभावी माने जाएंगे।

खण्ड दो

सरदार सरोवर बांध स्थल पर नर्मदा जल की उपयोगी मात्रा 75 प्रतिशत निर्भरता के

आधार पर 34,537,44 मिलियन घन मीटर (एम.सी.एम.) अर्थात् 28 मिलियन एकड़ फीट (एम.ए.एफ.) आंकी गई है।

खण्ड तीन

नर्मदा जल की 28 एम.ए.एफ. उपयोगी मात्रा में से मध्यप्रदेश 18.25 एम.ए.एफ. (22,511.01 एम.सी.एम.), गुजरात 9.0 एम.ए.एफ. (11,101.32 एम.सी.एम.), राजस्थान 0.5 एम.ए.एफ. (616.74 एम.सी.एम.), महाराष्ट्र 0.25 एम.ए.एफ. (308.37 एम.सी.एम.) जल की मात्रा अपने हिस्से के रूप में प्राप्त करने के अधिकारी होंगे।

खण्ड चार

जल की उपयोगी मात्रा (28 एम.ए.एफ.) की तुलना में किसी भी वर्ष में प्राप्त अधिक अथवा कम जल की उपलब्ध मात्रा को राज्यों के हिस्से के अनुपात में बांट लिया जाएगा। साधारण रूप से राज्यों के हिस्से के अनुसार, मध्यप्रदेश को 73, गुजरात को 36, महाराष्ट्र को 1 तथा राजस्थान को 2 भाग निर्धारित किया।

खण्ड पांच

न्यायाधिकरण के उक्त निर्णयों की इनके प्रकाशन की तारीख से लगा कर 45 वर्ष तक की अवधि के पश्चात् किसी भी समय समीक्षा की जा सकेगी।

खण्ड छह

सरदार सरोवर से प्रारम्भ नहर का पूर्ण जल प्रदाय स्तर 91.44 मीटर (300 फीट) निश्चित किया गया। शीर्ष नियंत्रक से सौराष्ट्र शाखा के बिन्दु तक 12,000 में 1 के ढाल के साथ तथा इसके आगे राजस्थान सीमा तक 10,000 में 1 का ढाल निश्चित किया गया है। नहर तल के ढाल को राजस्थान और गुजरात राज्य के परस्पर समझौते के द्वारा परिवर्तित किया जा सकता है।

खण्ड सात

सरदार सरोवर बांध की ऊंचाई 140.21 मीटर (460 फीट) के अधिकतम जल

स्तर के साथ पूर्ण जलाशय स्तर पर 138.68 मीटर (455 फीट) निश्चित की गई है।

खण्ड आठ

(अ) सरदार सरोवर नहर और नदी तल विद्युत गृह में किसी भी दिवस में वास्तविक उत्पादित विद्युत में से मध्यप्रदेश राज्य को 57 प्रतिशत, महाराष्ट्र को 27 प्रतिशत और गुजरात को 16 प्रतिशत हिस्सा प्राप्त होगा।

(ब) सरदार सरोवर परियोजना के ऊर्जा उत्पादन भाग के पूंजीगत व्यय को मध्यप्रदेश, महाराष्ट्र और गुजरात राज्यों के बीच क्रमशः 57 प्रतिशत, 27 प्रतिशत और 16 प्रतिशत के अनुपात में बांटा जाएगा।

खण्ड नौ

सरदार सरोवर के जल की आवश्यकता मध्यप्रदेश द्वारा जल छोड़ कर पूरी की जाएगी। जल की यह पूर्ति मध्यप्रदेश और महाराष्ट्र की आवश्यकताओं की पूर्ति के पश्चात् अधिशेष जल द्वारा होगी। सरदार सरोवर को यह जल महेश्वर बांध से निर्मुक्त किया जाएगा। निर्मुक्त किये जाने वाली जल की मात्रा 8.12 एम.ए.एफ. (10015.6 एम.सी.एम.) निकाली गई है। जल की निर्मुक्ति को एक समान बनाये रखने के लिए मध्यप्रदेश को प्रतिमाह 0.677 एम.ए.एफ. (834.65 एम.सी.एम.) जल की मात्रा छोड़ना आवश्यक होगा। महेश्वर बांध के नीचे के जलग्रहण क्षेत्र से प्राप्त होने वाली जल की मात्रा के अनुसार महेश्वर से जल निर्मुक्ति कम या अधिक हो सकेगी।

खण्ड दस

(अ) मध्यप्रदेश को नर्मदा सागर बांध को पूर्ण जलाशय स्तर 262.13 मीटर (860 फीट) बनाने की जिम्मेदारी है। नर्मदा सागर बांध सरदार सरोवर बांध निर्माण से पहले अथवा साथ-साथ बनाया जाना है।

(ब) नर्मदा सागर बांध से छोड़े जाने वाले नियंत्रित जल के लिए क्षतिपूर्ति के रूप में बांध के निर्माण में होने वाले व्यय को ध्यान में रखते हुए गुजरात

नर्मदा सागर बांध के व्यय का 17.63 प्रतिशत मध्यप्रदेश को प्रतिवर्ष जमा करेगा।

खण्ड ग्यारह

सरदार सरोवर परियोजना से संबंधित विस्थापितों की परिभाषा, अनिवार्य रूप से अधिग्रहीत की जाने वाली भूमि, भूमि अधिग्रहण पर मुआवजे की राशि का भुगतान और पुनर्वास प्रावधानों के प्रकाश में गुजरात राज्य को मध्यप्रदेश और महाराष्ट्र राज्यों के पुनर्वास प्रावधानों के अनुसार भुगतान करने के बारे में विस्तृत निर्देश दिये गये हैं।

खण्ड बारह

सरदार सरोवर परियोजना के यूनिट-1 बांध और इससे संलग्न कार्यों के व्यय को सिंचाई और विद्युत घटकों के बीच क्रमशः 43.9 और 56.1 के अनुपात में बांट दिया जाएगा।

खण्ड तेरह

सरदार सरोवर परियोजना यूनिट एक बांध और इससे संलग्न कार्यों के सिंचाई घटकों की लागत व्यय को गुजरात और राजस्थान राज्यों के बीच 18:1 के अनुपात में बांटी जाएगी।

नवागाम नहर के निर्माण और नर्मदा नियंत्रण प्राधिकरण द्वारा अनुमोदित किये इसके अभिकल्प से संबंधित व्यय को गुजरात और राजस्थान राज्यों के बीच निम्नानुसार बांटा जाएगा–

(अ) न्यायाधिकरण द्वारा निर्धारित की गई तल ढाल में परिवर्तन होने से भूमि खुदाई कार्य और अस्तर (Lining) में हुए व्यय के अंतर मूल्य को राजस्थान राज्य द्वारा पूर्ण रूप से वहन करना होगा।

(ब) वास्तविक हुए व्यय में से उपर्युक्त (अ) के अंतर्गत आये व्यय को घटाने से जो राशि आयेगी, वह राशि घन फीट प्रति सेकण्ड के आधार पर बांट ली जाएगी।

खण्ड चौदह

चारों राज्यों में न्यायाधिकरण के निर्णय (अवार्ड) क्रियान्वयन की देख-रेख के लिए नर्मदा नियंत्रण प्राधिकरण की स्थापना और एक पुनर्विलोकन समिति का गठन किया जाएगा। नर्मदा जल विवाद न्यायाधिकरण के निर्णयों और निर्देशों को कार्यान्वित करने के लिए विस्तृत निर्देशों का उल्लेख है। इसमें न्यायाधिकरण ने सरदार सरोवर निर्माण सलाहकार समिति की स्थापना करने के आदेश भी दिये हैं। सरदार सरोवर निर्माण सलाहकार समिति सरदार सरोवर परियोजना की यूनिट-1 बांध के निर्माण और इससे संबद्ध कार्यों तथा यूनिट-3 ऊर्जा तंत्र के निर्माण से संबद्ध रहेगी।

उपखण्ड सत्रह

संबंधित राज्यों के बीच हुए समझौतों द्वारा इन आदेशों में निहित हुए/निहित नहीं हुए किसी भी परिवर्तन, संशोधन सुधार करने पर रोक नहीं लगाई जाएगी।

खण्ड पंद्रह

मध्यप्रदेश, गुजरात, महाराष्ट्र और राजस्थान राज्यों को न्यायाधिकरण के समक्ष प्रस्तुत होने वाले व्यय को स्वयं वहन करना होगा। इसके साथ ही सभी राज्यों को न्यायाधिकरण के व्यय भी वहन करना होंगे।

खण्ड सोलह

पक्षकार राज्यों में जल के बंटवारे से संबंधित आदेश इसमे किसी भी वर्ष जल की अधिकता अथवा कमी की स्थिति में जल बंटवारे से संबंधित प्रावधान सम्मिलित है। सरदार सरोवर बांध के पूर्ण जलाशय स्तर से संबंधित आदेश, निर्माण में हुए व्यय तथा लाभ के हिस्सों के बंटवारे का निर्धारण, सरदार सरोवर की आवश्यकता के लिए मध्यप्रदेश द्वारा नियमित जल की निर्मुक्ति, गुजरात राज्य द्वारा किये जाने वाले भुगतान के संबंध में निर्मित नियमों के साथ एक तंत्र बनाये जाने की आवश्यकता उल्लेखित है। यह तंत्र न्यायाधिकरण के निर्णयों को लागू कराएगा। न्यायाधिकरण के उक्त निर्णयों की सरकारी गजट में प्रकाशित होने की तिथि से 45 वर्ष की अवधि के पश्चात् किसी भी समय समीक्षा की जा सकेगी।

एम.ए.एफ./एम.सी.एम.

नर्मदा जल के बंटवारे के निर्णय में नर्मदा के जल की मात्रा को मिलियन एकड़ फीट (एम.ए.एफ.) में दर्शाया गया है। 1 मिलियन 10 लाख के बराबर होता है। इस प्रकार 1 मिलियन एकड़ फीट जल की मात्रा का अर्थ है–10 लाख एकड़ समतल भूमि में एक फीट ऊंचाई तक भरा जल। पानी की मात्रा घन मीटर (क्यूबिक मीटर) में व्यक्त की जाती है। 1 एम.ए.एफ. जल की मात्रा 1233.48 मिलियन क्यूबिक मीटर (एम.सी.एम.) जल के बराबर होती है। 1 मिलियन क्यूबिक मीटर जल का अर्थ है–10 लाख घन मीटर मात्रा। यदि 1 मिलियन घन मीटर को एकड़ फीट में दर्शाना हो तो 1 मिलियन घन मीटर 810.71 एकड़ फीट के बराबर होता है। पीने में उपयोग किये जाने वाले पानी की मात्रा मिलियन लीटर डेली (एम.एल.डी.) में व्यक्त की जाती है। 1 एम.एल.डी. जल की मात्रा अर्थात 10 लाख लीटर जल प्रतिदिन। इस प्रकार नर्मदा में आकलित 28 एम.ए.एफ. जल (परिशिष्ट-5) और राज्यों के हिस्से में आये जल की मात्रा का अनुमान लगाया जा सकता है।

नर्मदा नियंत्रण प्राधिकरण

दिसम्बर 1979 में जारी अपने अंतिम आदेशों तथा निर्णयों के अंतर्गत नर्मदा जल विवाद न्यायाधिकरण ने अपने दिशा-निर्देशों और निर्णयों को चारों राज्यों में क्रियान्वित कराने के लिए धारा-14 के अंतर्गत एक तंत्र की स्थापना के आदेश दिये। तदनुसार दिनांक 10 सितम्बर 1980 को भारत सरकार सिंचाई मंत्रालय ने अधिसूचना जारी कर नर्मदा नियंत्रण प्राधिकरण (परिशिष्ट-2) तथा नियंत्रण प्राधिकरण की पुनर्विलोकन समिति का गठन किया। नर्मदा नियंत्रण प्राधिकरण ने 20 दिसम्बर 1980 से काम करना आरम्भ किया।

नर्मदा नियंत्रण प्राधिकरण (एन.सी.ए.) के दायित्व

1. नर्मदा जल का भण्डारण, आवंटन, नियमन और नियंत्रण।
2. सरदार सरोवर परियोजना से बिजली लाभ का बंटवारा।
3. मध्यप्रदेश द्वारा अन्य राज्यों को आवंटित पानी की नियमित प्रतिपूर्ति।
4. सरदार सरोवर परियोजना के अंतर्गत संभावित डूब भूमि तथा संपत्ति का संबंधित राज्य के द्वारा अधिग्रहण।

5. सरदार सरोवर परियोजना विस्थापितों को मुआवजा तथा उनका पुनर्व्यवस्थापन और पुनर्वास।
6. बांध निर्माण की लागत का बंटवारा।

उपदल और समितियां

नर्मदा नियंत्रण प्राधिकरण में विभिन्न विषयों के कार्यों को संपादित करने के लिए उपदल गठित किये गये हैं। भारत सरकार के संबंधित मंत्रालय का सचिव उपदल का अध्यक्ष है। नर्मदा नियंत्रण प्राधिकरण के अंतर्गत निम्नलिखित उपदल कार्यरत हैं–

1. पर्यावरण उपदल।
2. पुनर्व्यवस्थापन और पुनर्वास उपदल।
3. जल मौसम विज्ञान उपदल।

उपदल के अतिरिक्त निम्न समितियां/उप-समितियां कार्यरत हैं–

1. पुनर्वास समिति।
2. नर्मदा मुख्य नहर उप समिति।
3. ऊर्जा उप समिति।
4. पर्यावरण उप समिति।
5. सरदार सरोवर जलाशय नियमन समिति।

पुनर्विलोकन समिति (रिव्यू कमेटी ऑफ एन.सी.ए. – आर.सी.एन.सी.ए.)

नर्मदा नियंत्रण प्राधिकरण के अंतर्गत एक पुनर्विलोकन समिति गठित की गई है। यह समिति स्वप्रेरणा से या किसी पक्षकार राज्य या सचिव भारत सरकार पर्यावरण एवं वन मंत्रालय के आवेदन पर नर्मदा नियंत्रण प्राधिकरण के किसी निर्णय का पुनर्विलोकन कर सकेगी। इस समिति में अध्यक्ष सहित निम्नानुसार छः सदस्य हैं।

1. केन्द्रीय जल संसाधन मंत्री - अध्यक्ष
2. केन्द्रीय पर्यावरण एवं वन मंत्री - सदस्य
3. मुख्यमंत्री मध्यप्रदेश - सदस्य
4. मुख्यमंत्री गुजरात - सदस्य
5. मुख्यमंत्री महाराष्ट्र - सदस्य
6. मुख्यमंत्री राजस्थान - सदस्य

उच्चतम न्यायालय के दिनांक 18 अक्टूबर 2000 के निर्णय के अनुसार, आर.सी.एन.सी.ए. स्तर पर अनसुलझे मुद्दे को अंतिम निर्णय के लिए प्रधानमंत्री भारत सरकार को अग्रेषित किया जा सकेगा।

नर्मदा जल विवाद न्यायाधिकरण के निर्णय और दिशा-निर्देशों के अनुसार, चारों राज्यों द्वारा की जा रही कार्यवाही पर नर्मदा नियंत्रण प्राधिकरण द्वारा प्रतिवर्ष वार्षिक प्रतिवेदन जारी किया जाता है। वार्षिक प्रतिवेदन को लोकसभा और राज्यसभा के पटल पर रखा जाता है।

जल उपयोग के लिए राज्यों की गतिविधियाँ

मध्यप्रदेश

नर्मदा जल विवाद न्यायाधिकरण की कार्यवाही के दौरान मध्यप्रदेश ने 1972 में एक मास्टर प्लान न्यायाधिकरण को प्रस्तुत किया था। इस मास्टर प्लान में 29 बड़े, 135 मध्यम तथा लगभग 3000 छोटे बांधों का निर्माण किया जाना प्रस्तावित था। इसी मास्टर प्लान के आधार पर न्यायाधिकरण ने मध्यप्रदेश को 18.25 एम.ए.एफ. जल आवंटित किया।

न्यायाधिकरण के अंतिम निर्णय के बाद मास्टर प्लान योजनाओं के निर्माण का कार्य राज्य के सिंचाई विभाग के अंतर्गत था। बाद में मध्यप्रदेश सरकार ने जुलाई 1981 में पृथक नर्मदा घाटी विकास विभाग का गठन किया। मास्टर प्लान में सम्मिलित 29 वृहद् परियोजनाओं के निर्माण को प्राथमिकता से पूरा करने के उद्देश्य से 07 दिसम्बर 1982 को नर्मदा आयोजना अभिकरण (नर्मदा प्लानिंग एजेन्सी) का गठन किया गया। 16 जुलाई 1985 को नर्मदा आयोजना अभिकरण के स्थान पर नर्मदा घाटी विकास प्राधिकरण का गठन कर नर्मदा घाटी के बडे बांधों को पूरा करने का दायित्व प्राधिकरण को सौंपा गया। मास्टर प्लान की मध्यम और लघु परियोजनाओं के निर्माण का दायित्व जल संसाधन विभाग को दिया गया। मध्यप्रदेश सरकार ने 16 जुलाई 1985 को ही नर्मदा घाटी विकास प्राधिकरण से उच्च स्तर के नर्मदा नियंत्रण मण्डल (नर्मदा कन्ट्रोल बोर्ड) का भी गठन किया गया (परिशिष्ट-3)। नर्मदा नियंत्रण मण्डल और नर्मदा घाटी विकास प्राधिकरण को विभागीय संरचना की तुलना में विशेष प्रशासनिक और वित्तीय अधिकार सौंपे गये।

नर्मदा नियंत्रण मण्डल तथा नर्मदा घाटी विकास प्राधिकरण के गठन के लिए 16 जुलाई 1985 को प्रसारित संकल्प में नर्मदा नियंत्रण मण्डल और नर्मदा घाटी विकास प्राधिकरण के कार्य संचालन नियमों का विस्तृत उल्लेख करते हुए कहा गया है कि नर्मदा कछार के जल स्त्रोतों और संसाधनों के विकास के लिए वृहद् परियाजनाओं का निर्माण नर्मदा घाटी विकास प्राधिकरण के क्षेत्राधिकार के अंतर्गत होगा। नर्मदा घाटी

विकास प्राधिकरण, नर्मदा नियंत्रण मण्डल के पूर्ण प्रभार में रहेगा। मोटे तौर पर नियंत्रण मण्डल का कार्य प्राधिकरण के कार्यों पर निगरानी रखना, प्राधिकरण की कार्य योजनाओं का अनुमोदन, तकनीकी एवं वित्तीय शक्तियां प्राधिकरण को देने का अनुमोदन तथा समय-समय पर प्राधिकरण के कुशल संचालन के लिए निर्देश देना है।

मध्यप्रदेश का मास्टर प्लान 1972

वर्ष 1972 में मध्यप्रदेश द्वारा जल विवाद न्यायाधिकरण को प्रस्तुत मास्टर प्लान में 29 बड़े, 135 मध्यम और लगभग 3000 छोटे बांधों के निर्माण का उल्लेख था। परियोजनाओं के वर्गीकरण में सामान्यतः 10,000 हेक्टेयर से अधिक सिंचाई क्षमता की परियोजनाओं को वृहद्, 10,000 हैक्टयर से कम लेकिन 2,000 हेक्टेयर से अधिक सिंचाई क्षमता की परियोजनाओं को मध्यम तथा 2,000 हेक्टेयर से कम सिंचाई क्षमता की परियोजनाओं को लघु परियोजनाओं में वर्गीकृत किया जाता है। मास्टर प्लान की वृहद् परियोजनाएं इस प्रकार हैं–

स.क्र.	परियोजना का नाम	परियोजना स्थल/जिला
परियोजनाएं नर्मदा नदी पर :		
1	(अ) रानी अवंती बाई सागर तथा बरगी नहर विद्युत गृह (ब) बरगी व्यपवर्तन	जबलपुर के निकट बरगी ग्राम के पास
2	इंदिरा सागर	खण्डवा जिले में ग्राम पुनासा के निकट
3	पुनासा उद्वहन	खण्डवा जिले में इंदिरा सागर नहर पर
4	ओंकारेश्वर	खण्डवा जिले में ओंकारेश्वर के निकट
5	महेश्वर	खरगोन जिले में महेश्वर के निकट
6	अपर नर्मदा	डिण्डौरी जिले में
7	राघवपुर	डिण्डौरी जिले में
8	बसानिया	मण्डला जिले में
9	रोसरा	मण्डला जिले में
10	चिंकी	नरसिंहपुर जिले में ग्राम पिपरहा के पास

स.क्र.	परियोजना का नाम	परियोजना स्थल/जिला
परियोजनाएं नर्मदा की सहायक नदियों पर :		
11	बारना	रायसेन जिले में बारना नदी पर
12	सुक्ता	खण्डवा जिले में सुक्ता नदी पर
13	तवा	होशंगाबाद जिले में तवा नदी पर
14	कोलार	सिहोर जिले में कोलार नदी पर
15	मटियारी (धोबाटोरिया)	मण्डला जिले में मटियारी नदी पर
16	मान	धार जिले में ग्राम जीराबाद के निकट मान नदी पर
17	शहीद चंद्रशेखर आजाद (जोबट)	अलीराजपुर जिले की अलीराजपुर तहसील में ग्राम वास्कल के निकट हथिनी नदी पर
18	अपरबेदा	खरगोन जिले में भीकनगांव विकासखण्ड के ग्राम नैमित के निकट बेदा नदी पर
19	लोअरगोई	बड़वानी जिले की राजपुर तहसील में गोई नदी पर
20	हालोन	मण्डला जिले के बिछया विकासखण्ड में हालोन नदी पर
21	सीतारेवा	छिंदवाड़ा जिले में सीतारेवा नदी पर
22	अपर बुढ़नेर	जिला मण्डला, ग्राम मावये के निकट बुढ़नेर नदी पर
23	अटारिया	जिला जबलपुर, ग्राम अटारिया हिरन नदी पर
24	शेर	जिला नरसिंहपुर, ग्राम गुंगवानी में शेर नदी पर
25	शक्कर	जिला नरसिंहपुर, ग्राम हाथनपुर में शक्कर नदी पर
26	मच्छरेवा	जिला नरसिंहपुर, ग्राम भादरदोन मच्छरेवा नदी पर

स.क्र.	परियोजना का नाम	परियोजना स्थल/जिला
27	दुधी	जिला होशंगाबाद, ग्राम धारो पाराओ दुधी नदी पर
28	मोरण्ड	जिला होशंगाबाद, ग्राम मोरघाट मोरण्ड नदी पर
29	गंजाल	जिला होशंगाबाद, ग्राम जावरधा के निकट गंजाल नदी पर

मध्यम और लघु परियोजनाएं

मास्टर प्लान 1972 में नर्मदा घाटी में 135 मध्यम परियोजनाएं (परिशिष्ट-4) तथा 3000 छोटी सिंचाई परियोजनाएं भी प्रस्तावित की गई हैं।

जल उपयोग लक्ष्य का क्षेत्रवार विभाजन

मध्यप्रदेश को आवंटित 18.25 एम.ए.एफ. जल के उपयोग के लिए मास्टर प्लान में प्रस्तावित योजनाओं और अन्य प्रबंधों को वर्ष 2024 की समय सीमा में पूरा करने के लिए मध्यप्रदेश ने विभागवार दायित्व निर्धारण किया है, जो इस प्रकार है–

लक्षित परियोजनाएं/ उपयोग क्षेत्र	उपयोग होने वाले जल की मात्रा एम.ए.एफ./ एम.सी.एम.	उत्तरदायी विभाग/एजेन्सी
29 वृहद्	11.360/14012.33	नर्मदा घाटी विकास प्राधिकरण
135 मध्यम	2.880/3552.42	जल संसाधन विभाग
3000 छोटी	2.510/3096.03	जल संसाधन विभाग
औद्योगिक	0.743/916.48	उद्योग विभाग
घरेलू/नगर पालिका	0.757/933.74	लोक स्वास्थ्य यांत्रिकी विभाग
योग	**18.250/22511**	

मास्टर प्लान परियोजनाओं के निर्माण की स्थिति

(1अ) रानी अवंती बाई सागर– जबलपुर जिले में बरगी ग्राम के पास मनखेड़ी में नर्मदा नदी पर परियोजना बांध निर्मित है। इस परियोजना का निर्माण 1971 में आरम्भ हुआ था। बांध निर्माण का कार्य वर्ष 1988-89 में पूरा हुआ। मुख्य मेसेनरी/कांक्रीट बांध की ऊंचाई 69.50 मीटर है। बांध की मुख्य बायीं नहर 135.50 किमी. लंबी है। संपूर्ण नहर प्रणाली से 1 लाख 57 हजार हेक्टेयर सिंचाई क्षमता जबलपुर तथा नरसिंहपुर जिले में निर्मित की जाएगी। मुख्य नहर से 4 शाखा नहरें निर्मित की गई हैं। इनमें से पाटन शाखा नहर की लंबाई 14.4 किमी., भदगवां शाखा नहर की लंबाई 16.3 किमी., हरेरी शाखा नहर की लंबाई 52.83 किमी. तथा सादूमार शाखा नहर की लंबाई 21.56 किमी. है। जनवरी 2010 की स्थिति में मुख्य बायीं नहर का 99 प्रतिशत कार्य पूरा हो चुका है। पाटन, भदगवां और हरेरी शाखा नहरों के कार्य पूरे हो चुके हैं। सादूमार शाखा नहर का कार्य 50 प्रतिशत पूरा हुआ है। परियोजना के अंतर्गत 45x2 (90 मेगावाट) क्षमता के नदी तल पॉवर हाऊस का निर्माण 1988 में पूरा हुआ। इससे बिजली उत्पादन जारी है। परियोजना की मुख्य नहर पर 5x2 (10 मे.वा.) क्षमता के नहर शीर्ष पॉवर हाऊस का निर्माण वर्ष 2006 में पूरा किया गया। इस पॉवर हाऊस से 25 अगस्त 2006 से विद्युत उत्पादन जारी है। रानी अवंती बाई सागर बांध का पूर्ण जलाशय स्तर 422.76 मीटर है।

(1ब) बरगी डायवर्जन– रानी अवंती बाई सागर बांध की दायीं नहर परियोजना को बरगी डायवर्जन (व्यपवर्तन) के नाम से जाना जाता है। दायीं मुख्य नहर की लंबाई 196. 8 किमी. होगी। यह नहर परियोजना एक अंतर्कछारीय परियोजना है, जो रानी अवंती बाई सागर बांध से नर्मदा जल को सोन नदी कछार के तहत आने वाले रीवा और सतना जिलों तक पहुंचायेगी। बरगी डायवर्जन परियोजना से जबलपुर, कटनी, रीवा और सतना जिलों में 2 लाख 45 हजार हेक्टेयर सिंचाई क्षमता निर्मित होगी। मुख्य नहर के साथ ही 183.37 किमी. शाखा नहरों तथा 2700 किमी. वितरण नहरों का निर्माण किया जाएगा। जनवरी 2010 की स्थिति में 104 किमी. मुख्य नहर का निर्माण पूरा हो चुका है। मुख्य नहर पर 104 से 116 किमी. के बीच 12 किमी. लंबी सिंचाई टनल का निर्माण

कार्य आरम्भ किया गया है। मुख्य नहर के साथ-साथ वितरण नहरों का निर्माण भी जारी है।

मध्यप्रदेश बरगी डायवर्जन परियोजना को अंतर्कछारीय परियोजना होने तथा अन्य आधार पर राष्ट्रीय परियोजना घोषित करने की मांग भारत शासन से करता रहा है। वर्ष 2010 में इस विषय पर की गई पहल के फलस्वरूप जल संसाधन मंत्रालय ने इस परियोजना को राष्ट्रीय परियोजना में सम्मिलित करने की अनुशंसा प्रदान कर दी है। राष्ट्रीय परियोजना घोषित होने से परियोजना लागत की 90 प्रतिशत राशि भारत सरकार से उपलब्ध होगी।

(2) **इंदिरा सागर**–खण्डवा जिले के ग्राम पुनासा से 10 किमी. दूर नर्मदा नदी पर इंदिरा सागर परियोजना बांध निर्मित है। परियोजना के मुख्य कांक्रीट बांध की लंबाई 840 मीटर और अधिकतम ऊंचाई 92 मीटर है। परियोजना जलाशय से केवल मुख्य बायीं नहर का प्रावधान है। इस नहर की लंबाई 248.65 किमी. होगी। मुख्य नहर, शाखा नहरों और वितरण प्रणाली से 1 लाख 23 हजार हेक्टेयर सिंचाई क्षमता निर्मित होगी। मुख्य नहर और वितरण नहरों के निर्माण का कार्य चार चरणों में जारी है। प्रत्येक चरण में सिंचाई क्षमता निर्धारित की गई है -

प्रथम चरण –	0 से 71 किमी.	- 36100 हेक्टेयर
द्वितीय चरण –	71 से 142 किमी.	- 26100 हेक्टेयर
तृतीय चरण –	142 से 206 किमी.	- 20700 हेक्टेयर
चतुर्थ चरण –	206 से 248.65 किमी.	- 40100 हेक्टेयर

(खरगोन उद्वहन सहित)

जनवरी 2010 तक 107 किमी. मुख्य नहर का निर्माण पूरा हो चुका है। कुल सिंचाई क्षमता से खरगोन जिले को 69 हजार हेक्टेयर, बडवानी जिले को 36 हजार हेक्टेयर और खण्डवा जिले को 19 हजार हेक्टेयर सिंचाई का लाभ मिलेगा। जलाशय से 0.06 एम.ए.एफ. पानी घरेलू और औद्योगिक उपयोग के लिए दिये जाने का प्रावधान है। जलाशय की जल संग्रह क्षमता 7.9 एम.ए.एफ. (12.2 अरब घन मीटर) है। इंदिरा सागर जलाशय का क्षेत्रफल 91348 वर्ग किमी. है। क्षेत्रफल और जल संग्रह क्षमता में यह वर्तमान में भारत का सबसे बड़ा जलाशय है। इंदिरा सागर

बांध का पूर्ण जलाशय स्तर 262.13 मीटर है। नर्मदा पर निर्मित महत्त्वपूर्ण बांधों में से एक इंदिरा सागर बांध निर्माण परियोजना का शिलान्यास 23 अक्टूबर 1984 को भारत की तत्कालीन प्रधानमंत्री श्रीमती इंदिरा गांधी द्वारा किया गया था।

वर्ष 2000 में मध्यप्रदेश शासन ने इंदिरा सागर परियोजना को जल विद्युत परियोजना के रूप में प्राथमिकता देते हुए निर्मित करने का निर्णय लिया। इसके लिए मध्यप्रदेश सरकार ने राष्ट्रीय जल विद्युत विकास निगम (एन.एच.पी.सी.) के साथ एक संयुक्त उपक्रम का गठन किया। इस उपक्रम को नर्मदा जल विद्युत विकास निगम (एन.एच.डी.सी.) नाम दिया गया। इस उपक्रम को 25 सितम्बर 2000 को इंदिरा सागर बांध और 1000 मेगावाट क्षमता के पावर के निर्माण का कार्य सौपा गया। एन.एच.डी.सी. द्वारा 2005 में बांध और पॉवर हाऊस की सभी 8 इकाईयों की स्थापना का कार्य पूरा कर लिया। इंदिरा सागर परियोजना से वर्ष 2004 से विद्युत उत्पादन जारी है। परियोजना की मुख्य नहर पर 15 मेगावाट क्षमता के पॉवर हाऊस का निर्माण नर्मदा घाटी विकास प्राधिकरण द्वारा 2010 में पूरा कर लिया गया है।

खरगोन उद्वहन–इंदिरा सागर परियोजना की 1 लाख 23 हजार हेक्टेयर सिंचाई क्षमता में 33 हजार 140 हेक्टेयर सिंचाई क्षमता खरगोन उद्वहन नहर द्वारा निर्मित की जाएगी। इंदिरा सागर परियोजना की मुख्य बायीं नहर के 92.10 किमी. से जल उद्वहन कर 83 किमी. लंबी उद्वहन नहर में डाला जाएगा। इंदिरा सागर नहर से पम्पों द्वारा 38.62 मीटर ऊंचाई तक जल उद्वहन होगा। शीर्ष पर जल की निकासी 20.50 घन मीटर प्रति सेकण्ड होगी। खरगोन उद्वहन नहर की 33 हजार 140 हेक्टेयर सिंचाई क्षमता से लगभग 35 हजार हेक्टेयर वार्षिक सिंचाई की जा सकेगी।

(3) **पुनासा उद्वहन**–मध्यप्रदेश के मास्टर प्लान में नर्मदा की सहायक छोटी तवा नदी पर एक वृहद् परियोजना प्रस्तावित की गई थी। प्रस्तावित परियोजना में जल उद्वहन कर इंदिरा सागर नहर हेड रेग्युलेटर के आसपास ऊंचाई वाले क्षेत्र को सिंचित किया जाना प्रस्तावित था। परीक्षण के दौरान यह पाया गया कि सिंचाई के लिए छोटा तवा बांध बना कर पानी उद्वहन करने के स्थान पर बेहतर विकल्प इंदिरा सागर नहर से पानी उद्वहन करना

तत्कालीन प्रधानमंत्री इंदिरा गांधी द्वारा नर्मदा सागर (इंदिरा सागर) परियोजना का शिलान्यास।
(23 अक्टूबर 1984)

इंदिरा सागर परियोजना स्थल

होगा। इस प्रकार परिवर्तित परियोजना को पुनासा उद्वहन सिंचाई परियोजना का नाम दिया गया। परियोजना के अंतर्गत खण्डवा जिले के ग्राम चान्देल के पास इंदिरा सागर मुख्य नहर के शीर्ष पर निर्मित कन्ट्रोल स्ट्रक्चर के जैकवेल से जल उद्वहन किया जाएगा। पम्पों द्वारा तीन चरण में पानी उद्वहन कर 4 बैलेन्सिग रिजरवायर में भेजा जाएगा। भूमिगत पाईपों के माध्यम से 780 किमी. वितरण प्रणाली का निर्माण होगा। इस परियोजना से 35 हजार हेक्टेयर सिंचाई क्षमता निर्मित होगी। जल उद्वहन के लिए इंदिरा सागर नहर पर बनने वाले 15 मेगावाट क्षमता के बिजली घर से बिजली आपूर्ति होगी। परियोजना के निर्माण कार्य का शिलान्यास मध्यप्रदेश के मुख्यमंत्री शिवराज सिंह चौहान द्वारा 07 सितम्बर 2008 को किया गया। जनवरी 2011 की स्थिति में निर्माण कार्य जारी है।

(4) ओंकारेश्वर–ओंकारेश्वर परियोजना बांध खण्डवा जिले में ओंकारेश्वर तीर्थ के निकट नर्मदा पर निर्मित है। मुख्य कांक्रीट बांध की ऊंचाई 53 मीटर और लंबाई 949 मीटर है। परियोजना की नहर प्रणाली के अंतर्गत जलाशय के बायें तट से 12.39 किमी. लंबी कॉमन केरियर नहर निर्मित की जाएगी। कॉमन केरियर नहर की सिंचाई क्षमता 960 हेक्टेयर होगी। कॉमन केरियर नहर के दायीं ओर से 162.95 किमी. लंबी नहर का निर्माण होगा। इस नहर से 70,630 हेक्टेयर सिंचाई क्षमता निर्मित होगी। कॉमन केरियर नहर के बायीं ओर 64.11 किमी. लंबी बायीं नहर का निर्माण होगा। बायीं नहर की सिंचाई क्षमता 20,580 हेक्टेयर होगी। इस प्रकार कॉमन केरियर नहर तथा दायीं और बायीं मुख्य नहरों से कुल 92 हजार 170 हेक्टेयर सिंचाई क्षमता निर्मित होगी।

ओंकारेश्वर उद्वहन–ओंकारेश्वर परियोजना की नहर प्रणाली में दायीं ओर से 125 किमी. लंबी उद्वहन नहर का भी प्रावधान है। यह उद्वहन नहर दायीं नहर के समानान्तर निर्मित होगी। उद्वहन नहर से 58,020 हेक्टेयर सिंचाई क्षमता बनेगी। जल उद्वहन दायीं मुख्य नहर के 97.75 किमी. से होगा। इसके लिए जंक्शन स्ट्रक्चर निर्मित किया जाएगा। उद्वहन किये जाने वाले जल की मात्रा 15 घन मीटर प्रति सेकण्ड होगी। दायीं नहर से पानी को 56 मीटर ऊंचाई तक उद्वहन किया जाएगा। इसके लिए 1200 हॉर्स पॉवर के 5 मोटर पम्प लगाये जाएंगे। उद्वहन में 11.20 मेगावाट विद्युत

खपत अनुमानित है। उद्वहन किये गये पानी को 10.20 किमी. दूर सिसलिया तालाब (बैलेन्सिंग रिजरवायर) में संग्रहित किया जाएगा, जहां से फ्लो के जरिये उद्वहन नहर में सिंचाई के लिए छोड़ा जाएगा। इस प्रकार ओंकारेश्वर परियोजना की सम्पूर्ण नहर प्रणाली से कुल 1 लाख 46 हजार 8 सौ हेक्टेयर सिंचाई क्षमता निर्मित होगी। इसमें से खरगोन जिले को 73 हजार 6 सौ हेक्टेयर, धार जिले को 73 हजार हेक्टेयर और खण्डवा जिले को 200 हेक्टेयर सिंचाई का लाभ मिलेगा। ओंकारेश्वर जलाशय से 74 लाख घन मीटर पानी औद्योगिक और घरेलू उपयोग के लिए देने का प्रावधान है। ओंकारेश्वर बांध का पूर्ण जलाशय स्तर 196.60 मीटर है। ओंकारेश्वर परियोजना को भी जल विद्युत परियोजना के रूप में प्राथमिकता देकर एन.एच.डी.सी. द्वारा निर्मित किया गया है। पॉवर हाऊस की क्षमता 520 मेगावाट है। वर्ष 2007 से परियोजना से विद्युत उत्पादन जारी है। परियोजना की नहर पर भी 5 मेगावाट क्षमता के बिजली घर का निर्माण किया जाएगा। ओंकारेश्वर परियोजना का शिलान्यास भारत के तत्कालीन प्रधानमंत्री अटल बिहारी वाजपेयी द्वारा 30 अगस्त 2003 को किया गया था।

(5) **महेश्वर**–नर्मदा के उद्गम से लेकर मध्यप्रदेश राज्य की सीमा के अन्दर बनने वाली नर्मदा घाटी परियोजनाओं के क्रम में यह अंतिम बड़ी परियोजना है। परियोजना स्थल खरगोन जिले में मण्डलेश्वर के निकट स्थित है। महेश्वर परियोजना विशुद्ध जल विद्युत परियोजना है। परियोजना के अंतर्गत नर्मदा पर 3420 मीटर लंबा और 36 मीटर ऊंचा कांक्रीट बांध निर्मित किया गया है। इस परियोजना से 400 मेगावाट विद्युत उत्पादन क्षमता निर्मित होगी। गुजरात को आवंटित जल का 8.12 एम.ए.एफ. जल निकासी महेश्वर परियोजना से की जाएगी। शेष जल की पूर्ति गुजरात को अपने क्षेत्र के जलग्रहण क्षेत्र से होगी।

आरम्भ में महेश्वर परियोजना नर्मदा घाटी विकास प्राधिकरण के अंतर्गत थी। राज्य सरकार द्वारा दिसम्बर 1988 में महेश्वर परियोजना का निर्माण ऊर्जा विभाग को हस्तांतरित कर दिया गया। ऊर्जा विभाग ने वर्ष 1992 में मेसर्स एस. कुमार्स के स्वामित्व वाली श्री महेश्वर हायडल पॉवर कॉरपोरेशन लिमिटेड कंपनी को परियोजना निर्माण का कार्य सौंपा। जनवरी 2010 तक परियोजना का 90 प्रतिशत निर्माण पूरा हो गया है।

भारत के प्रधानमंत्री श्री अटल बिहारी वाजपेयी मध्यप्रदेश में ओंकारेश्वर सिंचाई तथा जल विद्युत परियोजना का शिलान्यास करते हुए।
(30 अगस्त 2003)

ओंकारेश्वर परियोजना स्थल

(6) **अपर नर्मदा**–यह परियोजना डिण्डोरी जिले के रीनाटोला गांव में अनूपपुर जिले के अमरकण्टक से 72 किमी. दूर नर्मदा पर प्रस्तावित है। परियोजना में 33.80 मीटर ऊंचा कांक्रीट बांध निर्मित किया जाएगा। बांध की कुल लंबाई 1776 मीटर होगी। परियोजना बांध का पूर्ण जलाशय स्तर 737 मीटर रहेगा। जलाशय से 86.50 किमी. लंबी बायीं मुख्य नहर तथा 65.50 किमी. दायीं मुख्य नहर निर्मित की जाएगी। परियोजना से 18 हजार 616 हेक्टेयर सिंचाई क्षमता बनेगी जिसका लाभ डिण्डोरी तथा अनूपपुर जिलों को मिलेगा।

(7) **राघवपुर**–प्रस्तावित राघवपुर परियोजना स्थल मण्डला जिला मुख्यालय से 93 किमी. तथा मण्डला-डिण्डोरी राजमार्ग से 14 किमी. दूर नर्मदा पर स्थित है। मूलरूप से इस परियोजना को केवल जल विद्युत परियोजना के रूप में निर्मित किया जाना था। विशुद्ध जल विद्युत परियोजना के रूप में इससे 20 मेगावाट बिजली उत्पादन क्षमता निर्मित होती। बाद के अध्ययनों में केवल बिजली उत्पादन आर्थिक रूप से लाभप्रद नहीं पाया जाने से अब इस परियोजना को सिंचाई और जल विद्युत परियोजना के रूप में बनाने का निर्णय लिया गया है। इस दृष्टि से नये सिरे से परियोजना प्रतिवेदन तैयार कराया गया है।

(8) **बसानिया**–प्रस्तावित बसानिया परियोजना स्थल मण्डला जिला मुख्यालय से 50 किमी. तथा मण्डला - डिण्डोरी राजमार्ग से 15 किमी. दूर नर्मदा पर स्थित है। मूलरूप से यह परियोजना 40 मेगावाट क्षमता की केवल जल विद्युत परियोजना के रूप में बनाया जाना था। ऊर्जा उत्पादन से आर्थिक लाभ की स्थिति नहीं बनने के कारण इस परियोजना को सिंचाई और जल विद्युत परियोजना के रूप में बनाने का निर्णय लिया गया है। इस निर्णय के अनुसार परियोजना का परियोजना प्रतिवेदन तैयार कराया गया है।

(9) **रोसरा**–मण्डला जिले में नर्मदा नदी पर प्रस्तावित इस परियोजना को 25 मेगावाट जल विद्युत क्षमता की परियोजना के रूप में बनाया जाना था। प्रस्ताव को परिवर्तित कर अब इस परियोजना को सिंचाई और जल विद्युत परियोजना के रूप में निर्मित करने का निर्णय लिया गया है। नये स्वरूप में परियोजना का प्रतिवेदन तैयार कराया गया है।

(10) **चिंकी**–प्रस्तावित चिंकी परियोजना स्थल नर्मदा नदी पर नरसिंहपुर जिला मुख्यालय से 29 किमी. दूर ग्राम पिपरिया के पास स्थित है। मूलरूप से

70 हजार 800 हेक्टेयर सिंचाई क्षमता के लिए प्रस्तावित इस परियोजना से अब जल विद्युत उत्पादन करने का भी निर्णय लिया गया है। इस प्रकार चिंकी परियोजना से 24 मेगावाट जल विद्युत का उत्पादन भी होगा।

सहायक नदियों पर परियोजनाएं

(1) **बारना परियोजना–**बारना सिंचाई परियोजना का निर्माण रायसेन जिले की बरेली तहसील में ग्राम बाडी के निकट बारना नदी पर किया गया है। इस परियोजना का कार्य दिसम्बर 1968 में आरम्भ हुआ था। परियोजना का निर्माण जून 1997 में पूरा हुआ। परियोजना के अंतगत 47.70 मीटर ऊंचा मेसेनरी और कांक्रीट बांध बनाया गया है। बारना बांध की बार्यी तट नहर 29.0 किमी. तथा दार्यी तट नहर 10.15 किमी. लंबी है। परियोजना से रायसेन और सिहोर जिले में 60 हजार 750 हेक्टेयर सिंचाई क्षमता निर्मित हुई है। बारना बांध का पूर्ण जलाशय स्तर 348.55 मीटर है।

(2) **सुकता परियोजना–**सुकता सिंचाई परियोजना खण्डवा जिले में खिराला गांव के निकट सुकता नदी पर निर्मित है। परियोजना का निर्माण अप्रैल 1973 में आरम्भ हुआ था जो मार्च 1985 में पूर्ण हुआ। परियोजना के अंतर्गत मेसेनरी और मिट्टी का बांध निर्मित है। बांध की अधिकतम ऊंचाई 32 मीटर तथा लंबाई 2219 मीटर है। बांध के दायें भाग से जल निकासी (स्पिलवे) की व्यवस्था है। परियोजना नहर प्रणाली के अंतर्गत बायें किनारे पर 26 किमी. लंबी नहर है। परियोजना से खण्डवा जिले में 16 हजार 599 हेक्टेयर सिंचाई क्षमता निर्मित है। सुकता बांध का पूर्ण जलाशय स्तर 410.67 मीटर है।

(3) **तवा परियोजना–**तवा सिंचाई परियोजना होशंगाबाद जिले में तवा नदी पर निर्मित है। परियोजना का निर्माण वर्ष 1956 में आरम्भ हुआ था जो वर्ष 1998 में पूर्ण हुआ। तवा सिंचाई जलाशय के बायें तट की मुख्य नहर 131 किमी. लंबी तथा दायें तट की नहर 7.5 किमी. लंबी है। दार्यी और बार्यी नहरों के अतिरिक्त पिपरिया शाखा नहर 60 किमी. तथा बाघरा शाखा नहर 24 किमी. लंबी है। तवा परियोजना से होशंगाबाद तथा हरदा जिलों में 2 लाख 42 हजार 915 हेक्टेयर सिंचाई क्षमता निर्मित है। तवा बांध का पूर्ण जलाशय स्तर 355.49 मीटर है।

मान परियोजना बाँध स्थल

पूर्व उप प्रधानमंत्री भारत सरकार श्री लालकृष्ण आडवाणी और मध्यप्रदेश के मुख्यमंत्री श्री शिवराज सिंह चौहान नर्मदा घाटी की मान सिंचाई परियोजना लोकार्पण के अवसर पर। (05 अक्टूबर 2006)

(4) **कोलार परियोजना**—कोलार सिंचाई परियोजना सीहोर जिले के लवखण्डी ग्राम के निकट कोलार नदी पर निर्मित है। परियोजना का निर्माण वर्ष 1979 में आरम्भ हुआ था। मुख्य बांध का शीर्ष कार्य जून 1991 में पूरा हुआ। परियोजना के अंतर्गत 45 मीटर ऊंचे तथा 1242 मीटर लंबे मेसेनरी (पत्थर) बांध का निर्माण किया गया है। बांध के बायें तट से 29.5 किमी. लंबी बायीं नहर तथा दाहिने तट से 24.7 किमी. लंबी दाहिनी नहर निर्मित है। परियोजना से सीहोर जिले में 33 हजार 593 हेक्टेयर सिंचाई क्षमता के साथ ही भोपाल शहर के लिए पीने के पानी का भी प्रावधान है। कोलार बांध का पूर्ण जलाशय स्तर 462.18 मीटर है।

(5) **मटियारी परियोजना**—मास्टर प्लान में उल्लेखित मण्डला जिले की धोबाटोरिया वृहद् परियोजना के स्थान पर मटियारी परियोजना का निर्माण किया गया है। परियोजना मण्डला जिले के सिमरिया ग्राम में मटियारी नदी पर निर्मित है। परियोजना का निर्माण 1978 में आरम्भ हुआ था जो वर्ष 1991 में पूर्ण हुआ। परियोजना के अंतर्गत मुख्य मिट्टी बांध और दांहिने किनारे पर कांक्रीट (स्पिलवे) का निर्माण किया गया है। बांध की दायीं नहर की लंबाई 37.71 किमी. तथा बायीं नहर की लंबाई 35.76 किमी. है। मटियारी परियोजना से मण्डला जिले में 10 हजार 120 हेक्टेयर सिंचाई क्षमता निर्मित है। मटियारी बांध का पूर्ण जलाशय स्तर 497.430 मीटर है।

(6) **मान परियोजना**—मान परियोजना धार जिले के जीराबाद ग्राम के निकट नर्मदा की सहायक नदी मान पर निर्मित है। परियोजना के अंतर्गत मुख्य मेसेनरी बांध सहित मिट्टी बांध का निर्माण किया गया है। मुख्य मेसेनरी बांध की लम्बाई 138 मीटर तथा ऊंचाई 53 मीटर है। परियोजना की बायीं नहर की लंबाई 16.27 किमी. तथा दायीं नहर की लंबाई 10.92 किमी. है। परियोजना का निर्माण कार्य वर्ष 1989 में आरम्भ हुआ था। मुख्य बांध का निर्माण वर्ष 2006 में पूरा किया गया। वर्तमान में परियोजना से वर्ष 2006 से सिंचाई आरम्भ है। परियोजना से धार जिले में 15 हजार हेक्टेयर सिंचाई क्षमता स्थापित है। मान परियोजना बांध का पूर्ण जलाशय स्तर 297.65 मीटर है। मान परियोजना का लोकार्पण भारत के पूर्व उपप्रधानमंत्री श्री लालकृष्ण आडवाणी ने 5 अक्टूबर 2006 को किया।

(7) **शहीद चन्द्रशेखर आजाद (जोबट) परियोजना**—शहीद चन्द्रशेखर आजाद (जोबट) परियोजना अलीराजपुर जिले के ग्राम वास्कल के निकट हथनी

नदी पर निर्मित है। मुख्य मेसेनरी बांध की लंबाई 148 मीटर तथा ऊंचाई 38.6 मीटर है। इस बांध के बायीं तरफ 169.5 मीटर लंबा मिट्टी बांध तथा दाहिनी तरफ 60 मीटर लंबा मिट्टी बांध बनाया गया है। बांध के बायें तट से 29.73 किमी. लंबी मुख्य नहर है, इस नहर से धार जिले की कुक्षी तहसील में 9 हजार 848 हेक्टेयर सिंचाई क्षमता निर्मित हुई है। इस परियोजना का निर्माण 1997 में आरम्भ किया गया था, जो वर्ष 2008 में पूरा हुआ। जोबट बांध का पूर्ण जलाशय स्तर 260.17 मीटर है।

(8) **अपरबेदा परियोजना**–अपरबेदा परियोजना नर्मदा की सहायक बेदा नदी पर खरगोन जिले की भीकनगांव तहसील मुख्यालय से 17 किमी. दूर ग्राम नेमित के निकट स्थित है। परियोजना के अंतर्गत 35 मीटर ऊंचे और 191 मीटर लंबे मेसेनरी और कांक्रीटबांध सहित 2223 मीटर लंबे मिट्टी बांध का निर्माण किया गया है। जलाशय से 30.427 किमी. लंबी बायीं तट नहर तथा 22 किमी. लंबी शाखा नहरों के साथ ही 80 किमी. लंबाई की 37 उपनहरों का निर्माण किया जाएगा। वर्तमान में मुख्य नहर की खुदाई का कार्य जारी है। बायीं तट नहर संरचना 9 हजार 917 हेक्टेयर सिंचाई क्षमता निर्मित करेगी। परियोजना बांध में दायें तट के क्षेत्र की सिंचाई का भी प्रावधान है। दायें तट पर बांध से 16 एम.एम. परिधि के पाईप से पानी का प्रवाह किया जाएगा। कुल 170 मीटर तक 16 एम.एम. परिधि के पाईप से पानी प्रवाहित कर खुली नहर में छोड़ा जाएगा। इस दायीं नहर की लंबाई लगभग 8 किमी. होगी। इस नहर से उपनहरों और वितरण शाखाओं के माध्यम से 1 हजार 500 हेक्टेयर सिंचाई क्षमता विकसित की जाएगी। अपरबेदा बांध का पूर्ण जलाशय स्तर 317 मीटर है।

(9) **लोअरगोई परियोजना**–लोअरगोई परियोजना बड़वानी जिला मुख्यालय से 21 किमी. दूर ग्राम पंचपोला के निकट नर्मदा की सहायक गोई नदी पर प्रस्तावित है। परियोजना के अंतर्गत 203.50 मीटर लम्बा कांक्रीट बांध तथा 2226.50 मीटर लंबा मिट्टी का बांध निर्मित किया जाएगा। पक्के बांध की ऊंचाई 43.80 मीटर होगी। बांध के दायें तट से 5.70 किमी. लंबी सिंचाई टनल से पानी निकाल कर 30.00 किमी. लंबी मुख्य नहर में प्रवाहित किया जाएगा। मुख्य नहर से 32 किमी. लंबी सहायक नहरें बड़वानी जिले की राजपुर, अंजड और बड़वानी तहसील के 51 गांवों में 13 हजार 760

हेक्टेयर सिंचाई क्षमता निर्मित करेगी। बांध निर्माण का कार्य फरवरी 2009 में आरम्भ हो चुका है। बांध का पूर्ण जलाशय स्तर 300 मीटर होगा।

(10) **हालोन परियोजना**—हालोन परियोजना मण्डला जिले के बिछिया विकासखण्ड में ग्राम करंजिया के निकट हालोन नदी पर प्रस्तावित है। परियोजना में मुख्य मेसेनरी और कांक्रीट बांध 100 मीटर लंबा और 31 मीटर ऊंचा होगा। जलाशय से 81.50 किमी. बायीं मुख्य नहर बनाई जाएगी। परियोजना से मण्डला जिले में 13 हजार 40 हेक्टेयर सिंचाई क्षमता निर्मित होगी।

(11) **सीतारेवा परियोजना**—केवल जल विद्युत उत्पादन करने वाली सीतारेवा परियोजना छिंदवाड़ा जिले में नर्मदा की सहायक सीतारेवा नदी पर प्रस्तावित है। इस परियोजना से 15 मेगावाट जल विद्युत उत्पादन किया जाएगा। मध्यप्रदेश की लघु जल विद्युत परियोजना प्रोत्साहन नीति के अनुसार इस परियोजना को निजी क्षेत्र से पूरा कराया जा रहा है। परियोजना में सीतारेवा नदी के प्राकृतिक रूप से लगभग 600 फीट ऊंचे जलप्रपात का उपयोग किया जाएगा। परियोजना से उत्पादित होने वाली बिजली का 15.60 प्रतिशत अंश मध्यप्रदेश को निजी एजेन्सी द्वारा निःशुल्क उपलब्ध कराया जाएगा। शेष बिजली भी मध्यप्रदेश को ही विक्रय की जावेगी।

(12) **अपर बुढनेर परियोजना**—मण्डला जिले की बुढनेर नदी पर प्रस्तावित इस परियोजना का स्थल मण्डला जिले के बिछिया ग्राम से 34 किमी. दूर स्थित है। परियोजना से 9 हजार 800 हेक्टेयर सिंचाई क्षमता तथा प्रथम चरण में 10 मेगावाट विद्युत उत्पादन क्षमता निर्मित किया जाना प्रस्तावित है। परियोजना का विस्तृत परियोजना प्रतिवेदन बनाया जा रहा है।

(13) **अटारिया परियोजना**—अटारिया परियोजना जबलपुर जिले में नर्मदा की सहायक हिरन नदी पर प्रस्तावित है। परियोजना स्थल मुम्बई-हावड़ा रेलमार्ग के सिहोरा रेल्वे स्टेशन से 1.25 किमी. दूर स्थित है। सड़क मार्ग से प्रस्तावित परियोजना स्थल जबलपुर-कटनी मार्ग पर जबलपुर से 23.20 किमी. पर स्थित है। परियोजना से प्रस्तावित 5 हजार 900 हेक्टेयर सिंचाई क्षमता बनाने के लिए पूर्व में बांध की ऊंचाई 407 मीटर प्रस्तावित थी। इस ऊंचाई से क्षेत्र के 3 गांव पूरी तरह जलमग्न होकर लगभग 3 हजार 587 हेक्टेयर भूमि डूब से प्रभावित होती। क्षेत्र में इस डूब का विरोध होने के कारण वर्ष 2009 में इस परियोजना पर पुनर्विचार करके बांध की ऊंचाई 4 मीटर कम

करने का निर्णय लिया। बांध की ऊंचाई कम करने से अब कोई भी गांव पूर्ण रूप से डूब प्रभावित नहीं होगा और डूब का रकबा घट कर 1028 हेक्टेयर रह जाएगा। इसके साथ ही बांध की सिंचाई क्षमता घट कर 1 हजार 986 हेक्टेयर हो जाएगी। सिंचाई क्षमता बढ़ाने के लिए बांध से एक फीडर नहर का निर्माण किया जाएगा। फीडर नहर रानी अवंती बाई सागर परियोजना की दायीं तट मुख्य नहर (बरगी व्यपवर्तन) को 81वें किमी. पर जल प्रदाय करेगी। इस अतिरिक्त जल से बरगी दायीं तट नहर की सिंचाई क्षमता में लगभग 9 हजार हेक्टेयर की वृद्धि हो जाएगी।

(14) **शेर परियोजना**—शेर परियोजना स्थल नरसिंहपुर जिला मुख्यालय से लगभग 34 किमी. दूर नर्मदा की सहायक शेर नदी पर स्थित है। परियोजना का पूर्ण जलाशय स्तर 412.70 मीटर होगा।

(15) **शक्कर परियोजना**—शक्कर परियोजना स्थल छिंदवाड़ा जिले में शक्कर नदी पर ग्राम हथनापुर के निकट है। परियोजना का पूर्ण जलाशय स्तर 445.31 मीटर होगा। जलाशय से 517 किमी. लंबी फीडर नहर बनाई जाएगी।

(16) **मच्छरेवा परियोजना**—मच्छरेवा परियोजना स्थल नरसिंहपुर जिला मुख्यालय से 27 किमी. दूर मच्छरेवा नदी पर है। परियोजना का पूर्ण जलाशय स्तर 420.93 मीटर होगा। जलाशय से 2.62 किमी. लंबी फीडर नहर बनाई जाएगी।

उक्त तीनों परियोजना (शेर, शक्कर एवं मच्छरेवा) जलाशयों से सिंचाई जल 100.40 किमी. कॉमन मुख्य नहर में प्रवाहित होकर 64 हजार 700 हेक्टेयर सिंचाई क्षमता निर्मित करेगा।

(17) **दूधी परियोजना**—दूधी परियोजना होशंगाबाद जिले में दूधी नदी पर प्रस्तावित है। परियोजना का पूर्ण जलाशय स्तर 388.10 मीटर होगा। परियोजना से होशंगाबाद जिले में 50 हजार 586 हेक्टेयर सिंचाई क्षमता निर्मित होगी।

(18) **मोरण्ड परियोजना**—मोरण्ड परियोजना होशंगाबाद जिले में मोरण्ड नदी पर प्रस्तावित है। परियोजना स्थल ग्राम मोरघाट के निकट है। परियोजना का पूर्ण जलाशय स्तर 362.51 मीटर होगा।

(19) **गंजाल परियोजना**—गंजाल परियोजना होशंगाबाद जिले में गंजाल नदी पर प्रस्तावित है। परियोजना स्थल ग्राम जवर्धा के निकट है। परियोजना का पूर्ण जलाशय स्तर 373.68 मीटर होगा।

उक्त दोनों परियोजना (मोरण्ड एवं गंजाल) जलाशयों से सिंचाई जल फीडर नहर द्वारा कॉमन मुख्य नहर में प्रवाहित होकर होशंगाबाद जिले में 52 हजार 205 हेक्टेयर सिंचाई क्षमता निर्मित करेगा।

मध्यम परियोजनाएं

मास्टर प्लान में उल्लेखित 135 मध्यम परियोजनाओं में से जनवरी 2010 की स्थिति में 19 परियोजनाएं पूर्ण हुई हैं। (परिशिष्ट-4)

लघु परियोजनाएं

मास्टर प्लान में 3000 छोटी परियोजनाएं सम्मिलित हैं। इनमें से जनवरी 2010 तक 1032 परियोजनाओं का निर्माण हुआ है।

मध्यम तथा लघु सिंचाई परियोजना परिषद्

नर्मदा जल विवाद न्यायाधिकरण ने मध्यप्रदेश को नर्मदा कछार का लगभग 65 प्रतिशत जल (18.25 एम.ए.एफ.) आवंटित किया है। (परिशिष्ट-5) न्यायाधिकरण के निर्णय के अनुसार, मध्यप्रदेश को इस जल का उपयोग सन् 2024 तक सुनिश्चित करना है। इसके लिए मध्यप्रदेश द्वारा प्रस्तावित योजना में 29 बड़े बांधों के अलावा 135 मध्यम और लगभग 3000 छोटी परियोजनाओं का निर्माण किया जाना भी सम्मिलित है। बड़े बांधों के निर्माण का उत्तरदायित्व नर्मदा घाटी विकास प्राधिकरण को सौंपा गया है जबकि छोटे और मध्यम बांधों का निर्माण जल संसाधन विभाग के कार्य क्षेत्र में है। जल संसाधन विभाग मध्यप्रदेश के सभी नदी कछार क्षेत्रों में मध्यम और लघु सिंचाई परियोजनाओं के निर्माण का कार्य करता है। इस स्थिति में नर्मदा कछार क्षेत्र की मध्यम और छोटी परियोजनाओं के निर्माण को अपेक्षित गति नहीं मिल पाई। वर्ष 2010 तक मध्यप्रदेश ने 135 मध्यम परियोजनाओं में से 19 परियोजनाओं और 3000 छोटी परियोजनाओं में से 1032 परियोजनाओं का निर्माण किया हैं।

मध्यम और छोटी परियोजनाओं के निर्माण पर ध्यान केन्द्रित करने के लिए मध्यप्रदेश सरकार ने जून 2009 में नर्मदा घाटी विकास प्राधिकरण के अंतर्गत नर्मदांचल मध्यम और लघु सिंचाई परियोजना परिषद् का गठन किया है। परिषद् की

साधारण सभा के सभापति मध्यप्रदेश के मुख्यमंत्री होंगे। परिषद् की कार्यकारिणी का अध्यक्ष नर्मदा घाटी विकास प्राधिकरण का अध्यक्ष होगा। मध्यम और लघु सिंचाई परियोजना परिषद् अब मध्यप्रदेश ने कंपनी के रूप में परिवर्तित करने का निर्णय लिया है।

नर्मदा क्षिप्रा लिंक परियोजना

'परियोजना' के नाम से ऐसा आभास होता है कि यह नर्मदा और क्षिप्रा नदी को जोड़ने की योजना है। वास्तव में यह दोनों नदियों को जोड़ने की बात नहीं है। मध्यप्रदेश के मालवांचल में भूजल के तेजी से गिरते स्तर और विशेषज्ञों द्वारा भूजल के अभाव के कारण मालवा क्षेत्र में रेगिस्तान जैसी स्थिति बनने की भविष्यवाणियों के चलते 90 के दशक में नर्मदा क्षिप्रा लिंक परियोजना की परिकल्पना की गई थी। योजना के अनुसार, इंदिरा सागर जलाशय से 3 मिलियन एकड़ फीट पानी को 300 मीटर उद्वहन कर मालवा के पठार पर किसी उपयुक्त स्थान पर छोड़ा जाना प्रस्तावित था। इससे मालवा का भूजल स्तर बढ़ने और क्षिप्रा नदी के जीवित होने की संभावना व्यक्त की गई थी। नर्मदा-क्षिप्रा लिंक परियोजना पर लंबे समय से विचार हो रहा है। आरम्भिक तौर पर विशेषज्ञों ने इस परियोजना को अत्यधिक खर्चीला बताया है। आरम्भिक अनुमान के अनुसार, 3 मि.ए.फी. पानी को 300 मीटर उद्वहन कर मालवा पठार तक ले जाने में 552.72 मेगावाट बिजली की खपत होगी। बिजली की खपत और परियोजना के रखरखाव पर लगभग 1200 करोड़ रु. प्रतिवर्ष का व्यय होगा। इस आधार पर इसे अत्यंत महंगी और अव्यावहारिक परियोजना माना गया।

यद्यपि यह योजना मध्यप्रदेश के नर्मदा घाटी विकास के मास्टर प्लान 1972 में सम्मिलित परियोजनाओं में शामिल नहीं है, फिर भी मालवा के लिए जलपूर्ति का एकमात्र विकल्प होने के कारण समय-समय पर इस परियोजना के लिए मांग उठती रही। जानकारों का मत है कि वर्तमान परिस्थिति में नर्मदा क्षिप्रा लिंक परियोजना की भले ही महंगे संचालन और रखरखाव के कारण अनदेखी कर दी जाये लेकिन आने वाले वर्षों में मालवा में जल अभाव की हर वर्ष विकराल होती स्थिति में मालवा को नर्मदा से जल उपलब्ध कराने के अलावा कोई विकल्प नहीं होगा और अंततः इस तरह की योजना पर कार्य करना होगा। वर्तमान में नर्मदा-क्षिप्रा लिंक परियोजना विचार-विमर्श और तकनीकी परीक्षण के स्तर पर ही है।

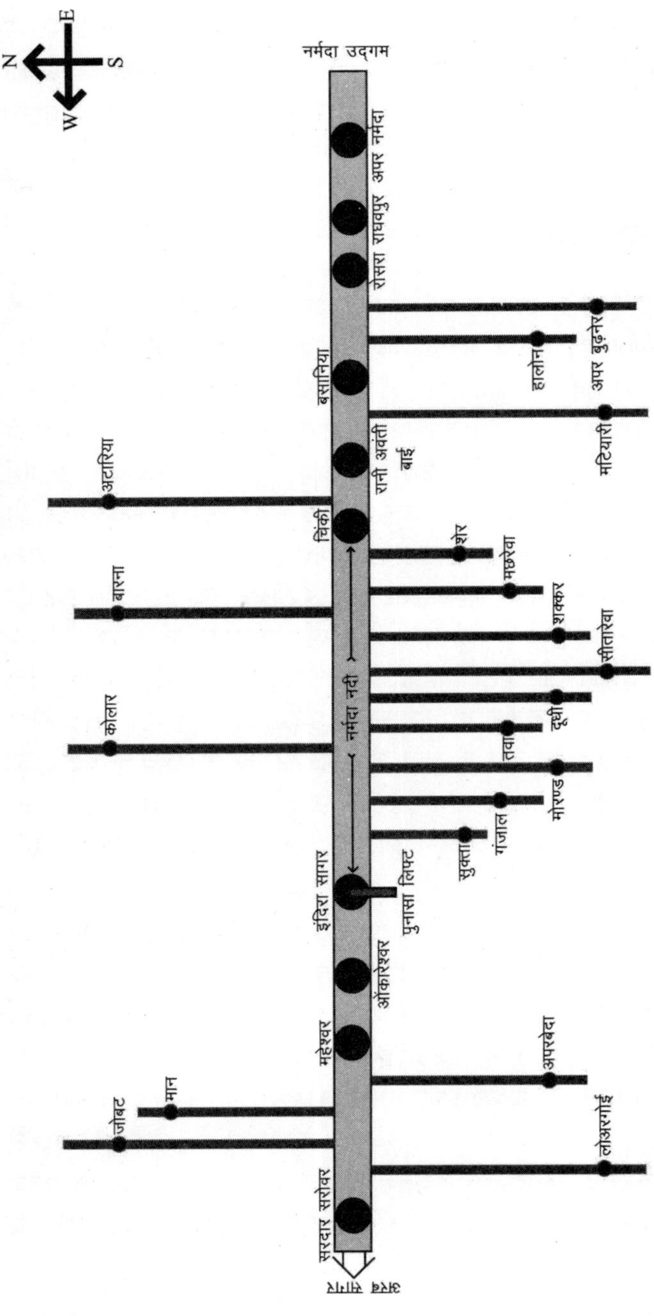

नर्मदा और उसकी सहायक नदियों पर बांध परियोजनाओं का सांकेतिक प्रदर्शन।

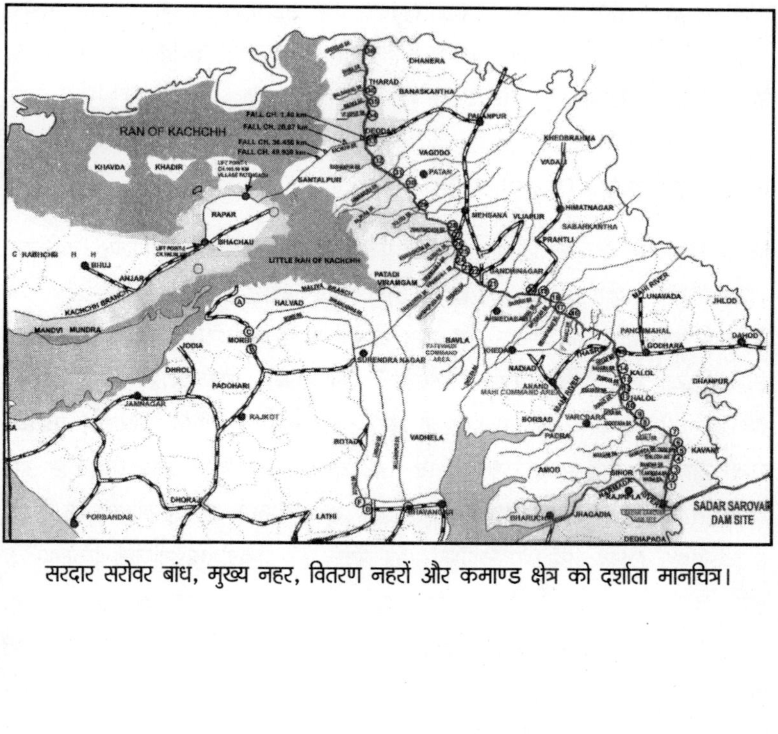

सरदार सरोवर बांध, मुख्य नहर, वितरण नहरों और कमाण्ड क्षेत्र को दर्शाता मानचित्र।

गुजरात

नर्मदा जल विवाद न्यायाधिकरण ने अपने अंतिम निर्णय में गुजरात को 9 एम.ए.एफ. पानी आवंटित करते हुए इस मात्रा के उपयोग के लिए नर्मदा नदी पर 455 फीट (138.68 मीटर) ऊंचा बांध बनाने के निर्देश दिये थे। न्यायाधिकरण के निर्णय के बाद गुजरात ने इस दिशा में तेजी से पहल आरम्भ कर दी। वर्ष 1979 में न्यायाधिकरण के निर्णय के बाद नर्मदा विकास विभाग के अंतर्गत 'नर्मदा प्लानिंग ग्रुप' (एन.पी.जी.) का गठन किया। नर्मदा प्लानिंग ग्रुप गठित करने का उद्देश्य सरदार सरोवर बांध परियोजना के लिए एक सुविचारित, दूरगामी और परिपूर्ण योजना का निर्माण करना था। एक ऐसी योजना, जो गुजरात के विकास को सिंचाई, जल विद्युत के माध्यम से गति दे सके।

नर्मदा प्लानिंग ग्रुप (एन.पी.जी.)

नर्मदा प्लानिंग ग्रुप में सिंचाई इंजीनियरिंग, भू-गर्भ विज्ञान, पर्यावरण, वानिकी, पारिस्थितिकी, अर्थशास्त्र, सांख्यिकी, सार्वजनिक नीति निर्धारण जैसे क्षेत्रों के विशेषज्ञों की सेवाएं ग्रुप सदस्य के रूप में ली गईं। एन.पी.जी. ने योजना बनाने की प्रक्रिया में विभिन्न विषय विशेषज्ञों, सलाहकारों, विश्वविद्यालयों, तकनीकी संस्थानों की सहायता ली। एन.पी.जी. ने 25 गहन तकनीकी अध्ययन कराये। इसके साथ ही 20 सामाजिक आर्थिक अध्ययन सम्पन्न हुए। भारत सरकार और प्रदेश स्तर पर हुए पूर्व अध्ययनों, अनुसंधानों के निष्कर्षों पर परियोजना के संदर्भ में विश्लेषण किया गया। परियोजना से संबंधित हर पहलू को योजना निर्माण के लिए विचार क्षेत्र में सम्मिलित किया गया। अंततः अपने गठन के तीन वर्ष की अवधि में ही एन.पी.जी. ने मई 1983 में सरदार सरोवर विकास योजना को अंतिम रूप दिया।

सरदार सरोवर विकास योजना इन अर्थों में ऐतिहासिक और महत्त्वपूर्ण है कि इसके योजनाकारों ने भारत में बांध परियोजनाओं की डिजाईन, निर्माण, संचालन, संधारण और अन्य विविध पक्षों की योजना बनाने की परम्परागत सोच और पहल में नवाचार सम्मिलित किया। नई पहल के साथ जो योजना बनी, वह इसके पूर्व बनी बांध विकास योजनाओं की तुलना में उत्कृष्ट थी। सरदार सरोवर विकास योजना को

विश्व बैंक ने भी सराहा। एन.पी.जी. में जिन योजनाकारों और विशेषज्ञों ने अपना योगदान दिया, वे इस प्रकार हैं–

1. डॉ. वाई.के. अलघ - कार्यकारी उपाध्यक्ष (योजना तथा अर्थशास्त्र)
2. डॉ. एस.आर. हाशिम - सदस्य (अर्थशास्त्र)
3. डॉ. बी.एन. विश्वनाथ - सदस्य, अंशकालिक (पर्यावरण तथा आंचलिक योजना)
4. डॉ. एस.एस. मेहता - सदस्य, अंशकालिक (अर्थशास्त्र)
5. डॉ. एन.आर. पटेल - सदस्य, अंशकालिक (प्रणाली)
6. श्री जे.पी. नयेगामवाला - सलाहकार (सिंचाई यांत्रिकी)
7. श्री पी.बी. बुच - सलाहकार (सांख्यिकी)
8. डॉ. जी.ए. पटेल - सलाहकार (कृषि)

सरदार सरोवर परियोजना निर्माण सलाहकार समिति

नर्मदा जल विवाद न्यायाधिकरण द्वारा अपने निर्णय में परियोजना के सुचारु निर्माण के लिए सरदार सरोवर परियोजना सलाहकार समिति के गठन के निर्देश दिये थे। तदानुसार भारत सरकार ने वर्ष 1980 में सरदार सरोवर परियोजना निर्माण सलाहकार समिति का गठन किया। सचिव, जल संसाधन भारत सरकार इस समिति के अध्यक्ष हैं। समिति में भारत सरकार तथा नर्मदा नियंत्रण प्राधिकरण के प्रतिनिधियों के अतिरिक्त गुजरात, मध्यप्रदेश, महाराष्ट्र और राजस्थान राज्यों के प्रतिनिधि भी सम्मिलित है। समिति का सचिवालय वडोदरा में है। यहां मुख्य अभियन्ता के समकक्ष एक पूर्णकालिक सचिव है जो समिति का सदस्य सचिव भी है। सरदार सरोवर परियोजना निर्माण सलाहकार समिति का दायित्व परियोजना की यूनिट-1 बांध एवं इससे संबद्ध कार्य तथा यूनिट-3, ऊर्जा उत्पादन संबंधी निर्माण कार्यों को कुशलता, मितव्ययता तथा समय पर पूर्ण करने में सहयोग देना है।

सरदार सरोवर नर्मदा निगम लिमिटेड

सरदार सरोवर परियोजना के निर्माण कार्यों के सुचारुसंचालन के लिए गुजरात सरकार ने 24 मार्च 1988 को कम्पनी अधिनियम 1956 के तहत् सरदार सरोवर नर्मदा निगम पब्लिक लिमिटेड कंपनी का गठन किया तथा बांध और इससे संबद्ध सभी निर्माण कार्यों का दायित्व इस निगम को सौंप दिया। सरदार सरोवर नर्मदा निगम

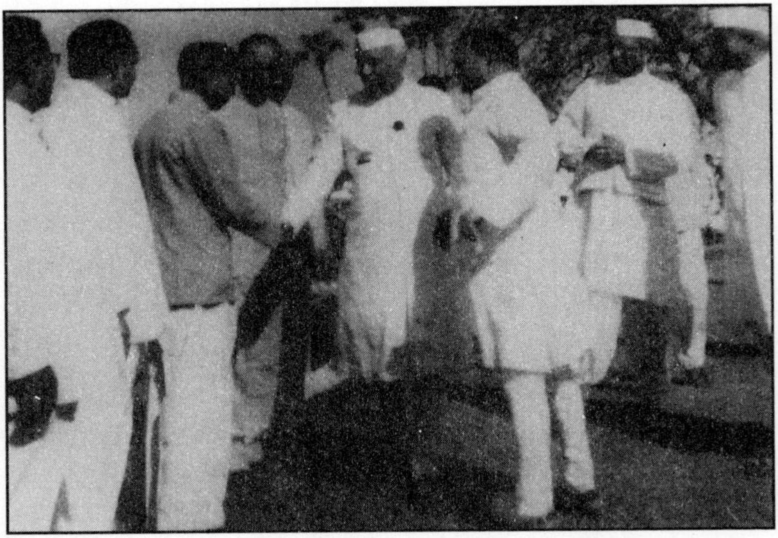

सरदार सरोवर परियोजना शिलान्यास के अवसर पर
भारत के तत्कालीन प्रधानमंत्री पण्डित जवाहर लाल नेहरू। (05 अप्रैल 1961)

सरदार सरोवर बांध स्थल

लिमिटेड कंपनी में अध्यक्ष और उपाध्यक्ष के अतिरिक्त 11 संचालक हैं। इनमें संचालक वित्त, संचालक नहर और संचालक सिविल सम्मिलित हैं। कंपनी में एक मैनेजिंग डायरेक्टर और एक कंपनी सचिव है। सरदार सरोवर नर्मदा निगम लिमिटेड का मुख्यालय गांधी नगर में है। कंपनी अपने कार्य संचालन के लिए अंश पूंजी भी संग्रहित करती है। कंपनी की अधिकृत अंश पूंजी 12,500 करोड़ रु. है।

सरदार सरोवर परियोजना

चारों प्रदेशों के बीच नर्मदा जल विवाद के केन्द्र में रही गुजरात की इस बांध परियोजना का शिलान्यास 05 अप्रेल 1961 को तत्कालीन प्रधानमंत्री पंडित जवाहर लाल नेहरू ने किया था। नवागाम परियोजना पर वास्तविक रूप से कार्य वर्ष 1987 में आरम्भ हुआ। बाद में परियोजना का नाम भारत के पूर्व गृहमंत्री सरदार वल्लभ भाई पटेल के नाम पर सरदार सरोवर परियोजना रखा गया।

परियोजना बांध स्थल गुजरात के नर्मदा जिले में नांदोड़ तालुका में है। परियोजना के अंतर्गत नर्मदा पर 1210.02 मीटर लंबा तथा 163 मीटर ऊंचा (न्यूनतम नींव से ऊपर) पक्का बांध, नहर और जल वितरण प्रणाली तथा नदी तल पॉवर हाउस, नहर शीर्ष पॉवर हाउस और अन्य संबंधित संरचनाओं का निर्माण सम्मिलित है। मुख्य बांध का क्रेस्ट स्तर (इस स्तर के ऊपर गेट लगाये जाते हैं) 121.92 मीटर है। निकट भविष्य में गेट लगने पर बांध का पूर्ण जलाशय स्तर 138.68 हो जाएगा। मुख्य बांध में कुल 30 नग रेडियल गेट स्थापित होंगे। इनमें से 7 गेट 60 फीट लंबे तथा 60 फीट चौड़े होंगे अन्य 23 गेट 60 फीट लंबे तथा 55 फीट चौड़े होंगे। मुख्य बांध में 300 करोड़ सीमेण्ट बैग तथा 5000 मीट्रिक टन स्टील का उपयोग कर 61 मिलियन क्यूबिक मीटर कांक्रीट हुआ है। सरदार सरोवर जलाशय 214 किमी. लंबा तथा 16.1 किमी. अधिकतम चौड़ा है। जलाशय की जल भण्डारण क्षमता 4.73 मिलियन एकड़ फीट है।

नहर प्रणाली

नहर प्रणाली में राजस्थान सीमा तक लंबी 458.318 किमी. नर्मदा मुख्य नहर, 2500 किमी. लंबी 44 शाखा नहरें, 5500 किमी. लंबी वितरक नहरें लगभग 30,000 किमी. लंबी माइनर और सब-माइनर है। इसके अतिरिक्त फील्ड चैनलों का एक विशाल नेटवर्क है। सरदार सरोवर नहर नेटवर्क की कुल लंबाई 85,835

किमी. है जो भारत के कुल 62,000 किमी. रेल नेटवर्क से अधिक है। परियोजना की मुख्य 458.318 किमी. लंबी नहर का निर्माण हो चुका है। मुख्य नहर राजस्थान सीमा तक निर्मित है। परियोजना की नहर प्रणाली में जलाशय के दाहिने तट की पहाड़ी में से जल निकासी के लिए दो सुरंगों (बायपास टनल) का निर्माण किया गया है। दोनों सुरंगे 5.5 मीटर व्यास की हैं, जिनकी जलप्रवाह क्षमता 10 हजार घन फीट प्रति सेकण्ड है। इन सुरंगों से प्रवाहित होकर जल प्रथम सिंचाई तालाब में छोड़ा जाता है। प्रथम सिंचाई तालाब से लिंक नहर द्वारा होकर पानी दूसरे सिंचाई तालाब में पहुंचता है। दूसरे सिंचाई तालाब से लिंक नहर द्वारा इस जल को तीसरे सिंचाई तालाब में तथा इस तालाब से लिंक नहर द्वारा पानी चौथे सिंचाई तालाब में पहुंचता है। चौथे नं. के सिंचाई तालाब के बाद मुख्य नहर में पानी प्रवाहित होता है। तीसरे तालाब पर अतिरिक्त जल निकासी के लिए 'गोडबोले वेस्ट वीयर' बनाया गया है। इससे अतिरिक्त जल स्वचालित प्रणाली द्वारा बाहर निकाल दिया जाता है।

सरदार सरोवर परियोजना की मुख्य नहर दुनिया की सबसे लंबी अस्तर वाली नहर है। राजस्थान सीमा तक कुल 458.318 किमी. लंबी नहर का निर्माण दो चरणों में किया गया है। प्रथम चरण में 0 से 144.50 किमी. तथा द्वितीय चरण में 144.50 से 458.318 किमी.। मुख्य नहर का कार्य लगभग पूर्ण हो चुका है। पूरी नहर को सीमेण्ट के अस्तर से जल बहाव के अनूकूल बनाया गया है। राजस्थान सीमा पर नहर के अंतिम छोर से राजस्थान को न्यायाधिकरण द्वारा आवंटित 0.50 एम.ए.एफ. जल देने का प्रावधान है। सरदार सरोवर परियोजना की सिंचाई क्षमता 21.08 लाख हेक्टेयर है। इस क्षमता में से 18.62 लाख हेक्टेयर सिंचाई क्षमता का उपयोग गुजरात में तथा 2.46 लाख हेक्टेयर सिंचाई क्षमता का उपयोग राजस्थान में होगा। मध्यप्रदेश और महाराष्ट्र को इस परियोजना से सिंचाई लाभ सुलभ नहीं होगा।

गुजरात में नर्मदा नहर से वर्ष 2007-08 से 4007.5 एम.सी.एम. पानी सेण्ट्रल गुजरात, नार्थ गुजरात, सौराष्ट्र को घरेलू उपयोग के लिए दिया जा रहा है। इस व्यवस्था से गुजरात के अहमदाबाद, राजकोट, जामनगर, जूनागढ़, अमरेली, भावनगर, कच्छ और गांधीनगर जिलों के 1907 गांवों को पेयजल का लाभ मिल रहा है। इसके अतिरिक्त जामनगर, अंजार, भावनगर और तलेजा सहित 54 शहरी क्षेत्रों को भी पीने का पानी सुलभ हुआ है।

परियोजना की कुल जल विद्युत उत्पादन क्षमता 1450 मेगावाट है। यह क्षमता नदी तल तथा नहर शीर्ष पर पॉवर हाऊस का निर्माण कर अर्जित की गई है। नदी

तल पॉवर हाऊस में प्रत्येक 200 मेगावाट की 6 रिवर्सिबल इकाईयां स्थापित कर 1200 मेगावाट क्षमता निर्मित हुई है। नहर शीर्ष पॉवर हाऊस में प्रत्येक 50 मेगावाट की 5 इकाईयां स्थापित कर 250 मेगावाट क्षमता निर्मित हुई है। परियोजना से उत्पादित कुल बिजली का 57 प्रतिशत अंश मध्यप्रदेश को, 16 प्रतिशत अंश गुजरात को और 27 प्रतिशत अंश महाराष्ट्र को मिलेगा।

राजस्थान

नर्मदा नहर

सरदार सरोवर जलाशय से गुजरात में निर्मित 458.318 लंबी मुख्य नर्मदा नहर गुजरात - राजस्थान सीमा तक है। इसके बाद कार्य की निरंतरता में 74 किमी. लंबी नर्मदा मुख्य नहर का निर्माण राजस्थान में किया गया है। राजस्थान में नर्मदा नहर जालौर जिले की संचोर तहसील में ग्राम सिलु के पास से आरम्भ होती है। मुख्य नहर पर 3 शाखा नहरों तथा 3 उद्वहन वितरण प्रणाली निर्मित की गई है। मुख्य नहर और शाखा वितरण नहर प्रणाली की कुल लंबाई 1790.905 किमी. है। राजस्थान को न्यायाधिकरण द्वारा 0.50 एम.ए.एफ. जल आवंटित किया गया है जिसका उपयोग सिंचाई के लिए किया जाना है। आवंटित जल की मात्रा गुजरात द्वारा राजस्थान की सीमा से नर्मदा नहर द्वारा उपलब्ध कराई जाएगी। मूलरूप से आवंटित जल का उपयोग राजस्थान के सूखा प्रभावित जालौर और बाड़मेर जिलों में 73 हजार 157 हेक्टेयर क्षेत्र में सिंचाई के लिए प्रस्तावित था। अब राजस्थान द्वारा सिंचाई का लक्ष्य संशोधित किया गया है। संशोधन के अनुसार 74 किमी. लंबी नर्मदा नहर, 1695 किमी. लंबी कुल 12 शाखा नहरों तथा लघु नहरों की वितरण प्रणाली का निर्माण कर 2.46 लाख हेक्टेयर कृषि योग्य क्षेत्र में सिंचाई की जाएगी। कुल सिंचाई में से 9 शाखा नहरों से 1.27 लाख हेक्टेयर सिंचाई प्रवाह के द्वारा तथा 3 शाखा नहरों से 1.19 लाख हेक्टेयर सिंचाई उद्वहन से की जाएगी। अब तक 4 प्रवाह शाखा नहरों का निर्माण हो चुका है शेष 5 का कार्य जारी है। उद्वहन नहरों का कार्य भी प्रगति पर है। मुख्य नर्मदा नहर की सम्पूर्ण 74 किमी. की खुदाई, अस्तर, नहर पर बनने वाली विभिन्न संरचनाओं का कार्य पूरा हो गया है। इन संरचनाओं में लूनी नहर सायफन का निर्माण भी सम्मिलित है।

गुजरात द्वारा राजस्थान को नर्मदा नहर से 27 मार्च 2008 से पानी दिया जा रहा है। राजस्थान की तत्कालीन मुख्यमंत्री श्रीमती वसुंधरा राजे ने इस दिन राजस्थान में नर्मदा जल प्रवेश का शुभारंभ किया। इसके लिए गुजरात में नर्मदा नहर पर खारी-II सायफन तथा अन्य संरचनाओं का निर्माण जारी रहने से अस्थाई बायपास व्यवस्था निर्मित की है। जल निकासी का नियंत्रण मुख्य नहर के 424.34 किमी. पर निर्मित क्रास रेग्युलेटर से किया जा रहा है। राजस्थान को जल निकास लगभग 500 घन फीट प्रति सेकण्ड है। नर्मदा नहर परियोजना में खेतों तक पानी पहुंचाने के लिए जल वितरिकाओं (वॉटर कोर्स) के निर्माण का प्रावधान नहीं है। सिंचाई फव्वारा पद्धति से की जाएगी। प्रत्येक चक पर एक डिग्गी और एक पम्प हाऊस स्थापित किया जाएगा। इस व्यवस्था से पानी पम्प द्वारा पाईपों के माध्यम से दबाव के साथ खेतों तक पहुंचेगा। काश्तकार अपने व्यय से फव्वारा प्रणाली स्थापित कर सिंचाई का लाभ ले सकेंगे।

मुख्य नहर और वितरण प्रणाली रेतीले क्षेत्रों से गुजरने के कारण राजस्थान में नहरों से जल रिसाव एक बड़ी समस्या है। इसके लिए पूरे नहर तंत्र को कांक्रीट से अस्तर किया जा रहा है। नर्मदा नहर से सिंचाई सुविधा के साथ ही जालोर और बाड़मेर जिले के 1336 गांवों तथा जालोर जिले के 3 शहरों की कुल लगभग 14 लाख आबादी को पीने का पानी उपलब्ध कराने के लिए 0.1064 मिलियन एकड़ फीट जल आवंटित किया गया है।

महाराष्ट्र

न्यायाधिकरण के निर्णय में महाराष्ट्र को 0.25 एम.ए.एफ. जल आवंटित है। इस जल का उपयोग करने के लिए महाराष्ट्र को अपने क्षेत्र के नर्मदा कछार में जल उपयोग की योजनाएं लागू करना हैं। वर्तमान में वर्ष 2010 तक जल के उपयोग की योजनाएं लागू नहीं हुई है। सरदार सरोवर परियोजना से उत्पादित कुल बिजली का 27 प्रतिशत भाग महाराष्ट्र को प्राप्त होगा। इसके लिए गुजरात में परियोजना स्थल से महाराष्ट्र की सीमा तक 400 किलोवॉट डीसी ट्रान्समिशन लाईन निर्मित की गई है। महाराष्ट्र की सीमा पर अपने हिस्से की बिजली प्राप्त करने के लिए विद्युत संरचनाओं का निर्माण किया गया है।

सरदार सरोवर परियोजना की मुख्य नहर का राजस्थान में शुभारम्भ करते हुए राजस्थान की तत्कालीन मुख्यमंत्री श्रीमती वसुंधरा राजे सिंधिया।

(27 मार्च 2008)

सरदार सरोवर परियोजना की मुख्य नहर से राजस्थान में जल का प्रवाह।
(27 मार्च 2008)

बड़े बांधों का विरोध

सर्वमान्य सिद्धांत है कि प्रत्येक क्रिया की प्रतिक्रिया होती है। नर्मदा जल के दोहन के व्यापक कार्यकलापों को दिशा देने की क्रिया ने भी इसी सिद्धांत के अनुरूप प्रतिक्रिया को जन्म दिया। यह जानना रोचक होगा कि बहुत छोटे रूप में जन्मी प्रतिक्रिया को समय और परिस्थितियों ने पोषित कर कैसे एक व्यापक और प्रभावी प्रतिरोध में परिवर्तित कर दिया।

नर्मदा जल विवाद न्यायाधिकरण की सर्वेक्षण और अनुसंधान की गतिविधियों के दौरान वर्ष 1970 में मध्यप्रदेश के निमाड़ अंचल में किसानों ने 'निमाड़ बचाओ नर्मदा बचाओ' समिति का गठन कर आरम्भिक प्रतिरोध आरम्भ किया। समिति ने नर्मदा जल विवाद न्यायाधिकरण के सामने 28 अक्टूबर 1974 को अपना पक्ष प्रस्तुत करते हुए कहा कि निमाड़ की उपजाऊ भूमि को डुबा देना न्यायसंगत नहीं होगा। समिति ने विस्थापन जैसे मुद्दों के साथ ही अन्य संबंधित विषयों पर अपने तर्क प्रस्तुत किये। समिति ने तर्क दिया कि नर्मदा का 86.8 प्रतिशत जल ग्रहण क्षेत्र मध्यप्रदेश में है और नर्मदा में 99.5 प्रतिशत जल मध्यप्रदेश के जलग्रहण क्षेत्र से आता है, अतः मध्यप्रदेश को 24.10 एम.ए.एफ. और गुजरात को 0.75 एम.ए.एफ. जल मिलना चाहिये। समिति का मत था कि गुजरात को बिजली की आवश्यकता है, इसीलिये गुजरात नर्मदा पर ऊंचा बांध बनाकर अधिक से अधिक बिजली प्राप्त करना चाहता है। ऐसा होने पर निमाड़ की हजारों एकड़ उपजाऊ भूमि जलमग्न हो जाएगी। समिति के प्रतिनिधियों ने तत्कालीन प्रधानमंत्री श्रीमती इंदिरा गांधी को भी ज्ञापन देकर गुजरात में प्रस्तावित बांध की ऊंचाई के विरोध में तर्क प्रस्तुत किये।

नर्मदा जल विवाद न्यायाधिकरण के विशेषज्ञों के दल ने फरवरी 1975 में जब निमाड़ क्षेत्र का दौरा किया तब निमाड़ के सैंकड़ों किसानों, राजनैतिक दलों, जनसंगठनों, ग्राम पंचायतों, स्थानीय निकायों ने सम्मिलित रूप से न्यायाधिकरण से

निमाड़ की उपजाऊ भूमि को डूब से बचाने की मांग की। नर्मदा जल विवाद न्यायाधिकरण द्वारा 1979 में अंतिम निर्णय घोषित करने के साथ ही मध्यप्रदेश के इस अंचल में व्यापक जन आन्दोलन हुए। सैंकड़ों किसान स्वेच्छा से 'निमाड़ बचाओ आन्दोलन' में सम्मिलित हुए। अंचल के लगभग 5 हजार लोगों ने मध्यप्रदेश की राजधानी भोपाल में प्रदर्शन किया। कांग्रेस के नेता अर्जुन सिंह और मोतीलाल वोरा ने प्रदर्शनकारियों के साथ गिरफ्तारी दी। मध्यप्रदेश की तत्कालीन जनता पार्टी सरकार के मुख्यमंत्री वीरेन्द्र कुमार सखलेचा ने राज्य विधान सभा में नर्मदा जल विवाद न्यायाधिकरण के निर्णय पर सरकार का विरोध घोषित किया। मुख्यमंत्री ने विधानसभा में इस निर्णय को बदलवाने का संकल्प भी व्यक्त किया।

मध्यप्रदेश में इसके बाद सत्ता का राजनैतिक परिदृश्य बदल गया। इस परिवर्तन के साथ ही आन्दोलन में नेतृत्व के संकट, उद्देश्य की अस्पष्टता आदि कारणों से 'निमाड़ बचाओ आन्दोलन' ठण्डा पड़ गया। राष्ट्रीय स्तर पर नर्मदा मुद्दे की गतिविधियों और राजनैतिक सक्रियता के फलस्वरूप मध्यप्रदेश सरकार ने न्यायाधिकरण के निर्णय को स्वीकार कर लिया। यद्यपि 'निमाड़ बचाओ आन्दोलन' ठण्डा पड़ चुका था लेकिन 'निमाड़ बचाओ समिति' ने नर्मदा जल विवाद न्यायाधिकरण की कार्रवाई और सुनवाई के दौरान तथा निर्णय के बाद विरोध में जो जनचेतना जाग्रत की उससे नर्मदा का मुद्दा व्यापक चर्चा और विचार-विमर्श का विषय बना रहा। इसका परिणाम यह हुआ कि नर्मदा का मुद्दा निमाड़ बचाओ के सीमित दायरे से बाहर आकर व्यापक संदर्भों में चिन्ता और विचार का विषय बना।

वर्ष 1983 में दिल्ली के एक स्वयंसेवी संगठन 'कल्पवृक्ष' के कार्यकर्ताओं ने नर्मदा घाटी क्षेत्र का दौरा कर घाटी में प्रस्तावित बड़े बांधों पर एक आलोचनात्मक रिपोर्ट प्रकाशित की। गुजरात के कुछ सामाजिक कार्यकर्ताओं ने परियोजनाओं की डूब से प्रभावित आदिवासी समुदाय के अधिकारों और बड़े बांधों की जरूरत का सवाल उठाया। वर्ष 1986 में 'सेतु' नामक स्वयंसेवी संगठन ने 'अस्तित्व' विषय पर एक विचार गोष्ठी का आयोजन किया। गुजरात के आदिवासी अंचल में कार्य करने वाली सेतु की सक्रिय कार्यकर्ता मेधा पाटकर इस विचार गोष्ठी के आयोजकों में से एक थी। दिल्ली की संस्था 'मार्ग' की वसुधा धगमवार ने इस गोष्ठी में भाग लेते हुए महाराष्ट्र के डूब संभावित गांवों के लोगों की विस्थापन संबंधी समस्याओं की जानकारी प्रस्तुत की। इस विचार गोष्ठी में गुजरात में प्रस्तावित बांध के प्रभावों पर व्यापक विचार-विमर्श हुआ। सेतु की कार्यकर्ता मेधा पाटकर ने वसुधा धगमवार के

साथ महाराष्ट्र के धुले जिले की अकरानी तहसील के उन गांवों का भ्रमण किया जिनके संबंध में वसुधा धगमवार ने विचार गोष्ठी में जानकारी दी थी।

वर्ष 1980-83 के बीच महाराष्ट्र के सबसे पहले डूब प्रभावित होने वाले सिंदुरी और मणीबेली गांवों से कुछ परिवारों को विस्थापित किया गया। इससे लोगों में विस्थापन और पुनर्वास के बारे में चिन्ता और जिज्ञासा जाग्रत हुई। वर्ष 1985 में धुले जिले के डूब प्रभावित आदिवासी ग्रामीणों ने संगठित होना आरम्भ किया। इसका मूल कारण ग्रामीणों में बांध, डूब क्षेत्र और पुनर्वास के बारे में विभिन्न भ्रांतियाँ थीं। विस्थापन के भय से संगठित होने वाले महाराष्ट्र के धुले जिले के ग्रामीणों ने 16 फरवरी 1986 को 'नर्मदा धरनग्रस्त समिति' का गठन किया। इस समिति के सदस्य डूब, विस्थापन और पुनर्वास के बारे में अधिकारियों से पूछताछ करने लगे। आरम्भ में समिति ने कलेक्टर द्वारा ली जाने वाली जिला स्तरीय बैठकों में भाग लिया। इन बैठकों में समिति के सदस्य अधिकारियों से बांध और डूब के संबंध में विस्तृत जानकारी मांगते। समिति ने महाराष्ट्र सरकार द्वारा चिन्हित उन 16 स्थानों को भी देखा जिन्हें सरकार ने पुनर्वास स्थल बनाने के लिए चुना था। समिति के सदस्यों ने प्रस्तावित पुनर्वास स्थलों के बारे में असंतोष व्यक्त किया।

समिति ने वर्ष 1986, 1987 और 1988 में धुले जिला प्रशासन को विभिन्न ज्ञापन दिये। इन ज्ञापनों में मूल रूप से बांध, विस्थापन और पुनर्वास के बारे में सम्पूर्ण जानकारी देने की मांग थी। इस समिति ने अपने स्तर पर एक जनसर्वेक्षण कराया और डूब से प्रभावित होने वाले परिवारों और उनके संसाधनों की विस्तृत जानकारी संकलित की, जिससे सरकारी आकलनों और सर्वेक्षण को चुनौती दी जा सके। लगभग इसी समय मध्यप्रदेश में गुजरात के बांध की डूब से प्रभावित होने वाले आदिवासी अंचल की अलीराजपुर तहसील के लोगों से महाराष्ट्र की 'नर्मदा धरनग्रस्त समिति' के सम्पर्क स्थापित हुए। अलीराजपुर तहसील के ग्रामीण भी वर्ष 1980 से 'खेडुत मजदूर चेतना संगठन' की अगुवाई में संभावित डूब से जुड़े मुद्दों पर अपने अधिकारों के लिए आंदोलन कर रहे थे।

मध्यप्रदेश में डूब से प्रभावित होने वाले निमाड़ अंचल में वर्ष 1986 से 1988 के बीच डूब मुद्दे को लेकर 'नर्मदा घाटी नवनिर्माण समिति' बनी। इस समिति को बनाने में निमाड़ अंचल के प्रमुख सर्वोदयी नेताओं काशीराम त्रिवेदी, बैजनाथ महोदय, प्रभाकर मांडलिक, फूलचन्द पटेल, शोभाराम जाट ने सक्रिय भूमिका निर्वाह की। इस समिति ने वर्ष 1987 में डूब के प्रति जनजागरण के लिए निमाड़

के गांव-गांव से नर्मदा कलश यात्रा निकाली और बड़वानी में नर्मदा के किनारे राजघाट पर सभा की।

वर्ष 1987 के मध्य मेधा पाटकर ने नर्मदा घाटी नवनिर्माण समिति के सक्रिय कार्यकर्ताओं से बड़वानी में सम्पर्क स्थापित किया। नवनिर्माण समिति के सदस्यों और मध्यप्रदेश, महाराष्ट्र और गुजरात के कार्यकर्ताओं के बीच बड़वानी के राजघाट में बैठकें होती रहीं। इन बैठकों से बांध और उससे संबंधित मुद्दों पर जनचेतना जगाने और ग्राम स्तर के संगठन खड़े करने की रूपरेखा निर्धारित हुई। कार्यकर्ताओं ने निमाड़ अंचल के गांव-गांव में घूमकर लोगों को संगठित किया। यद्यपि पूर्व के 'निमाड़ बचाओ आन्दोलन' की असफलता के कारण आरम्भ में निमाड़ अंचल इस मुद्दे पर उदासीन रहा लेकिन अंततः ग्रामीणों ने इसमें रुचि और उत्साह प्रदर्शित किया। इसी बीच वर्ष 1987 के अंत में प्रसिद्ध सामाजिक कार्यकर्ता बाबा आमटे ने महाराष्ट्र के आनन्दवन में बड़े बांधों पर एक बैठक आयोजित कर इस विषय में चल रही गतिविधियों में अपनी चिन्ता प्रकट की।

अगस्त 1988 में महाराष्ट्र, मध्यप्रदेश और गुजरात के समूहों ने एकमत होकर बांध और विस्थापन का विरोध करने का निर्णय लिया। इस निर्णय के फलस्वरूप 18 अगस्त 1988 को धुले (महाराष्ट्र) बड़वानी (मध्यप्रदेश) और केवडिया (गुजरात) में रैलियों और प्रदर्शनों के आयोजन हुए।

नर्मदा बचाओ आन्दोलन

महाराष्ट्र, मध्यप्रदेश और गुजरात में डूब और विस्थापन संबंधी चिन्ताओं के चलते अनेक समर्थक समूह बनते रहे। यह सभी समूह अपने-अपने स्तर पर अलग-अलग तरीके से गुजरात में प्रस्तावित बांध और उसकी डूब से होने वाले विस्थापन के प्रति नाराजगी प्रकट करते रहे। वर्ष 1987 में धुले (महाराष्ट्र) से आरम्भ होकर मुम्बई, दिल्ली, पुणे, इन्दौर, भोपाल, अहमदाबाद और वड़ोदरा में ऐसे कई समर्थक समूह बन गये। इन शहरों में बांध और विस्थापन संबंधी चर्चाओं और गतिविधियों का विस्तार होता रहा। वर्ष 1990 से बंगाल, कर्नाटक, केरल, तमिलनाडु, बिहार, राजस्थान, सौराष्ट्र आदि में भी नर्मदा आन्दोलन समर्थक समूह बनने लगे। इन समर्थक समूहों के बीच सूचनाओं, समाचारों, विचारों और विश्लेषणों का आदान-प्रदान होता रहा। इस आदान-प्रदान ने इन समूहो को नर्मदा संबंधी सरकारी नीतियों और परियोजनाओं के विरुद्ध सामूहिक अभियान चलाने के लिए प्रेरित किया। विभिन्न समान वैचारिक समूहों

के लगभग साझा लक्ष्यों के कारण वर्ष 1988 के बाद इन सभी समूहों को समग्र रूप से 'नर्मदा बचाओ आन्दोलन' के नाम से पहचाना जाने लगा। सामूहिक पहचान का यह नाम सत्तर के दशक के 'निमाड़ बचाओ नर्मदा बचाओ' समिति के आन्दोलनों के प्रभाव से ही जन्मा था। इस प्रकार बांध और विस्थापन के विरोध की सभी गतिविधियां नर्मदा बचाओ आन्दोलन में समाहित हो गईं।

सरदार सरोवर परियोजना को विश्व बैंक की पेशकश और 'नर्मदा बचाओ आन्दोलन' द्वारा इसका विरोध किये जाने से आन्दोलन को अंतर्राष्ट्रीय पहचान और समर्थन मिला। 'नर्मदा बचाओ आन्दोलन' के कार्यकर्ताओं ने बांध निर्माण के लिए विश्व बैंक की सक्रियता का विरोध करने के लिए अंतर्राष्ट्रीय स्तर पर सम्पर्क स्थापित किये। इन सम्पर्कों से अमेरिका, ब्रिटेन, जापान, ऑस्ट्रेलिया, केनेडा, जर्मनी, फ्रांस और स्केनडीनेवियन देशों में पर्यावरण के क्षेत्र में सक्रिय समूहों ने विश्व बैंक के विरोध में अपने-अपने देशों में प्रदर्शन आयोजित किये।

बांध विरोध को 'नर्मदा बचाओ आंदोलन' के रूप में पहचान मिलने के बाद विरोध गतिविधियों में तेजी आ गई। सरदार सरोवर बांध स्थल पर 22 फरवरी 1989 को बांध विरोधी रैली आयोजित हुई। इस रैली में 10 हजार से अधिक लोगों ने भाग लिया। भोपाल में 04 अप्रैल 1989 को 'नर्मदा बचाओ आंदोलन' की अगुवाई में सैंकड़ों लोगों ने प्रदर्शन किया। इसी वर्ष 28 सितम्बर को नर्मदा सागर परियोजना (मध्यप्रदेश) से डूब में आने वाले हरसूद नगर में सैंकड़ों लोग एकत्रित हुए और डूब का विरोध किया। आंदोलन के नेतृत्व में 06 मार्च 1990 को हजारों लोगों ने मुम्बई-आगरा राष्ट्रीय राजमार्ग पर नर्मदा पर बने खलघाट पुल पर 28 घण्टे का धरना आंदोलन किया। इसी दिन सामाजिक कार्यकर्ता बाबा आमटे महाराष्ट्र के अपने निवास आनन्दवन को छोड़ कर खलघाट पहुँचे और नर्मदा बचाओ आंदोलन में सम्मिलित हुए। ग्रामीणों ने उनके लिए बड़वानी नगर के पास छोटी कसरावद गांव में एक कुटिया बना दी।

वर्ष 1990 और 91 में महाराष्ट्र और मध्यप्रदेश में 'नर्मदा बचाओ आन्दोलन' की अगुवाई में धरने, प्रदर्शन और विरोध रैलियों का आयोजन होता रहा। विश्व बैंक द्वारा सरदार सरोवर परियोजना को ऋण सहायता देने की पेशकश का 'नर्मदा बचाओ आन्दोलन' द्वारा विरोध किये जाने से विश्व बैंक ने एक स्वतंत्र समीक्षा दल गठित किया। इसे मोर्स कमेटी के नाम से जाना जाता है। मोर्स कमेटी ने जून 1992 को अपनी रिपोर्ट प्रकाशित की। इस रिपोर्ट में कमेटी ने विश्व बैंक को सरदार सरोवर

परियोजना से अलग हो जाने की अनुशंसा की। इस अनुशंसा पर 'नर्मदा बचाओ आन्दोलन' ने मध्यप्रदेश के कसरावद में रैली आयोजित की।

'नर्मदा बचाओ आन्दोलन' और गुजरात सरकार के बीच पहली बार बांध के मुद्दे पर सीधी चर्चा का आयोजन जामनगर में 12 सितम्बर 1992 को हुआ। इसमें आन्दोलन के नेतृत्व में सौराष्ट्र से आये लोगो ने गुजरात के नर्मदा कार्यमंत्री से बांध और संबंधित मुद्दों पर प्रश्न किये और उनका जवाब मांगा। बाद में ऐसे ही प्रत्यक्ष सवाल-जवाब कार्यक्रम राजकोट, भावनगर और भुज में आयोजित हुए।

इस बीच विश्व बैंक द्वारा मोर्स समिति की अनुशंसा के आधार पर कुछ शर्तें निर्धारित की। निर्धारित समय सीमा में शर्तों को पूरा करने की बाध्यता के कारण भारत शासन ने विश्व बैंक से सरदार सरोवर परियोजना के लिए सहायता न लेने संबंधी निर्णय लेकर बैंक को सूचित कर दिया। इस प्रकार 30 मार्च 1993 को विश्व बैंक ने सरदार सरोवर परियोजना से अपने आपको अलग कर लिया। नर्मदा बचाओ आंदोलन की यह बड़ी विजय थी।

मई 1993 से 'नर्मदा बचाओ आन्दोलन' ने सरदार सरोवर बांध से महाराष्ट्र राज्य के सबसे पहले डूब में आने वाले गांव मणीबेली में सत्याग्रह आरम्भ कर दिया। मुम्बई में 03 जून 1993 से मेधा पाटकर ने सरदार सरोवर बांध की सम्पूर्ण समीक्षा की मांग को लेकर अनिश्चितकालीन उपवास आरम्भ किया। केन्द्र शासन द्वारा बांध की सम्पूर्ण समीक्षा पर सहमत होने की घोषणा के बाद पन्द्रहवें दिन मेधा पाटकर का उपवास समाप्त हुआ। बांध की समीक्षा के लिए चल रहे आन्दोलन के दौरान 11 जुलाई 1993 को सरदार सरोवर बांध से गुजरात राज्य के पहले गांव बड़गाम का पहला मकान जो भूलाभाई तड़वी नामक व्यक्ति का था, डूब में आया। इसके बाद महाराष्ट्र राज्य का डूब में आने वाला पहला गांव मणीबेली डूब से प्रभावित हुआ। 'नर्मदा बचाओ आन्दोलन' के नेतृत्व में मणीबेली गांव के लोगों ने सीने के बराबर पानी में खड़े रह कर हटने से इन्कार कर दिया। प्रशासन ने लोगों की जान बचाने के लिए उन्हे बलपूर्वक हटाया।

मणीबेली के प्रतिरोध के क्रम में 'नर्मदा बचाओ आन्दोलन' ने 17 जुलाई को जलसमर्पण की चेतावनी घोषित की। यह कदम भारत सरकार द्वारा जून 1993 में सरदार सरोवर बांध की सम्पूर्ण समीक्षा की घोषणा पर अमल नहीं होने के कारण घोषित किया गया। जलसमर्पण की चेतावनी के बाद भारत सरकार ने 05 अगस्त 1993 को योजना आयोग के सदस्य जयन्त पाटील की अध्यक्षता में पांच सदस्यीय

बांध समीक्षा दल गठित किया। समीक्षा दल का गठन होने पर 'नर्मदा बचाओ आन्दोलन' ने जलसमर्पण की कार्यवाही वापिस ले ली।

वर्ष 1993 के अक्टूबर - नवम्बर माह में 'नर्मदा बचाओ आन्दोलन' ने अमरकण्टक से सरदार सरोवर बांध क्षेत्र तक नर्मदा यात्रा का आयोजन किया। यात्रा का उद्देश्य बांध के विरुद्ध जनजागरण करना था।

'नर्मदा बचाओ आन्दोलन' की नेता मेधा पाटकर ने 50 कार्यकर्ताओं के साथ 16 मार्च 1994 को नई दिल्ली में वन तथा पर्यावरण मंत्री कमलनाथ के कार्यालय का नारेबाजी करते हुए घेराव कर दिया। उस समय कमलनाथ कार्यालय में थे। घेराव के बाद कमलनाथ और आन्दोलनकारियों के बीच 2 घण्टे चर्चा हुई। मेधा पाटकर ने बांध से संबंधित आन्दोलन का पक्ष रखा। केन्द्रीय मंत्री ने वन तथा पर्यावरण मंत्रालय के चार सदस्यीय दल को केवडिया भेज कर तथ्यों का पता लगाने की बात स्वीकार की। अगले ही दिन 17 मार्च 1994 को चार सदस्यीय दल ने सरदार सरोवर परियोजना स्थल का दौरा किया।

गुजरात के वडोदरा में डाण्डिया बाजार स्थित 'नर्मदा बचाओ आन्दोलन' के कार्यालय में सरदार सरोवर बांध समर्थकों ने 20-21 मार्च 1994 की दरमियानी रात घुस कर तोड़ फोड़ कर दी। बांध समर्थकों ने कार्यालय का सामान बाहर फेंक दिया और कुछ रिकार्ड जला दिये। बांध समर्थकों ने 21 मार्च को मेधा पाटकर का तीन घण्टे तक घेराव कर ट्राफिक रोक दिया। गुजरात पुलिस मेधा पाटकर और उनके समर्थकों को सुरक्षित निकाल कर अज्ञात स्थान पर ले गई।

'नर्मदा बचाओ आन्दोलन' ने 18 अप्रेल 1994 को मेधा पाटकर के नेतृत्व में भोपाल में एक बडी बांध विरोधी रैली निकाली। पुलीस ने 741 प्रदर्शनकारियों को गिरफ्तार किया। नई दिल्ली में 19 अप्रैल से 'नर्मदा बचाओ आन्दोलन' ने जन्तर मन्तर पर बांध के विरोध में धरना आरम्भ किया। धरने के सातवें दिन प्रधानमंत्री पी.वी. नरसिंहराव ने आन्दोलनकारियों के 7 सदस्यीय प्रतिनिधि मण्डल से मुलाकात कर तथ्यों की जानकारी लेने का आशवासन दिया। इस आश्वासन पर धरना समाप्त कर दिया गया।

पुनर्वास और अन्य संबंधित मुद्दों को लेकर 20 मई 1994 को 'नर्मदा बचाओ आन्दोलन' ने पहली बार एक जनहित याचिका दायर करते हुए सरदार सरोवर परियोजना का निर्माण कार्य रोक कर सम्पूर्ण समीक्षा करने की मांग की। उच्चतम न्यायालय के प्रधान न्यायाधीश न्यायमूर्ति एम.एन. वेंकटचलैय्या, न्यायमूर्ति जे.एस.

वर्मा और न्यायमूर्ति एस.पी. भरूचा की सदस्यता वाली खण्डपीठ ने सरकार और 'नर्मदा बचाओ आन्दोलन' की दलीलें विस्तार से सुनने के बाद 'नर्मदा बचाओ आन्दोलन' की याचिका को 21 मई 1994 को सुनवाई के लिए स्वीकार कर लिया। उच्चतम न्यायालय ने इस मामले में भारत सरकार, मध्यप्रदेश, गुजरात, महाराष्ट्र, राजस्थान सरकार, नर्मदा नियंत्रण प्राधिकरण और सरदार सरोवर नर्मदा निगम लिमिटेड को नोटिस भेजकर जवाब मांगे।

'नर्मदा बचाओ आन्दोलन' के जल समर्पण सत्याग्रह के दबाव में केन्द्र शासन द्वारा गठित पांच सदस्यीय जयंत पाटील बांध समीक्षा समिति ने 20 जुलाई 1994 को केन्द्र सरकार को अपनी रिपोर्ट प्रस्तुत की।

गुजरात के मुख्यमंत्री छबीलदास मेहता ने 04 दिसम्बर 1994 को खाद्य तेल निर्माता संगठनों और सौराष्ट्र के उद्योगपतियों द्वारा आयोजित कार्यक्रम में कहा कि वे यह साबित कर सकते हैं कि 'नर्मदा बचाओ आन्दोलन' की नेता मेधा पाटकर विदेशों से आर्थिक मदद लेकर देश के विकास में बाधा डाल रहीं हैं। श्री मेहता ने कहा कि यदि मेधा पाटकर ने उनके विरुद्ध मानहानि का मुकदमा दायर किया तो वह साबित कर देंगे कि देश में विध्वंसकारी गतिविधियां चलाने के लिए पाटकर ने बाहर से वित्तीय मदद ली। मेधा पाटकर ने इस आरोप का खण्डन करते हुए गुजरात के मुख्यमंत्री से क्षमा मांगने को कहा। 'नर्मदा बचाओ आन्दोलन' द्वारा विदेशी सहायता लेकर आन्दोलन चलाने के मामले का पटाक्षेप अप्रैल 2007 में भारत सरकार द्वारा उच्चतम न्यायालय में इस विषय में दायर हलफनामे के बाद हुआ। केन्द्र ने अपने हलफनामे में कहा कि विदेशी धन लेने के मुद्दे पर कराई गई जांच में 'नर्मदा बचाओ आन्दोलन' और उससे सम्बद्ध संस्थाओं द्वारा विदेशी सहायता नियमन अधिनियम (फॉरेन कन्ट्रीब्यूशन रेगुलेशन एक्ट) के उल्लंघन का कोई मामला नहीं पाया गया। केन्द्र शासन ने यह हलफनामा इस विषय पर दायर एक जनहित याचिका के संदर्भ में दायर किया था। इस प्रकार 'नर्मदा बचाओ आन्दोलन' द्वारा विदेशों से सहायता लेने की बात सिद्ध नहीं हुई।

सरदार सरोवर बांध के विरोध में मेधा पाटकर ने अपने साथियों सहित 21 नवम्बर 1994 को भोपाल के रोशनपुरा चौराहे पर अनिश्चितकालीन अनशन आरम्भ कर दिया। यह अनशन 26 दिन तक जारी रहा। इस दौरान चल रही मध्यप्रदेश विधानसभा में भी मेधा पाटकर के अनशन पर सरकार ने बयान जारी कर मेधा पाटकर के लिए चिंता व्यक्त की। सरकार ने सरदार सरोवर बांध के आगे निर्माण का

समर्थन नहीं करने की घोषणा की। इस घोषणा के बाद मध्यप्रदेश के मुख्यमंत्री दिग्विजय सिंह ने 16 दिसम्बर 1994 को रोशनपुरा चौराहे पर दूध पिला कर मेधा पाटकर का अनशन तुड़वाया। मेधा पाटकर ने अनशन तोड़ने के बाद सरदार सरोवर बांध के संबंध में मध्यप्रदेश सरकार के रवैये के प्रति संतोष व्यक्त किया। इस बीच उच्चतम न्यायालय ने केन्द्र सरकार को सरदार सरोवर परियोजना के बारे में जयंत पाटिल समीक्षा समिति की रपट प्रकाशित करने के निर्देश दिये। जयंत पाटील समिति की 90 पृष्ठ की रिपोर्ट में कहा गया कि बांध से संबंधित पर्यावरण मुद्दों का समाधान अनिश्चित है तथा विस्थापित होने वाले लोगों का आकलन वास्तविक रूप से विस्थापित होने वाले लोगों से बहुत कम हैं। विस्थापित होने वाले सभी लोगों के लिए भूमि उपलब्ध नहीं है। रिपोर्ट में यह भी कहा गया कि ऐसा कानून बनना चाहिये, जिससे परियोजना से प्रभावित होने वाले लोगों की परियोजना से होने वाले लाभ में हिस्सेदारी निश्चित हो।

'नर्मदा बचाओ आन्दोलन' की जनहित याचिका के संदर्भ में उच्चतम न्यायालय ने 05 मई 1995 को एक अंतरिम आदेश दिया। इस अंतरिम आदेश में कहा गया कि मुकदमे की सुनवाई पूरी होने तक बांध की ऊंचाई 80.3 मीटर से अधिक नहीं बढ़ाई जाये। इस बीच सरदार सरोवर बांध के मुख्य अभियन्ता की ओर से बांध की ऊंचाई 80.3 मीटर से बढ़ा कर 85 मीटर करने का समाचार आया। 'नर्मदा बचाओ आन्दोलन' ने इस घोषणा को उच्चतम न्यायालय के स्थगन आदेश की अवमानना बताया। इसके विरोध में 11 अक्टूबर 1995 से मध्यप्रदेश के बड़वानी से दिल्ली तक की न्याय यात्रा निकाली गई। न्याय यात्रा 19 अक्टूबर 1995 को नई दिल्ली पहुंची। केन्द्रीय जल संसाधन सचिव, एम. रेड्डी ने 'नर्मदा बचाओ आन्दोलन' प्रतिनिधियों से चर्चा की। चर्चा के बाद जल संसाधन सचिव ने न्याय यात्रियों को आश्वस्त किया कि पुनर्वास की व्यवस्था के बाद ही बांध की ऊंचाई बढ़ेगी और उच्चतम न्यायालय के स्थगन आदेश का पूरी तरह सम्मान होगा।

'नर्मदा बचाओ आन्दोलन' सरदार सरोवर बांध के विरोध के साथ ही मध्यप्रदेश में महेश्वर, बरगी, अपरबेदा, लोअरगोई आदि बांधों के विरोध में वर्ष 1996-97 में क्षेत्रीय आन्दोलन प्रदर्शन और रैलियां आयोजित करता रहा। महेश्वर परियोजना बांध स्थल पर 11 जनवरी 1998 को आन्दोलन के नेतृत्व में हजारों लोगों ने इकट्ठे होकर बांध का काम रोक कर समीक्षा की मांग की। आन्दोलन के 6 कार्यकर्ताओं ने 25 जनवरी से भूख हड़ताल आरम्भ कर दी। मध्यप्रदेश सरकार ने महेश्वर बांध का काम

रोक कर बांध की समीक्षा के लिए टास्क फोर्स गठित करने की घोषणा की। इस समिति ने अक्टूबर 1998 को समीक्षा प्रतिवेदन मध्यप्रदेश सरकार को प्रस्तुत किया। सरकार ने महेश्वर बांध की लागत लाभ समीक्षा कराये जाने और अन्य सुझावों को मान्य नहीं किया।

'नर्मदा बचाओ आन्दोलन' की जनहित याचिका पर सुनवाई करते हुए उच्चतम न्यायालय ने 18 फरवरी 1999 को सरदार सरोवर बांध निर्माण पर मई 1995 में लगाया गया स्थगन हटाकर बांध की ऊंचाई 80.3 मीटर से बढ़ा कर 3 मीटर ऊंचाई के 'हम्प' सहित 88 मीटर तक बनाने की अनुमति दे दी।

महेश्वर बांध संबंधी टास्क फोर्स की रिपोर्ट में उल्लेखित अनुशंसाओं को लागू करने के लिए 'नर्मदा बचाओ आन्दोलन' ने भोपाल में अप्रेल 1999 में 26 दिन लंबा उपवास किया। मध्यप्रदेश सरकार ने 2 अन्य बांधों का काम रोक देने की सहमति दी लेकिन महेश्वर बांध का काम रोकने से इन्कार कर दिया। आन्दोलन का प्रभाव यह हुआ कि बांध निर्माण में वित्तीय मदद देने वाली दो जर्मन कंपनियों ने परियोजना से स्वयं को अलग कर लिया।

उच्चतम न्यायालय का ऐतिहासिक निर्णय

'नर्मदा बचाओ आन्दोलन' की जनहित याचिका पर अंतिम सुनवाई करते हुए उच्चतम न्यायालय ने 18 अक्टूबर 2000 को अपना अंतिम निर्णय सुनाया (परिशिष्ट-7)। अपने निर्णय में उच्चतम न्यायालय ने नर्मदा पर बनने वाले सरदार सरोवर बांध को पूरी 138.68 मीटर (455 फीट) ऊंचाई तक बनाने की अनुमति दे दी। मुख्य न्यायाधीश श्री ए.एस. आनंद, न्यायाधीश श्री बी.एम. कृपाल तथा न्यायाधीश श्री एस.पी. भरूचा की खण्डपीठ ने यह फैसला 1 के विरुद्ध 2 के बहुमत से सुनाया। न्यायाधीश श्री भरूचा का फैसला 'असहमति' का था, जिसमें सरदार सरोवर बांध का निर्माण रोकने का उल्लेख था। इस फैसले से 'नर्मदा बचाओ आन्दोलन' को भारी धक्का लगा। 'नर्मदा बचाओ आन्दोलन' की शीर्ष नेता मेधा पाटकर ने उच्चतम न्यायालय के निर्णय को जन विरोधी बताते हुए अहिंसक आन्दोलन जारी रखने की बात कही। बांध की ऊंचाई बढ़ाने के इस निर्णय में बांध निर्माण के लिए पर्यावरण और पुनर्वास प्राधिकारियों की स्वीकृति की शर्त जोड़ी गई।

उच्चतम न्यायालय ने इस निर्णय में बड़े बांधों के संबंध में उस भ्रम का भी निवारण किया, जिसके तहत् बड़े बांधों को पर्यावरण के लिए हानिकारक माना जाता

रहा है। उच्चतम न्यायालय के इस ऐतिहासिक निर्णय के पैरा 124, 239 तथा पैरा 242 में बड़े बांधों के संबंध में 'मील का पत्थर' बने वे अंश इस प्रकार हैं–

Para 124 :

.... The construction of a dam undoubtedly would result in the change of environment but it will not be correct to presume that the construction of a large dams like Sardar Sarovar will result in ecological disaster. India has an experience of over 40 years in the construction of dams. The experience does not show that construction of a large dam is not cost effective or leads to ecological or environmental degradation. On the contrary, there has been ecological upgradation with the construction of large dams......

Para 239 :

Since long the people of India have been deriving the benefits of the river valley projects. At the time of independence, food grain was being imported into India but with the passage of time and the construction of more dams, the position has been reversed. The large-scale river valley projects per se all over the country have made India more than self-sufficient in food. Famines which used to occur have now become a thing of the past. Considering the benefits which have been reaped by the people all over India with the construction of the dams, the Government cannot be faulted with deciding to construct the high dam on the river Narmada with a view to provide water not only to the scarcity areas of Gujarat but also to the small areas of the State of Rajasthan where the shortage of water has been there since the time immemorial.

Para 242 :

.... Large dams can also become instruments in improving environment, as has been the case in the western Rajasthan, which trasformed into a green area because of Indira Gandhi Canal which draws water from Bhakra Nangal dam......

'नर्मदा बचाओ आन्दोलन' द्वारा लंबे समय से किया जा रहा बड़े बांधों का विरोध उच्चतम न्यायालय के इस निर्णय के बाद बड़े बांधों के विरोध से हट कर बड़े बांधों के कारण होने वाले विस्थापन और पुनर्वास की ओर मुड़ गया। वर्ष 2000 के

बाद विस्थापन और पुनर्वास के मुद्दे को लेकर 'नर्मदा बचाओ आन्दोलन' की गतिविधियां लगभग हर परियोजना क्षेत्र में जारी रहीं। धरने, आन्दोलन और प्रदर्शनों का क्रम जारी रहा। विस्थापितों का पुनर्वास नहीं होने, विस्थापितों को पुनर्वास सुविधाएं नहीं दिये जाने, असंतोषजनक पुनर्वास जैसे मुद्दों को लेकर 'नर्मदा बचाओ आन्दोलन' ने मध्यप्रदेश उच्च न्यायालय में विभिन्न जनहित याचिकाएं दायर की। आन्दोलन ने मान परियोजना के पुनर्वास से संबंधित जनहित याचिका वर्ष 2004 में दायर की। इंदिरा सागर परियोजना से संबंधित याचिका वर्ष 2005 और ओंकारेश्वर परियोजना से संबंधित याचिका वर्ष 2007 में दायर की। इसी प्रकार अपर बेदा परियोजना और महेश्वर परियोजना के असंतोषजनक पुनर्वास के मुद्दे पर जनहित याचिकाएं वर्ष 2008 में दायर की गई।

इंदिरा सागर और ओंकारेश्वर परियोजना से संबंधित जनहित याचिकाओं पर मध्यप्रदेश उच्च न्यायालय ने जुलाई 2009 से नहरों के निर्माण और नहरों के लिए भू-अर्जन संबंधी कार्यों पर स्थगन दे दिया। उच्च न्यायालय ने इन दोनों परियोजना जलाशयों को पूर्ण जलाशय स्तर तक भरने पर भी स्थगन आदेश पारित किया। मध्यप्रदेश सरकार ने उच्च न्यायालय के स्थगन आदेशों पर सर्वोच्च न्यायालय में अपील दायर की। सर्वोच्च न्यायालय ने 25 फरवरी 2010 के अपने निर्णय में कतिपय शर्तों के साथ दोनों परियोजनाओं की नहरों का कार्य आरम्भ करने का निर्णय दिया। निर्णय में मध्यप्रदेश से परियोजनाओं के कमाण्ड क्षेत्र विकास से संबंधित कार्यों को संतोषप्रद तरीके से पूरा करने की शर्त लगाई।

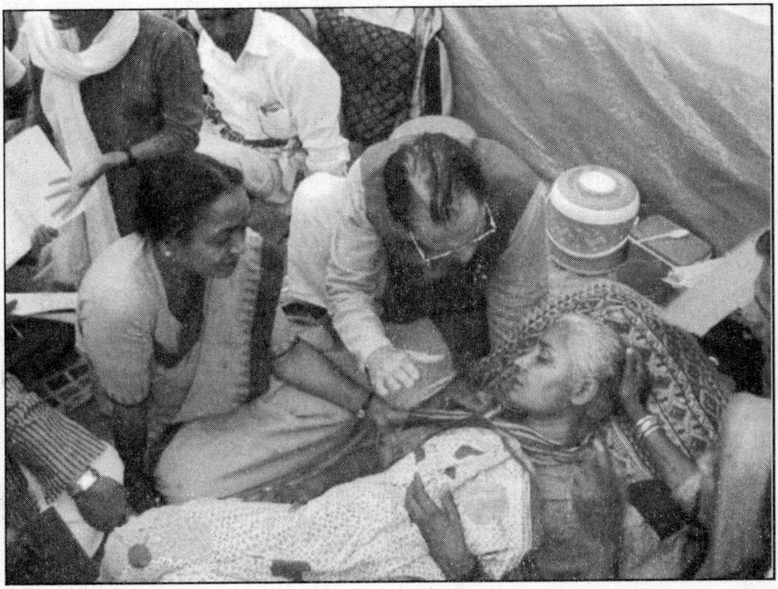

नई दिल्ली में जन्तर-मन्तर पर अनशनरत् मेधा पाटकर को समझाते तत्कालीन केन्द्रीय जलसंसाधन मंत्री सैफुद्दीन सोज और सामाजिक न्याय और अधिकारिता मंत्री सुश्री मीरा कुमार
(04 अप्रैल 2006)

मध्यप्रदेश के खण्डवा जिले में 'नर्मदा बचाओ आन्दोलन' के कार्यकर्ता जल सत्याग्रह करते हुए।

सरदार सरोवर बांध ऊंचाई पर शीतयुद्ध

यद्यपि नर्मदा जल विवाद न्यायाधिकरण ने अपने निर्णय में गुजरात को 9 एम.ए.एफ. पानी आवंटित कर प्रस्तावित नवागाम (सरदार सरोवर) बांध 455 फीट (138.68 मीटर) ऊंचा बनाया जाना निश्चित कर दिया था, फिर भी बांध की ऊंचाई को लेकर मध्यप्रदेश और गुजरात के बीच लंबे समय तक शीतयुद्ध चलता रहा। न्यायाधिकरण की कार्यवाही के दौरान और अंतिम निर्णय के बाद मध्यप्रदेश में डूब क्षेत्र को लेकर तीखी जनप्रतिक्रिया हुई थी। बांध की ऊंचाई कम कर निमाड़ क्षेत्र की उपजाऊ भूमि बचाने को लेकर 'निमाड़ बचाओ आन्दोलन' हुआ। जन भावनाओं के कारण इस आन्दोलन को क्षेत्रीय और प्रादेशिक स्तर के जनप्रतिनिधियों और राजनैतिक दलों ने भी समर्थन दिया। इसी समय बड़े बांधों के विरोध में सक्रिय गुजरात, महाराष्ट्र के समूहों का भी इस आंदोलन को समर्थन मिला। वास्तविकता यह थी कि उस दौर में सरदार सरोवर परियोजना से डूब का मुद्दा मध्यप्रदेश में जन समर्थन प्राप्त करने का सबसे प्रभावी मुद्दा बन गया था। उस क्षेत्र का कोई भी जनप्रतिनिधि डूब का विरोध किये बगैर जनसमर्थन नहीं पा सकता था। इन परिस्थितियों में न्यायाधिकरण के 455 फीट ऊंचे बांध बनाने के निर्णय को मध्यप्रदेश के लिए सहज रूप से स्वीकार करना कठिन था।

न्यायाधिकरण का अंतिम निर्णय वर्ष 1979 में आया। इसकी मध्यप्रदेश के निमाड़ क्षेत्र में तीखी प्रतिक्रिया हुई। क्षेत्र के सैंकड़ों किसान 'निमाड़ बचाओ आन्दोलन' में सक्रिय हो गये। लगभग 5000 किसानों ने भोपाल प्रदर्शन किया। कांग्रेस के वरिष्ठ नेताओं ने गिरफ्तारियां दीं। मध्यप्रदेश में उस समय जनता पार्टी की सरकार थी। इस आन्दोलन पर प्रदेश के मुख्यमंत्री वीरेन्द्र कुमार सखलेचा ने राज्य विधानसभा में न्यायाधिकरण के निर्णय पर सरकार का विरोध घोषित किया। मुख्यमंत्री ने विधानसभा में इस निर्णय को बदलवाने का संकल्प भी व्यक्त किया। वीरेन्द्र कुमार सखलेचा के बाद अर्जुन सिंह मध्यप्रदेश के मुख्यमंत्री बने इस दौरान नर्मदा अवार्ड अनुमोदन के लिए मंत्रिमण्डल की बैठक में रखा गया। बैठक में

मंत्रिमण्डल के वरिष्ठ सदस्य शिवभानू सोलंकी ने नर्मदा न्यायाधिकरण के अवार्ड अनुमोदन का विरोध करते हुए इसे पुनर्विचार के लिए केन्द्र सरकार को भेजने का अनुरोध किया।

वर्ष 1987 में मध्यप्रदेश के मुख्य सचिव के.सी.एस. आचार्या, मुख्य अभियन्ता मतिन अहमद ने मध्यप्रदेश के मुख्यमंत्री अर्जुन सिंह को तकनीकी तथ्यों और तर्कों पर आधारित एक विस्तृत टीप प्रस्तुत करते हुए इस आधार पर सरदार सरोवर बांध की ऊंचाई कम करने के लिए गुजरात सरकार से बात करने का प्रस्ताव रखा। इसी दौरान प्रदेश के पूर्व सिंचाई सचिव और जाने-माने सिंचाई इंजीनियर आर.एल. गुप्ता ने तर्कों और तथ्यों के आधार पर सरदार सरोवर बांध की ऊंचाई कम करने के बारे में विवरण तैयार किये जो उस समय क्षेत्र के प्रमुख समाचार पत्रों में प्रकाशित हुए। राज्य योजना मण्डल के उपाध्यक्ष तथा प्रदेश के पूर्व सिंचाई मंत्री रामचन्द्र सिंहदेव ने इसी वर्ष सरदार सरोवर बांध की ऊंचाई का विरोध करते हुए न्यायाधिकरण अवार्ड की समीक्षा करने की बात सार्वजनिक रूप से रखी।

इसी वर्ष गुजरात ने आरोप लगाया कि सरदार सरोवर बांध निर्माण के प्रति मध्यप्रदेश की उदासीनता के कारण बांध निर्माण को वन तथा पर्यावरण मंत्रालय से अनुमोदन नहीं मिल पा रहा है। वर्ष 1988 के मध्य लगभग 300 प्रमुख हस्तियों ने तत्कालीन प्रधानमंत्री राजीव गांधी को ज्ञापन देकर सरदार सरोवर बांध से संबंधित विभिन्न पहलुओं पर पुनर्विचार कर बांध निर्माण रोकने की मांग की।

06 मार्च 1990 में लगभग 10,000 किसानों के बम्बई-आगरा राजमार्ग पर खलघाट नामक स्थान पर चक्का जाम के बाद श्री सुन्दर लाल पटवा के नेतृत्व में एक दिन पूर्व ही गठित नई सरकार ने घोषणा की कि मध्यप्रदेश सरकार सरदार सरोवर बांध की समीक्षा करने की मांग केन्द्र से करेगी। महाराष्ट्र में 05 अप्रैल 1990 को मुख्यमत्री शरद पवार ने विधानसभा में घोषणा की कि महाराष्ट्र का कोई भी गांव तब तक डूब में नहीं आने दिया जाएगा जब तक प्रभावितों को स्वीकार्य योजना के अनुसार पुनर्वास नहीं हो जाता। 18 मई 1990 को तत्कालीन प्रधानमंत्री वी.पी. सिंह ने बांध की ऊंचाई कम करने की मांग को लेकर उनके पास पहुंचे प्रतिनिधि मण्डल को आश्वस्त किया कि केन्द्र सरकार सरदार सरोवर बांध से संबंधित सभी पहलुओं की समीक्षा करायेगी।

मध्यप्रदेश के मुख्यमंत्री दिग्विजय सिंह ने 06 जनवरी 1994 को नई दिल्ली में पत्रकार वार्ता में बताया कि मध्यप्रदेश सरकार सरदार सरोवर बांध की ऊंचाई कम

कराने के लिए संबंधित राज्यों के मुख्यमंत्रियों से चर्चा करेगी। श्री सिंह ने कहा कि इस मामले में 3 वरिष्ठ इंजीनियरों से चर्चा के बाद एक नोट तैयार किया गया है। दिग्विजय सिंह के इस बयान से गुजरात में विवाद उठ खड़ा हुआ। गुजरात सरकार ने प्रधानमंत्री से इस मामले में हस्तक्षेप करने की मांग की। गुजरात सरकार का कहना था कि अब जबकि परियोजना का काम शुरू हो चुका है और सारी बातें तय हो चुकी हैं फिर बांध की ऊंचाई को लेकर प्रश्न खड़े करने का कोई औचित्य नहीं है। इस विवाद पर प्रधानमंत्री पी.वी. नरसिंह राव ने एक विशेष बैठक बुला कर सभी पक्षों से चर्चा की। दिग्विजय सिंह के बयान पर गुजरात के अंतरिम मुख्यमंत्री छबीलदास मेहता ने अहमदाबाद में कहा कि गुजरात की जनता सरदार सरोवर बांध की ऊंचाई 1 इंच भी कम करने के लिए सहमत नहीं हैं और इस संबंध में गुजरात सरकार कोई चर्चा नहीं करेगी।

सरदार सरोवर बांध की ऊंचाई कम कराने के लिए मध्यप्रदेश में 21 फरवरी 1994 को एक सर्वदलीय बैठक का आयोजन किया। इस बैठक में आम राय से बांध की ऊंचाई 455 फीट से घटाकर 436 फीट करने पर सहमति हुई। इसके लिए मुख्यमंत्री दिग्विजय सिंह को संबंधित राज्यों को सहमत करने के लिए अधिकृत किया गया। इन गतिविधियों के बीच 23 फरवरी 1994 को केन्द्रीय जल संसाधन मंत्री विद्याचरण शुक्ल से नई दिल्ली में गुजरात के सांसदों ने भेंट की। जल संसाधन मंत्री ने उन्हें आश्वस्त किया कि सरदार सरोवर बांध की ऊंचाई कम नहीं की जाएगी। मध्यप्रदेश के एक पूर्व मुख्य सचिव और संसद सदस्य सुशीलचन्द्र वर्मा ने भोपाल में एक वक्तव्य में कहा नर्मदा जल विवाद न्यायाधिकरण का निर्णय सरदार सरोवर बांध के संबंध में अंतिम है। मध्यप्रदेश की सरकार बांध की ऊंचाई का प्रश्न उठाकर जनता को भ्रमित कर रही है।

बांध की ऊंचाई कम करने की गतिविधियों में मध्यप्रदेश में कोई कमी नहीं आई। 03 मार्च 1994 को मध्यप्रदेश विधानसभा में राज्यपाल के अभिभाषण पर बहस का जवाब देते हुए मुख्यमंत्री दिग्विजय सिंह ने गुजरात के नागरिकों से मार्मिक अपील की कि वे सरदार सरोवर बांध की ऊंचाई के बारे में पुर्नविचार करें जिससे मध्यप्रदेश के 30 हजार परिवारों और उपजाऊ डूब भूमि को बचाया जा सके। मुख्यमंत्री ने 06 मार्च 1994 को प्रधानमंत्री पी.वी. नरसिंह राव से भेंट कर इस मामले में हस्तक्षेप करने का आग्रह किया। मुख्यमंत्री ने बताया कि प्रधानमंत्री ने उनसे कहा है कि यदि सभी संबंधित मुख्यमंत्री इस पर सहमत हो जाएं तो यह अच्छी

बात होगी। इसी बीच केन्द्रीय वन एवं पर्यावरण मंत्री कमलनाथ ने मध्यप्रदेश सरकार की बांध की ऊंचाई कम करने की मांग का समर्थन करते हुए कहा कि ऊंचाई कम करने का एकमात्र प्रभाव बिजली उत्पादन पर पड़ेगा और मध्यप्रदेश अपने हिस्से की बिजली छोड़ने को तैयार है। एक संवाददाता के प्रश्न के उत्तर में केन्द्रीय वन एवं पर्यावरण मंत्री ने टिप्पणी की कि नर्मदा जल विवाद न्यायाधिकरण का अवार्ड कोई गीता अथवा बाईबिल नहीं है जिसमें संशोधन न किया जा सकता हो।

गुजरात विधानसभा में राज्य के अंतरिम मुख्यमंत्री छबीलदास मेहता ने कहा कि सरदार सरोवर बांध के बारे में गुजरात सरकार कोई परिवर्तन स्वीकार नहीं करेगी। इस बारे में न्यायाधिकरण के निर्णय से चारों राज्य बंधे हुए हैं और कोई भी एक राज्य अपने स्तर पर कोई निर्णय नहीं ले सकता। मुख्यमंत्री और नर्मदा मामलों के मंत्री बाबू भाई पटेल ने कहा कि 45 वर्ष के पूर्व न्यायाधिकरण के निर्णय की समीक्षा नहीं की जा सकती। उधर, आल इण्डिया कांग्रेस कमेटी के जनरल सेक्रेट्री अहमद पटेल ने तार भेज कर प्रधानमंत्री से आग्रह किया कि मध्यप्रदेश की सरदार सरोवर बांध की ऊंचाई घटाने की मांग पर विचार नहीं किया जाये। गुजरात के एक पूर्व मुख्यमंत्री अमर सिंह चौधरी ने गांधीनगर में कहा कि सरदार सरोवर बांध की ऊंचाई कम नहीं की जाएगी और इस बारे में की जा रही बयानबाजी से सख्ती से निपटा जाएगा। गुजरात प्रदेश कांग्रेस कमेटी के अध्यक्ष प्रबोध रावल ने भी एक बयान में मध्यप्रदेश सरकार के ऊंचाई कम करने के वक्तव्य की आलोचना की।

केन्द्रीय जल संसाधन मंत्री विद्याचरण शुक्ल ने 09 मार्च 1994 को लोकसभा में आश्वासन दिया कि सरदार सरोवर बांध के बारे में जो निर्णय हुआ है, उस पर केन्द्र सरकार के मत में कोई परिवर्तन नहीं आया है। मध्यप्रदेश से आ रहे बांध की ऊंचाई कम करने के बयानों और गुजरात द्वारा प्रति बयानों से बन रहे विवाद के बीच प्रधानमंत्री नरसिंह राव ने कांग्रेस पार्टी की एक बैठक के बाद मध्यप्रदेश के मुख्यमंत्री दिग्विजय सिंह को नसीहत दी कि वे अब सरदार सरोवर बांध के बारे में कोई नया वक्तव्य देकर इस मामले को तूल न दें। गुजरात कांग्रेस के वरिष्ठ नेताओं ने प्रधानमंत्री पी.वी. नरसिंह राव से भेंट कर कहा कि केन्द्रीय पर्यावरण मंत्रालय द्वारा सरदार सरोवर परियोजना के लिए गठित तथ्यान्वेषी समिति को भंग कर बांध की ऊंचाई कम करने की मध्यप्रदेश की मांग पर विचार न करें। गुजरात के भारतीय जनता पार्टी नेताओं ने भी केन्द्र के सामने इसी तरह की मांग की। विधानसभा में नेता प्रतिपक्ष केशुभाई पटेल ने 23 मार्च 1994 को बड़ौदा में पत्रकार वार्ता में बांध

के बारे में पर्यावरण मंत्रालय द्वारा गठित समिति को भंग करने की मांग करते हुए कहा कि केन्द्र सरकार बांध विरोधियों के दबाव में गुजरात की जनता की भावनाओं से खिलवाड़ कर रही है। सरदार सरोवर बांध के विरोध में मई 1994 में लंदन में भारतीय उच्चायोग के बाहर प्रदर्शन हुआ। इंग्लैण्ड के पर्यावरण लेखक एडवर्ड गोल्ड स्मिथ की पत्नी केथरीन गोल्ड स्मिथ प्रदर्शनकारियों में सम्मिलित थीं।

मध्यप्रदेश, गुजरात के विरोध और केन्द्र सरकार के प्रतिकूल रवैये के बावजूद बांध की ऊंचाई घटाने के प्रयास करता रहा। मुख्यमंत्री दिग्विजय सिंह ने 02 अगस्त 1994 को दिल्ली में मध्यप्रदेश के संसद सदस्यों से इस मामले में चर्चा की। मुख्यमंत्री ने बांध की ऊंचाई कम होने पर 25000 एकड़ उपजाऊ भूमि डूब से बचने और 32000 परिवारों को विस्थापन से बच जाने की जानकारी दी। मध्यप्रदेश की इन गतिविधियों पर गुजरात के मुख्यमंत्री छबीलदास मेहता ने 04 सितम्बर 1994 को गांधीनगर में कहा कि गुजरात बांध की ऊंचाई कम करने के किसी भी प्रस्ताव पर सहमत नहीं होगा।

मध्यप्रदेश के उपमुख्यमंत्री और नर्मदा विकास मामलों के मंत्री सुभाष यादव ने 03 दिसम्बर 1994 को राज्य विधानसभा में सरदार सरोवर परियोजना के विस्थापन और पुनर्वास कार्यों का अध्ययन करने के लिए विधायकों की दो समितियों के गठन की घोषणा की। विधायक विक्रम वर्मा और विधायक रामचन्द्र सिंहदेव की अध्यक्षता वाली समितियों ने सरदार सरोवर परियोजना डूब क्षेत्र और गुजरात में बसाये गये मध्यप्रदेश के लोगों की स्थिति का अध्ययन किया। रामचन्द्र सिंहदेव की अध्यक्षता वाली समिति ने अपनी रपट में कहा कि गुजरात ने विस्थापितों के साथ न्याय नहीं किया है। न तो उनका बेहतर पुनर्वास हुआ है और न ही उनके रोजी-रोटी के साधन जुटाये गये हैं। नई दिल्ली में 4 जनवरी को सरदार सरोवर निर्माण सलाहकार समिति की बैठक में मध्यप्रदेश नर्मदा घाटी विकास प्राधिकरण के उपाध्यक्ष नरेश नारद ने मांग की कि जून 1995 तक डूब में आने वाले विस्थापितों को बसाये जाने तक बांध का निर्माण रोक दिया जाये। यह मांग भी रखी गई कि बांध की ऊंचाई 455 फीट से घटाकर 436 फीट निर्धारित की जाये। गुजरात और महाराष्ट्र की सरकारों ने मध्यप्रदेश की इन दोनों मांगों को अस्वीकार कर दिया। मध्यप्रदेश की आपत्तियों को देखते हुए नर्मदा नियंत्रण प्राधिकरण के पुनर्वास उपदल को रिपोर्ट देने को कहा गया। अपनी मांग पर कायम रहते हुए मध्यप्रदेश ने 17 जनवरी 1995 को उच्चतम न्यायालय में बांध की ऊंचाई 436 फीट करने का हलफनामा प्रस्तुत किया।

हलफनामे में कहा गया कि सिंचाई के लिए बांध की ऊंचाई 436 फीट पर्याप्त माने जाने का निष्कर्ष नर्मदा जल विवाद न्यायाधिकरण का है।

गुजरात के मुख्यमंत्री केशुभाई पटेल ने 24 मार्च 1995 को नई दिल्ली में पत्रकार वार्ता में आरोप लगाया कि मेधा पाटकर मध्यप्रदेश में बैठकर गुजरात के हितों के विरुद्ध आंदोलन कर रही हैं। मध्यप्रदेश सरकार का बांध निर्माण पर नकारात्मक रवैया है। मुख्यमंत्री ने कहा कि बांध की ऊंचाई घटाने का प्रश्न ही नहीं उपस्थित होता। केन्द्रीय वन एवं पर्यावरण मंत्री कमलनाथ ने 11 अप्रैल 95 को भोपाल में कहा कि सरदार सरोवर बांध की अनुमति के समय दी गई शर्तों का पालन नहीं होने पर बांध का निर्माण रोक दिया जाएगा। शर्तों का पालन तभी हो सकता है जब बांध की ऊंचाई कम हो। उधर इन्दौर में महाराष्ट्र के मुख्यमंत्री मनोहर जोशी ने मेधा पाटकर के नेतृत्व में आये प्रतिनिधि मण्डल को आश्वासन दिया कि 'नर्मदा बचाओ आन्दोलन' से परामर्श किये बिना महाराष्ट्र सरदार सरोवर परियोजना के बारे में कोई दस्तावेज उच्चतम न्यायालय में प्रस्तुत नहीं करेगा। 'नर्मदा बचाओ आन्दोलन' ने बांध निर्माण विरोधी याचिका पर उच्चतम न्यायालय द्वारा की जाने वाली अंतिम सुनवाई के संदर्भ में महाराष्ट्र के मुख्यमंत्री से सहयोग का आश्वासन भी लिया।

गुजरात के मुख्यमंत्री केशुभाई पटेल और विधानसभा में नेता प्रतिपक्ष अमर सिंह चौधरी ने 24 अप्रेल 1995 को नई दिल्ली में प्रधानमंत्री नरसिंह राव से भेंट कर कहा कि मध्यप्रदेश के अड़ियल रवैये के कारण परियोजना का काम पूरी तरह पिछड़ रहा है। दोनों नेताओं ने गुजरात विधानसभा में सर्वसम्मति से पारित उस प्रस्ताव की प्रति भी प्रधानमंत्री को सौंपी, जिसमें कहा गया था कि गुजरात की जनता को सरदार सरोवर बांध की 455 फीट ऊंचाई से कम ऊंचाई किसी भी स्थिति में स्वीकार्य ही नहीं है। बांध की ऊंचाई घटाने के मध्यप्रदेश के प्रयासों के क्रम में 30 मई 1995 को मध्यप्रदेश के संसद सदस्यों ने मुख्यमंत्री की अगुवाई में प्रधानमंत्री पी.वी. नरसिंह राव को इस बाबत ज्ञापन दिया। अगले ही माह गुजरात के मुख्यमंत्री केशुभाई पटेल ने अपनी सरकार के 111 दिन पूरे होने के उपलक्ष्य में नई दिल्ली में आयोजित पत्रकार वार्ता में मुखर होते हुए कहा कि वे गुजरात के हितों को मध्यप्रदेश के विस्थापितों और पर्यावरणवादियों के लिए बलि नहीं चढ़ने देंगे। मुख्यमंत्री ने कहा कि बांध की स्वीकृत ऊंचाई किसी भी स्थिति में कम नहीं की जाएगी।

मध्यप्रदेश सरकार ने इसी वर्ष नवम्बर में संसद सदस्य दिलीप सिंह भूरिया की अध्यक्षता में 5 संसद सदस्यों की एक समिति गुजरात द्वारा किये गये पुनर्वास कार्यों

की जांच के लिए गठित कर दी। समिति में जिन संसद सदस्यों को सम्मिलित किया गया वे थे–सूरज भानू सोलंकी, राधाकिशन मालवीय, अजीत जोगी और रामेश्वर पाटीदार। समिति ने संबंधित क्षेत्रों का भ्रमण करने के बाद सरकार को दी अपनी रिपोर्ट में गुजरात के पुनर्वास कार्यों पर असंतोष व्यक्त किया। रिपोर्ट में राज्य सरकार से बांध की न्यूनतम ऊंचाई की संभावना तलाशने की सिफारिश की गई। इसी मुद्दे पर केन्द्रीय जल संसाधन मंत्री जनेश्वर मिश्र की अध्यक्षता में 05 जुलाई 1996 को राजस्थान, गुजरात, महाराष्ट्र और केन्द्र सरकार के प्रतिनिधियों की बैठक नई दिल्ली में हुई। बैठक में मध्यप्रदेश के मुख्यमंत्री ने कहा कि गुजरात पुनर्वास की अपनी जिम्मेदारी पूरी नहीं कर रहा है। इस आधार पर मध्यप्रदेश ने बांध की ऊंचाई 455 से घटा कर 436 फीट करने की मांग की, लेकिन अन्य तीन राज्यों ने अवार्ड के निर्णय के अनुसार ऊंचाई रखने पर जोर दिया।

ऊंचाई विवाद पर निर्णय के लिए नर्मदा नियंत्रण प्राधिकरण की पुनःरीक्षण समिति की बैठक 15 जुलाई 1996 को बिना निर्णय के समाप्त हुई। बाद में सिंचाई मंत्री जनेश्वर मिश्र और चारों राज्यों के प्रतिनिधियों ने प्रधानमंत्री एच.डी. देवगौड़ा के साथ चर्चा की। प्रधानमंत्री ने इस चर्चा के अगले दिन 16 जुलाई 1996 को मध्यप्रदेश के मुख्यमंत्री दिग्विजय सिंह, राजस्थान के मुख्यमंत्री भैरोसिंह शेखावत, महाराष्ट्र के मुख्यमंत्री मनोहर जोशी और गुजरात के मुख्यमंत्री सुरेश मेहता के साथ बांध ऊंचाई मुद्दे पर विचार-विमर्श किया। यह सहमति हुई कि फिलहाल ऊंचाई 436 फीट रखी जाये तथा अगले 5 वर्ष तक बांध में पानी उपलब्धता का अध्ययन करने के बाद ऊंचाई 455 फीट करने का निर्णय लिया जाये। आरम्भिक तौर पर इसे मध्यप्रदेश की जीत माना गया। इस संबंधी प्रचार होने पर मध्यप्रदेश में नर्मदा घाटी विकास प्राधिकरण के एक पूर्व अध्यक्ष डॉ. शरद जैन ने भोपाल में अपनी प्रतिक्रिया में कहा कि प्रधानमंत्री की बैठक में हुए निर्णय को तोड़-मरोड़ कर प्रस्तुत किया जा रहा है। वास्तविकता यह है कि बांध की ऊंचाई 455 फीट से कम करने का कोई निर्णय नहीं हुआ है।

इस बीच नर्मदा नियंत्रण प्राधिकरण ने सरदार सरोवर बांध की ऊंचाई 110 मीटर तक बढ़ाने का अनुमोदन कर दिया। गुजरात के मुख्यमंत्री शंकर सिंह वाघेला ने अहमदाबाद में 15 नवम्बर 1996 को पत्रकार वार्ता में इस अनुमोदन पर प्रसन्नता व्यक्त करते हुए कहा कि मध्यप्रदेश की आपत्तियों के बावजूद गुजरात आगामी 15 दिसम्बर से बांध की ऊंचाई बढ़ाने का कार्य आरंभ कर देगी। इस घटनाक्रम पर

मध्यप्रदेश के मुख्यमंत्री दिग्विजय सिंह ने 03 दिसम्बर 1996 को नई दिल्ली में घोषणा की कि वे सरदार सरोवर बांध की ऊंचाई कम कराने के लिए जल्द ही अहमदाबाद, वड़ोदरा, राजकोट का दौरा करेंगे। मध्यप्रदेश के मुख्यमंत्री की इस घोषणा पर गुजरात के पूर्व मुख्यमंत्री केशुभाई पटेल ने वड़ोदरा में कहा कि यदि मध्यप्रदेश के मुख्यमंत्री ने बांध ऊंचाई घटाने के मुद्दे पर गुजरात आने का प्रयास किया तो उन्हें गुजरात में घुसने नहीं दिया जाएगा। इस तीखी प्रतिक्रिया पर मध्यप्रदेश के मुख्यमंत्री दिग्विजय सिंह ने भोपाल में कहा कि मध्यप्रदेश का पक्ष रखने के लिए गुजरात जाने का उनमें साहस है और उन्हें ऐसा करने से कोई नहीं रोक सकता। बांध ऊंचाई घटाने के संबंध में शह और मात के ऐसे ही प्रसंग गुजरात और मध्यप्रदेश सरकारों के बीच चलते रहे। यह शीतयुद्ध धीरे-धीरे विराम की ओर पहुंचता रहा। वर्ष 2000 में उच्चतम न्यायालय द्वारा सरदार सरोवर बांध को सम्पूर्ण 138.68 मीटर तक बढ़ाने के निर्णय के बाद दोनों राज्यों के बीच बांध की ऊंचाई घटाने का विषय इतिहास की वस्तु बन गया।

सिंचाई

नर्मदा और उसकी सहायक नदियों पर निर्मित और निर्माणाधीन बड़ी परियोजनाओं से गुजरात, राजस्थान और मध्यप्रदेश में सिंचाई लाभ मिलना आरम्भ हो गया है। निर्माणाधीन परियोजनाओं के पूरा हो जाने पर सिंचाई क्षेत्र में बढ़ोत्तरी होगी। निर्मित, निर्माणाधीन और भावी बड़ी परियोजनाओं से तीनों राज्यों में 31 लाख 92 हजार 731 हेक्टेयर रकबा सिंचित होगा। राज्यवार विवरण इस प्रकार है–

वृहद् परियोजनाओं से सिंचाई

गुजरात

परियोजना	**परियोजना से निर्मित होने वाली सिंचाई क्षमता (हैक्टेयर में)**	**सिंचाई लाभ प्राप्त करने वाले जिले**
सरदार सरोवर	18 लाख 62 हजार	भरूच, नर्मदा, वड़ोदरा, दाहोद, गोधरा, आनंद, नाडियाड, अहमदाबाद, गांधीनगर, मैसाणा, पाटन, बनासकांठा, भावनगर, सुरेंद्र नगर, राजकोट, कच्छ
राजस्थान		
सरदार सरोवर	2 लाख 46 हजार	जालोर, बाड़मेर
मध्यप्रदेश		
इंदिरा सागर	1 लाख 23 हजार	बड़वानी, खरगोन, खण्डवा
ओंकारेश्वर	1 लाख 46 हजार 800	खरगोन, धार, खण्डवा
रानी अवंती बाई सागर	1 लाख 57 हजार	जबलपुर, नरसिंहपुर
बरगी डायवर्जन	2 लाख 45 हजार	जबलपुर, कटनी, रीवा, सतना

परियोजना	परियोजना से निर्मित होने वाली सिंचाई क्षमता (हैक्टेयर में)	सिंचाई लाभ प्राप्त करने वाले जिले
अपर नर्मदा	18 हजार 616	डिण्डोरी, अनूपपुर
पुनासा उद्वहन	35 हजार	खण्डवा
चिंकी	70 हजार 800	नरसिंहपुर, रायसेन
मान	15 हजार	धार
शहीद चंद्रशेखर आजाद (जोबट)	9 हजार 848	धार
बारना	60 हजार 750	रायसेन, सिहोर
सुकता	16 हजार 599	खण्डवा
तवा	2 लाख 42 हजार 915	होशंगाबाद, हरदा
कोलार	33 हजार 593	सिहोर
मटियारी	10 हजार 120	मण्डला
अपरबेदा	9 हजार 917	खरगोन
लोअरगोई	13 हजार 760	बड़वानी
हालोन	13 हजार 40	मण्डला
अपर बुढ़नेर	9 हजार 800	मण्डला
अटारिया	1 हजार 986 तथा 9 हजार फीडर नहर से बीडीपी नहर द्वारा	जबलपुर, कटनी
शेर, शक्कर, मच्छरेवा	64 हजार 700	नरसिंहपुर, छिंदवाड़ा
दूधी	50 हजार 586	होशंगाबाद
मोरण्ड, गंजाल	52 हजार 205	होशंगाबाद
योग	**35 लाख 18 हजार 35**	

मध्यम परियोजनाओं से सिंचाई–मास्टर प्लान की 135 परियोजनाओं में से जनवरी 2010 की स्थिति में 19 परियोजनाएं निर्मित हुई हैं। इनकी कुल सिंचाई क्षमता 65 हजार 62 हेक्टेयर है। परियोजनाएं/सिंचाई क्षमता/सिंचित जिले निम्नानुसार हैं–

स.क्र.	**परियोजना**	**निर्मित सिंचाई क्षमता (हेक्टेयर में)**	**सिंचाई लाभ प्राप्त करने वाले जिले**
1.	बंजर	2 हजार 567	मण्डला
2.	बिछिया टेंक	2 हजार 797	मण्डला
3.	धुंआधार टेंक	1 हजार 410	मण्डला
4.	मोहगांव टोला टेंक	2 हजार 094	जबलपुर
5.	बारनू टेंक	2 हजार 030	जबलपुर
6.	मडई टेंक	2 हजार 564	जबलपुर
7.	बोहरीबंद टेंक	5 हजार 423	कटनी
8.	चोरल नाखेरी	3 हजार 900	इन्दौर
9.	डुकरिखेडा	7 हजार 625	होशंगाबाद
10.	सम्पना	7 हजार 486	बैतुल
11.	पारस	1 हजार 507	देवास
12.	जलगांव	5 सौ 46	बालाघाट
13.	देजला देवड़ा	9 हजार	खरगोन
14.	कुन्दा	1 हजार 938	धार
15.	साटक	2 हजार 707	खरगोन
16.	सेगवाल	1 हजार 803	बड़वानी
17.	साकल्दा टेंक	2 हजार 060	मनावर
18.	चन्द्रकेशर टेंक	7 हजार 605	देवास
19.	परियत टेंक	पेयजल 20.30 (एम.सी.एम.)	जबलपुर
	योग	**65 हजार 62**	

लघु परियोजनाओं से सिंचाई–मध्यप्रदेश के मास्टर प्लान में सम्मिलित 3000 छोटी परियोजनाओं में से जनवरी 2010 तक 1032 परियोजनाएं निर्मित हुई हैं। इन परियोजनाओं से 1 लाख 94 हजार 165 हेक्टेयर सिंचाई क्षमता निर्मित की गई है। लघु परियोजनाओं से किसानों द्वारा सिंचाई पम्पों के माध्यम से भी 2 लाख 67 हजार हेक्टेयर में सिंचाई की जा रही है।

जलाशयों की परिधि पर सिंचाई सुविधा–नर्मदा घाटी परियोजना जलाशयों की परिधि से लगी कृषि भूमि को सिंचाई सुविधाएं देने के लिए गारलेण्डिंग परियोजना लागू की जा रही है। योजना के तहत् जलाशयों की परिधि पर विद्युत लाईनें डाली जाएंगी। इन विद्युत लाईनों से परिधि में बसने वाले किसान बिजली कनेक्शन लेकर पम्पों द्वारा उद्वहन सिंचाई कर सकेंगे। प्रयोग के तौर पर गारलेण्डिंग परियोजना इंदिरा सागर जलाशय की खण्डवा जिले में आने वाली परिधि क्षेत्र पर लागू की गई है। जलाशय परिधि पर 350 नग ट्रान्सफॉर्मर स्थापित कर बिजली लाईनें डाली जा रही हैं। इस सुविधा से खण्डवा जिले के जलाशय परिधि में बसे 128 गांवों के किसान उद्वहन सिंचाई द्वारा लगभग 19 हजार हेक्टेयर कृषि भूमि सिंचित कर सकेंगे। परियोजना सफल होने पर मध्यप्रदेश के अन्य नर्मदा घाटी जलाशयों में भी लागू की जाएगी।

निर्मित सिंचाई क्षमता और वास्तविक सिंचाई

यह जानना जरूरी है कि किसी बड़ी सिंचाई परियोजना का निर्माण कर लक्षित सिंचाई क्षमता की व्यवस्था बना लेने से ही परियोजना के निर्माण का उद्देश्य पूरा नहीं हो जाता। परियोजना निर्माण का वास्तविक उद्देश्य तब पूरा होता है जब निर्मित सिंचाई क्षमता का सम्पूर्ण अथवा अधिकतम उपयोग कृषि के लिए किया जाता है। व्यावहारिक तौर पर बड़ी परियोजना की सिंचाई क्षमता बना लिए जाने के बावजूद कुछ वर्षों तक उसकी सिंचाई क्षमता का बहुत कम अंश उपयोग में आता है। इस प्रकार निर्मित सिंचाई क्षमता और वास्तविक सिंचाई क्षमता में अंतर बना रहता है। इस अंतर के व्यावहारिक कारण हैं। मुख्य कारण तो यह है कि परम्परागत रूप से वर्षा पर आधारित खेती करने वाले किसान नहरों से सिंचाई करने में दक्ष नहीं होते। किसान नहर जल की उपलब्धि के अनुरूप तत्काल फसल चक्र परिवर्तन के लिए भी उत्सुक नहीं होते। खेतों में सिंचाई जल को ले जाने के लिए छोटी नालियों और जलवाहक शाखाओं का निर्माण भूमि की प्रकृति के अनुसार किया जाता है। परियोजना का नहर

तंत्र निर्माण होने के बाद भी यदि सिंचित होने वाली भूमि समतल नहीं है और उनमें उपयुक्त संरचनाओं का निर्माण नहीं हुआ है तो इस स्थिति में भी परियोजना की सिंचाई क्षमता का उपयोग नहीं हो पाता है।

नहर सिंचाई के अनुरूप उन्नत कृषि बीज, उपयुक्त रासायनिक खाद, समुचित फसल रोग की दवाइयां और उन्नत कृषि उपकरणों का उपयोग व्यवहार में लाने में समय लगता है। इसी कारण से किसान उपलब्ध जल का भरपूर उपयोग नहीं करता। इन सब व्यावहारिक कारणों से मध्यम और वृहद् परियोजनाओं की अधिकतम सिंचाई क्षमता का उपयोग होने में 5 से 7 वर्ष तक का समय लग जाता है।

वृहद् परियोजनाओं की बढ़ती लागत के कारण उनसे जल्द लाभ लेने की दिशा में अब सक्रियता आई है। अब परियोजना के निर्माण के अंतिम चरण में ही सिंचित क्षेत्र के विकास के कार्य और किसानों को प्रशिक्षित करने के कार्य आरम्भ कर दिये जाते हैं। मध्यप्रदेश और गुजरात सरकारों ने सिंचाई प्रबंधन में किसानों की भागीदारी सुनिश्चित करने के कदम उठाये हैं। इसके अंतर्गत ग्राम, खण्ड और जिला स्तर पर जल उपयोग समितियां निर्वाचित की जाती हैं। इन समितियों को नहरों के रखरखाव और जल प्रबंधन का प्रशिक्षण दिया जाता है। किसानों के प्रशिक्षण कार्यक्रम भी चलाये जाते हैं। मध्यप्रदेश में नर्मदा घाटी की वृहद् सिंचाई परियोजनाओं की नहर प्रणाली के क्षेत्रों में जल नियंत्रण और संचालन के लिए बड़ी संख्या में कोलाबा सहायकों को नियुक्त किया गया है। कोलाबा सहायक जल की उपलब्धता और किसान की आवश्यकता के अनुसार जल प्रवाह को नियंत्रित करेंगे। इस प्रकार परियोजना की निर्मित सिंचाई क्षमता और वास्तविक सिंचाई क्षमता के अंतर को पाटने की पहल हो रही है।

जल विद्युत

मध्यप्रदेश

नर्मदा घाटी की बड़ी परियोजनाओं से जल विद्युत का उत्पादन महत्त्वपूर्ण लाभ है। सम्पूर्ण नर्मदा कछार (गुजरात-मध्यप्रदेश) की जल विद्युत उत्पादन क्षमता 3846.4 मेगावाट आंकी गई है। मध्यप्रदेश ने नर्मदा कछार में जल विद्युत संभावनाओं का शत-प्रतिशत दोहन करने के लिए आई.आई.टी., रुड़की के जल विद्युत केन्द्र से अध्ययन कराया है। इस अध्ययन में 182 नई लघु तथा मध्यम जल विद्युत परियोजना स्थल चिन्हित किये गये हैं। नई चिहिन्त परियोजनाओं से 186.11 मेगावाट जल विद्युत क्षमता आंकलित की गई है।

नर्मदा जल विद्युत विकास निगम (एनएचडीसी)

मध्यप्रदेश ने अपने यहां प्रस्तावित इंदिरा सागर तथा ओंकारेश्वर परियोजनाओं को जल विद्युत परियोजना के रूप में प्राथमिकता से निर्माण करने का निर्णय लिया। इसके लिए नेशनल हायड्रो पॉवर कॉरपोरेशन (एनएचपीसी) के साथ संयुक्त उपक्रम नर्मदा हायड्रो इलेक्ट्रिक डेव्हलपमेंट कॉरपोरेशन लि. (एनएचडीसी) का गठन 01 अगस्त 2000 को किया। इस उपक्रम में एनएचपीसी की 51 प्रतिशत तथा मध्यप्रदेश शासन की 49 प्रतिशत शेयर पूंजी रखी गई। एनएचडीसी को इंदिरा सागर तथा ओंकारेश्वर जल विद्युत परियोजनाओं के निर्माण का कार्य सौंपा गया। निगम ने इंदिरा सागर परियोजना का बांध निर्धारित समय से एक वर्ष पहले वर्ष 2005 में तथा ओंकारेश्वर परियोजना बांध को वर्ष 2007 में पूरा कर विद्युत उत्पादन आरम्भ कर दिया। एनएचडीसी की कार्य दक्षता को देखते हुए मध्यप्रदेश शासन ने कंपनी को इंदिरा सागर जलाशय की परिधि में खण्डवा जिले में 1320 मेगावाट बिजली उत्पादन क्षमता के ताप विद्युत गृह के निर्माण का कार्य भी सौंपा है। इस संबंध में

भारत की राष्ट्रपति महामहिम श्रीमती प्रतिभा देवीसिंह पाटिल ने ओंकारेश्वर जल विद्युत परियोजना निर्माण के क्षेत्र में उल्लेखनीय भूमिका के लिए एनएचडीसी को नई दिल्ली में स्वर्ण शील्ड प्रदान की।

(17 फरवरी 2009)

ओंकारेश्वर जल विद्युत परियोजना का ट्रांसफॉर्मर यार्ड

कंपनी तथा मध्यप्रदेश सरकार के बीच 29 जून 2009 को समझौता पत्र पर हस्ताक्षर किये गये। प्रस्तावित ताप विद्युत परियोजना से बनने वाली पूरी बिजली मध्यप्रदेश को मिलेगी।

एनएचडीसी ने मध्यप्रदेश के बैतुल जिले में कुकरू नामक स्थान पर 100 मेगावाट बिजली उत्पादन की संभावना का विण्ड पॉवर हाऊस निर्माण स्थल भी चिन्हित किया है। कंपनी की अधिकृत शेयर पूंजी 3 हजार करोड़ रु. है। एनएचडीसी आईएसओ 9001-2000 प्रमाणित कंपनी है।

मध्यप्रदेश की जल विद्युत परियोजनाएं

मध्यप्रदेश में निर्मित जल विद्युत परियोजनाएं और प्रस्तावित परियोजनाएं निम्नानुसार हैं–

1. **रानी अवंती बाई सागर जल विद्युत परियोजना –** नर्मदा नदी पर जबलपुर जिले में निर्मित रानी अवंती बाई सागर जल विद्युत परियोजना वर्ष 1988-89 से जल विद्युत का उत्पादन कर रही है। मुख्य पॉवर हाऊस में प्रत्येक 45 मेगावाट क्षमता की 2 इकाईयों से कुल 90 मेगावाट विद्युत उत्पादन क्षमता स्थापित है। परियोजना की बायीं तट नहर शीर्ष पॉवर हाऊस में प्रत्येक 5 मेगावाट की 2 इकाईयों से 10 मेगावाट विद्युत क्षमता स्थापित की गई है। नहर पॉवर हाऊस से अगस्त 2006 से उत्पादन आरम्भ है। इस प्रकार परियोजना से कुल 100 मेगावाट विद्युत क्षमता निर्मित है।
2. **इंदिरा सागर जल विद्युत परियोजना –** मध्यप्रदेश सरकार ने वर्ष 2000 में इंदिरा सागर जल विद्युत परियोजना के ऊर्जा उत्पादन अंश अर्थात् बांध और पॉवर हाऊस से संबंधित निर्माण भारत सरकार के राष्ट्रीय जल विद्युत विकास निगम (एन.एच.पी.सी.) के सहयोग से कराने का निर्णय लिया। इसके लिए मध्यप्रदेश शासन और राष्ट्रीय जल विद्युत विकास निगम ने एक संयुक्त उपक्रम नर्मदा हायड्रोइलेक्ट्रिक डेव्हलपमेंट कॉरर्पोरेशन लिमिटेड (एन.एच.डी.सी.) का गठन किया। इस उपक्रम को 25 नवम्बर 2000 को इंदिरा सागर परियोजना बांध और पॉवर हाऊस के निर्माण का कार्य सौंपा गया। एनएचडीसी ने परियोजना पर तेजी से कार्य किया। मध्यप्रदेश

की तत्कालीन मुख्यमंत्री सुश्री उमा भारती ने परियोजना की प्रथम स्थापित 2 इकाईयों से बिजली उत्पादन का शुभारम्भ 18 जनवरी 2004 को किया। परियोजना की सभी 8 इकाईयां जनवरी 2005 में स्थापित कर ली गईं। इंदिरा सागर पॉवर हाऊस में प्रत्येक 125 मेगावाट की 8 इकाईयां स्थापित की गई हैं। इस प्रकार परियोजना से 1000 मेगावाट विद्युत उत्पादन क्षमता निर्मित कर ली गई है। इंदिरा सागर परियोजना की नहर पर भी पॉवर हाऊस का निर्माण पूरा हो चुका है। नहर पॉवर हाऊस में प्रत्येक 5 मेगावाट की 3 इकाईयों से 15 मेगावाट विद्युत उत्पादन क्षमता स्थापित है।

3. **ओंकारेश्वर जल विद्युत परियोजना** – ओंकारेश्वर जल विद्युत परियोजना के ऊर्जा उत्पादन संबंधी अंश अर्थात् बांध और पॉवर हाऊस आदि के निर्माण का कार्य भी एनएचडीसी द्वारा किया गया। एनएचडीसी द्वारा बांध और पॉवर हाऊस का निर्माण नवम्बर 2007 में पूरा कर लिया गया। ओंकारेश्वर परियोजना पॉवर हाऊस में प्रत्येक 65 मेगावाट क्षमता की 8 इकाईयां स्थापित हैं। इस प्रकार परियोजना से 520 मेगावाट विद्युत उत्पादन क्षमता स्थापित की गई है। ओंकारेश्वर जल विद्युत परियोजना की नहर पर 5 मेगावाट विद्युत क्षमता के पॉवर हाऊस का निर्माण प्रस्तावित है।

4. **महेश्वर जल विद्युत परियोजना** – महेश्वर जल विद्युत परियोजना मध्यप्रदेश में नर्मदा पर निर्मित होने वाली वृहद् परियोजनाओं में से अंतिम परियोजना है। नर्मदा जल विवाद न्यायाधिकरण के निर्देशानुसार, मध्यप्रदेश को गुजरात राज्य के उपयोग के लिए 8.12 एम.ए.एफ. नियंत्रित जल निकासी महेश्वर परियोजना से की जाना है। मध्यप्रदेश सरकार द्वारा दिसम्बर 1988 में महेश्वर परियोजना का निर्माण ऊर्जा विभाग को हस्तांतरित किया गया। ऊर्जा विभाग द्वारा परियोजना का कार्य मेसर्स एस. कुमार्स के स्वामित्व की श्री महेश्वर हायडल पॉवर कॉरपोरेशन लिमिटेड कंपनी को वर्ष 1992 में सौंपा गया। निर्माण एजेन्सी द्वारा बांध और पॉवर हाऊस का निर्माण किया जा रहा है। परियोजना से 400 मेगावाट जल विद्युत उत्पादन क्षमता निर्मित होगी। यह परियोजना प्रवाहमान जल विद्युत परियोजना होने से यहां बड़े जलाशय का निर्माण नहीं होगा।

5. **तवा जल विद्युत परियोजना –** होशंगाबाद जिले में नर्मदा की सहायक तवा नदी पर निर्मित तवा परियोजना की नहर पर निर्मित पॉवर हाऊस से 13.5 मेगावाट विद्युत उत्पादन क्षमता निर्मित है।

भावी परियोजनाएं

1. **राघवपुर जल विद्युत परियोजना –** डिण्डोरी जिले में नर्मदा पर प्रस्तावित इस परियोजना से 18 मेगावाट क्षमता स्थापित होगी। परियोजना के लिए भारत शासन की विभिन्न एजेन्सियों से अनुमोदन प्राप्त करने की कार्यवाही की जा रही है। परियोजना से वर्ष 2014-15 से लाभ आरम्भ होने की संभावना है।
2. **रोसरा जल विद्युत परियोजना –** मण्डला जिले में नर्मदा नदी पर प्रस्तावित इस परियोजना से 20 मेगावाट जल विद्युत क्षमता स्थापित होगी। इस परियोजना के लिए भी भारत सरकार की संबंधित एजेन्सियों से अनुमोदन प्राप्त करने की कार्यवाही की जा रही है। परियोजना से वर्ष 2014-15 से लाभ आरम्भ होने की संभावना है।
3. **बसानिया जल विद्युत परियोजना –** मण्डला जिले में नर्मदा नदी पर प्रस्तावित इस परियोजना से 16 मेगावाट जल विद्युत क्षमता स्थापित होगी। यह परियोजना भी भारत सरकार की विभिन्न एजेन्सियों से स्वीकृति ली जाने की प्रक्रिया में है। परियोजना से वर्ष 2016-17 से लाभ आरम्भ होने की संभावना है।
4. **चिन्की जल विद्युत परियोजना –** नरसिंहपुर जिले में नर्मदा पर प्रस्तावित इस परियोजना से 25 मेगावाट क्षमता स्थापित होगी। परियोजना का विस्तृत परियोजना प्रतिवेदन तैयार किया जा रहा है। परियोजना को 2021-22 तक पूरा करने का लक्ष्य है।
5. **सीतारेवा जल विद्युत परियोजना –** छिंदवाड़ा जिले में सीतारेवा नदी पर प्रस्तावित इस परियोजना से 15 मेगावाट क्षमता स्थापित होगी। इस परियोजना का निर्माण निजी क्षेत्र की कंपनी को दिया गया है। अनुबंध के अनुसार, मध्यप्रदेश को इस परियोजना से बनने वाली बिजली का 15.6 प्रतिशत बिजली मुफ्त में प्राप्त होगी। सीतारेवा परियोजना वर्ष 2013-14 तक पूरा होने की संभावना है।

6. **गोपालपुर जल विद्युत परियोजना** – जबलपुर में नर्मदा नदी पर भेड़ाघाट से 2 किमी. ऊपर की ओर प्रस्तावित यह परियोजना 25 मेगावाट क्षमता निर्मित करेगी। इस परियोजना पर इस आधार पर आपत्तियां उठीं कि इसके कारण भेड़ाघाट जलप्रपात की सुन्दरता प्रभावित हो जाएगी। लंबे विचार-विमर्श के बाद यह सुझाव आया कि परियोजना से 20 घन मीटर प्रति सेकेण्ड जल निकासी की जाये ताकि भेडाघाट जलप्रपात की सुन्दरता प्रभावित न हो। परियोजना का विस्तृत परियोजना प्रतिवेदन बनाया जा रहा है।
7. **अन्य छोटी जल विद्युत परियोजनाएं** – मध्यप्रदेश नर्मदा घाटी विकास प्राधिकरण ने जल विद्युत उत्पादन के अन्य 06 स्थल चिन्हित किये हैं। इनसे सम्मिलित रूप से 34 मेगावाट क्षमता निर्मित हो सकेगी। इन परियोजनाओं के विस्तृत प्रतिवेदन बनवाये जा रहे हैं।
8. **ताप विद्युत परियोजनाएं** – इंदिरा सागर और ओंकारेश्वर जलाशयों में उपलब्ध भरपूर पानी, रेल मार्ग परिवहन और अन्य आवश्यक संसाधनों की उपलब्धि के कारण इस क्षेत्र में ताप विद्युत परियोजनाओं के निर्माण के प्रति भी रुझान बढ़ रहा है। मध्यप्रदेश शासन ने खण्डवा जिले में 1320 मेगावाट क्षमता के ताप विद्युत गृह (रेवा थर्मल पॉवर) निर्माण का कार्य एनएचडीसी को सौंपा है। परियोजना का विस्तृत परियोजना प्रतिवेदन तैयार किया जा रहा है।

   खण्डवा जिले में ही राज्य विद्युत मण्डल 1000 मेगावाट ताप विद्युत गृह (धुनी वाले दादा ताप विद्युत गृह) का निर्माण कर रहा है। कार्य निर्माण की अग्रिम स्थिति में है।

   राज्य विद्युत मण्डल और बी.एच.ई.एल. द्वारा संयुक्त रूप से खरगोन जिले में 1320 मेगावाट क्षमता का ताप विद्युत गृह निर्मित किये जाने का समझौता हुआ है। राज्य विद्युत मण्डल ने एनएचडीसी को जबलपुर जिले में शाहपुरा के निकट 1320 मेगावाट क्षमता के ताप विद्युत गृह निर्माण का प्रस्ताव दिया है। प्रस्ताव अभी परीक्षण की स्थिति में है।

   इनके अतिरिक्त भारत सरकार के राष्ट्रीय ताप ऊर्जा निगम (एन.टी.पी.सी.) द्वारा खरगोन जिले में सनावद के निकट 1320 मेगावाट क्षमता के ताप विद्युत गृह निर्माण का निर्णय लिया गया है।

गुजरात

सरदार सरोवर जल विद्युत परियोजना - सरदार सरोवर जल विद्युत परियोजना गुजरात, मध्यप्रदेश, महाराष्ट्र और राजस्थान द्वारा संयुक्त उपक्रम के रूप में निर्मित की गई है। नर्मदा जल विवाद न्यायाधिकरण के निर्णय के अनुसार, इस परियोजना पर होने वाले व्यय का 57 प्रतिशत मध्यप्रदेश राज्य द्वारा, 16 प्रतिशत गुजरात राज्य द्वारा तथा 27 प्रतिशत महाराष्ट्र राज्य द्वारा वहन किया गया है। परियोजना में सरदार सरोवर मुख्य बांध के निकट एक भूमिगत नदी तल बिजली घर बनाया गया है। इस बिजली घर में प्रत्येक 200 मेगावाट की प्रतिवर्ती प्रकार की 6 फ्रांसिस टरबाईन से 1200 मेगावाट विद्युत क्षमता स्थापित की गई है।

बिजली बनाने में उपयोग हुए पानी को दोबारा उपयोग करने की व्यवस्था है। इस व्यवस्था के अंतर्गत पॉवर हाऊस के नीचे गरुड़ेश्वर नामक स्थान पर एक बराज बनाकर पॉवर हाऊस से निकले पानी का संग्रह किया जाता है। बिजली घर में लगी टरबाईनों को विद्युत ऊर्जा से विपरीत दिशा (रिवर्स मोड) में चलाने की व्यवस्था है। टरबाईनों को विपरीत दिशा में चलाने पर बैराज में संग्रहित जल पुन: बांध में आ जाता है। इस प्रकार पानी का बिजली बनाने में दोबारा उपयोग किया जाता है। बिजली की अत्यंत आवश्यकता वाले समय में इस व्यवस्था से जल के बार-बार उपयोग से अतिरिक्त बिजली उत्पादन की व्यवस्था है। परियोजना की मुख्य नहर पर भी पॉवर हाउस का निर्माण किया गया है। इस पॉवर हाऊस में प्रत्येक 50 मेगावाट की 5 कपलॉन प्रकार की टरबाईनों से 250 मेगावाट विद्युत उत्पादन क्षमता निर्मित की गई है। इस प्रकार सरदार सरोवर परियोजना की कुल जल विद्युत उत्पादन क्षमता 1450 मेगावाट है। विद्युत पारेषण के लिए एक स्विचयार्ड कॉम्पलेक्स तथा पारेषण तंत्र निर्मित किया गया है। परियोजना से उत्पादित बिजली का बंटवारा तीनों राज्यों द्वारा परियोजना के लिए किये गये व्यय के अनुपात में होगा। अर्थात् परियोजना के विद्युत उत्पादन में से 57 प्रतिशत बिजली मध्यप्रदेश को, 16 प्रतिशत बिजली गुजरात को तथा 27 प्रतिशत बिजली महाराष्ट्र को मिलेगी।

विद्युत संचारण प्रणाली

सरदार सरोवर विद्युत कॉम्प्लेक्स से बिजली का प्रेषण (इवेक्यूएशन) करने के लिए प्रत्येक हितग्राही राज्य मध्यप्रदेश, महाराष्ट्र और गुजरात के लिए 400 किलोवाट की

2-2 लाईनें डाली गई हैं। कॉम्प्लेक्स का परिचालन एवं रख-रखाव गुजरात राज्य विद्युत कंपनी लिमिटेड द्वारा किया जा रहा है। इसके लिए सरदार सरोवर नर्मदा निगम लिमिटेड और गुजरात राज्य विद्युत निगम लिमिटेड के बीच समझौता किया गया है।

विद्युत का बंटवारा

नर्मदा जल विवाद न्यायाधिकरण ने सरदार सरोवर परियोजना से विद्युत उत्पादन, संचार प्रणालियों के निर्माण के दिशा-निर्देश देने और मध्यप्रदेश, महाराष्ट्र और गुजरात को अवार्ड के अनुसार आवंटित बिजली की मात्रा उपलब्ध कराने का दायित्व नर्मदा नियंत्रण प्राधिकरण को सौंपा है। इसके लिए नर्मदा नियंत्रण प्राधिकरण ने 15 जून 1983 को सदस्य (ऊर्जा) की अध्यक्षता में एक विद्युत उपसमिति गठित की। इस समिति में हितग्राही राज्यों, केन्द्रीय विद्युत प्राधिकरण, पश्चिम क्षेत्र विद्युत समिति, संबंधित राज्य विद्युत बोर्ड, ऊर्जा विभाग के प्रतिनिधियों को सम्मिलित किया गया है। विद्युत उपसमिति संबंधित कार्यों की देख-रेख तथा आवश्यक निर्देश जारी करती है।

पूर्ण जल विद्युत परियोजनाएं

योजना का नाम	जिला	स्थापित क्षमता मे.वा.	पूर्ण होने का वर्ष	निर्माण/नियंत्रक संस्था
गुजरात				
सरदार सरोवर परियोजना	नर्मदा	1450	नवम्बर 2006	एसएसएनएनएल
मध्यप्रदेश				
इंदिरा सागर परियोजना	खण्डवा	1000	मार्च 2005	एनएचडीसी
ओंकारेश्वर परियोजना	खण्डवा	520	दिसम्बर 2007	एनएचडीसी
बरगी नदी तल विद्युत गृह	जबलपुर	90	सितम्बर 1988	न.घा.वि.प्रा.
बरगी नहर शीर्ष विद्युत गृह	जबलपुर	10	अगस्त 2006	न.घा.वि.प्रा.
इंदिरा सागर नहर शीर्ष विद्युत गृह	खण्डवा	15	जून 2010	न.घा.वि.प्रा.
तवा (केप्टीव)	होशंगाबाद	13.5	-	एच.ई.जी.
योग		**3098.5**		

सरदार सरोवर विद्युत गृह

गुजरात के मुख्यमंत्री नरेंद्र मोदी, मध्यप्रदेश के मुख्यमंत्री शिवराज सिंह चौहान की उपस्थिति में केवड़िया कॉलोनी गुजरात में सरदार सरोवर जल विद्युत परियोजना को राष्ट्र को समर्पित करते हुए। (19 जनवरी 2007)

ऊर्जा प्रबंधन केन्द्र

सरदार सरोवर परियोजना में विद्युत उत्पादन और वितरण से जुड़े विभिन्न पहलुओं को क्रियान्वित कराने के लिए नर्मदा नियंत्रण प्राधिकरण ने मध्यप्रदेश के इन्दौर में एक ऊर्जा प्रबंधन केन्द्र स्थापित किया है। ऊर्जा प्रबंधन केन्द्र का परिचालन पश्चिम क्षेत्र विद्युत समिति तथा पश्चिम क्षेत्र भार प्रेषण केन्द्र, मुम्बई और हितग्राही राज्यों के भार प्रेषण केन्द्रों और अन्य संबंधित संस्थाओं के साथ समन्वय से किया जा रहा है। ऊर्जा प्रबंधन केन्द्र का एक उपसंभाग गुजरात राज्य के केवड़िया में स्थापित किया गया है। इन्दौर और केवड़िया में स्थापित प्रबंधन इकाईयां परियोजना के विद्युत उत्पादन से संबंधित दिन-प्रतिदिन के परिचालन से संबंधित कार्यों में समन्वय के साथ ही नर्मदा जल विवाद न्यायाधिकरण निर्णय के अनुसार तीनों राज्यों में निर्धारित अनुपात में बिजली के हिस्से को बांटने के काम की देख-रेख भी करती हैं।

जल विद्युत उत्पादन

नर्मदा कछार की 3 बड़ी जल विद्युत परियोजनाओं की स्थापना से लेकर वर्ष 2009-2010 तक 30324.766 मिलियन यूनिट बिजली का उत्पादन हुआ है। परियोजनावार वार्षिक बिजली उत्पादन का विवरण इस प्रकार है–

परियोजनाओं से जलविद्युत उत्पादन (मिलियन यूनिट में)

वर्ष	सरदार सरोवर परियोजना	इंदिरा सागर परियोजना	ओंकारेश्वर परियोजना
2003-04	-	196.51	-
2004-05	255.288	1331.85	-
2005-06	1897.949	2573.36	-
2006-07	3539.511	2605.58	-
2007-08	4358.030	2729.83	702.04
2008-09	2251.232	1568.67	799.78
2009-10	2447.78	2118.47	952.886
कुल	**14749.79**	**1312.27**	**2454.706**

सरदार सरोवर परियोजना से वर्ष 2009-10 तक मध्यप्रदेश को 57 प्रतिशत अंश के रूप में 8407.3807 मिलियन यूनिट, महाराष्ट्र को 27 प्रतिशत अंश के

रूप में 3952.4433 तथा गुजरात को 16 प्रतिशत अंश के रूप में 2359.9664 मिलियन यूनिट बिजली प्राप्त हुई है।

जल विद्युत परियोजनाओं का क्षमता वर्गीकरण

विद्युत परियोजनाओं को ऊर्जा उत्पादन क्षमता के अनुसार सूक्ष्म (माइक्रो), लघु (मिनी), छोटी (स्मॉल) तथा वृहद् (मेजर) परियोजनाओं में वर्गीकरण किया जाता है। ऊर्जा उत्पादन क्षमता के अनुसार वर्गीकरण निम्नानुसार है -

सूक्ष्म जल विद्युत (माइक्रो हायड्रो)	-	0.1 मेगावाट (100 किलोवाट) तक
लघुत्तम जल विद्युत (मिनी हायड्रो)	-	0.1 से 2 मेगावाट (101 से 2000 किलोवाट) तक
लघु जल विद्युत (स्मॉल हायड्रो)	-	2 से 25 मेगावाट (2001 से 25000 किलोवाट) तक
वृहद् जल विद्युत (मेजर हायड्रो)	-	25 मेगावाट से अधिक (25000 किलोवाट) से अधिक

मेगावाट

मेगावाट ऊर्जा उत्पादन क्षमता की इकाई है। किसी जल विद्युत परियोजना की 1 मेगावाट क्षमता की इकाई को 1 घण्टा अवधि तक पूर्ण क्षमता (फुल लोड) पर परिचालन किया जाये तो 1000 यूनिट विद्युत का उत्पादन होता है।

नर्मदा परियोजनाओं की वित्त व्यवस्था

नर्मदा घाटी विकास परियोजनाओं के लिए वित्त की व्यवस्था करना मूल रूप से उन राज्यों का दायित्व है जिन राज्यों में परियोजनाओं का निर्माण हो रहा है। राज्यों के अपने वित्तीय स्त्रोत के अलावा परियोजनाओं के लिए भारत शासन की संबंधित सहायता योजनाओं, ऋण सुलभ कराने वाली एजेन्सियों से भी वित्त उपलब्ध होता है। इस प्रकार नर्मदा घाटी परियोजनाओं के निर्माण में मुख्य वित्तीय स्त्रोत निम्नानुसार हैं–

1. राज्य के अपने वित्तीय स्त्रोत।
2. भारत शासन का त्वरित सिंचाई लाभ कार्यक्रम (ए.आई.बी.पी.)।
3. राष्ट्रीय कृषि तथा ग्रामीण विकास बैंक।

राज्य के अपने वित्तीय स्त्रोत - गुजरात, मध्यप्रदेश तथा राजस्थान ने अपने राज्यों के परियोजना निर्माण कार्यों के लिए आवश्यकतानुसार राज्य से बजट उपलब्ध कराने के साथ ही अन्य विकल्पों पर भी कार्य किया। गुजरात ने सरदार सरोवर परियोजना निर्माण के लिए एक पृथक कंपनी सरदार सरोवर नर्मदा निगम लिमिटेड का गठन किया। इस कंपनी ने राज्य में अंशपूंजी के जरिये धन जुटाया। मध्यप्रदेश ने इंदिरा सागर तथा ओंकारेश्वर परियोजनाओं के लिए भारत शासन के राष्ट्रीय जल विद्युत विकास निगम के साथ एक संयुक्त उपक्रम नर्मदा जल विद्युत विकास निगम का गठन किया। इस उपक्रम में मध्यप्रदेश शासन की 49 प्रतिशत तथा राष्ट्रीय जल विद्युत विकास निगम की 51 प्रतिशत भागीदारी हैं।

त्वरित सिंचाई लाभ कार्यक्रम (ए.आई.बी.पी.) भारत सरकार : भारत सरकार के इस कार्यक्रम के अंतर्गत विभिन्न राज्यों में प्रस्तावित अथवा निर्माणाधीन उन सिंचाई परियोजनाओं को धन उपलब्ध कराया जाता है जो सामान्यतः चार वर्ष की अवधि में सिंचाई लाभ देने योग्य हो जाती हैं। इस कार्यक्रम के अंतर्गत राज्यों को दी गई धनराशि पूर्णतः अनुदान राशि होती है। सामान्य क्षेत्र की सिंचाई

परियोजनाओं के लिए ए.आई.बी.पी. सहायता राशि कुल लागत का 25 प्रतिशत दी जाती है। अनुसूचित जाति और सूखा उन्मुख घोषित क्षेत्रों में बनने वाली सिंचाई परियोजनाओं के लिए भारत सरकार इस कार्यक्रम के अंतर्गत परियोजना लागत का 90 प्रतिशत अंश सहायता के रूप में उपलब्ध कराती है। गुजरात में सरदार सरोवर परियोजना नहर, राजस्थान में नर्मदा नहर और मध्यप्रदेश की लगभग सभी नर्मदा घाटी परियोजनाओं में ए.आई.बी.पी. से धनराशि ली गई है।

राष्ट्रीय कृषि तथा ग्रामीण विकास बैंक (नाबार्ड) - राष्ट्रीय कृषि और ग्रामीण विकास बैंक (नाबार्ड) द्वारा राज्यों को सिंचाई परियोजना के निर्माण के लिए ऋण के रूप में धन राशि उपलब्ध कराई जाती है। प्रायः राज्यों द्वारा ए.आई.बी.पी. से अनुदान सहायता लेकर लागत के शेष भाग की राशि नाबार्ड से ऋण लेकर व्यय की जाती है। वर्ष 2009-10 की अवधि में नाबार्ड ऋण पर ब्याज की दर 6.5 प्रतिशत है। ब्याज की यह दर रिजर्व बैंक ऑफ इण्डिया के निर्देशों के अनुसार परिवर्तनीय है। नाबार्ड द्वारा परियोजना लागत के रूप में राज्यों द्वारा चाही गई ऋण राशि अग्रिम रूप से भुगतान नहीं की जाती, अपितु राज्यों को परियोजना निर्माण पर राशि अग्रिम रूप से व्यय करना होती है। व्यय की गई धन राशि को नाबार्ड ऋण के रूप में राज्यों को उपलब्ध कराता है। परियोजना की स्थिति और सिंचाई लाभ के आधार पर नाबार्ड द्वारा दिये जाने वाले ऋण की अधिकतम सीमा 90 से 95 प्रतिशत तक हो सकती है। राज्यों द्वारा नाबार्ड से लिए गए ऋणों को किश्तों की निर्धारित संख्या में लौटाना होता है।

अंतर्राज्यीय वित्तीय दायित्व

नर्मदा जल विवाद न्यायाधिकरण ने अपने निर्णय में नर्मदा घाटी विकास परियोजनाओं के निर्माण लागत में नर्मदा जल में भागीदार राज्यों के बीच वित्तीय दायित्व निर्धारित किए हैं। अंतर्राज्यीय वित्तीय दायित्व इस प्रकार हैं:-

1. मध्यप्रदेश के इंदिरा सागर बांध निर्माण में होने वाले व्यय का (लागत का) 17.63 प्रतिशत व्यय गुजरात राज्य वहन करेगा।
2. गुजरात में निर्मित सरदार सरोवर परियोजना की ऊर्जा उत्पादन भाग अर्थात् बांध और पॉवर हाऊस निर्माण की लागत को मध्यप्रदेश, महाराष्ट्र और गुजरात राज्यों के द्वारा क्रमशः 57 प्रतिशत, 27 प्रतिशत और 16 प्रतिशत के अनुपात

में वहन किया जाएगा। उल्लेखनीय है कि तीनों राज्यों को इसी अनुपात में परियोजना से बनने वाली बिजली की भागीदारी निर्धारित की गई है।

3. सरदार सरोवर परियोजना बांध तथा संबंधित निर्माण में सिंचाई घटक के निर्माण की लागत को गुजरात और राजस्थान राज्यों के बीच 18 :1 के अनुपात में बांटा जाएगा।
4. सरदार सरोवर बांध से निर्मित 485.318 किमी. लंबी मुख्य नहर के निर्माण की लागत में गुजरात और राजस्थान राज्यों द्वारा भागीदारी की जाएगी। लागत की यह भागीदारी गुजरात के 9 एम.ए.एफ. तथा राजस्थान के 0.5 एम.ए.एफ. जल के घन फीट प्रति सेकण्ड प्रवाह के आधार पर बांटी जाएगी। मोटे तौर पर, सरदार सरोवर बांध से राजस्थान के 0.5 एम.ए.एफ. पानी के गुजरात में निर्मित नर्मदा नहर में प्रवाह के लिए राजस्थान की भागीदारी निर्धारित की गई है। इसके अतिरिक्त नर्मदा नहर की नर्मदा नियंत्रण प्राधिकरण द्वारा अनुमोदित डिजाईन में ढाल (ग्रेडिएण्ट) में परिवर्तन किए जाने पर होने वाला समस्त व्यय राजस्थान को वहन करना होगा।
5. ऊर्जा उत्पादन घटक निर्माण में मध्यप्रदेश, महाराष्ट्र और गुजरात के वित्तीय दायित्वों और सिंचाई घटक निर्माण में गुजरात और राजस्थान के वित्तीय दायित्वों की गणना के लिए सरदार सरोवर परियोजना के बांध और उससे संबंधित कार्यों (यूनिट-1) पर हुए व्यय में 43.9 प्रतिशत व्यय सिंचाई घटक निर्माण पर हुआ व्यय तथा 56.1 प्रतिशत व्यय विद्युत घटक के निर्माण पर हुआ व्यय माना जाएगा।
6. गुजरात सरदार सरोवर परियोजना बांध जलाशय की डूब से प्रभावित राज्य की आबादी के विस्थापन और पुनर्वास कार्यों पर हुए व्यय का वहन करने के साथ ही जलाशय से प्रभावित मध्यप्रदेश और महाराष्ट्र राज्यों की आबादी के विस्थापन और पुनर्वास कार्यों का सम्पूर्ण व्यय भी वहन करेगा। तथापि इस दायित्व पर गुजरात ने अपनी व्याख्यानुसार तर्क प्रस्तुत किये हैं जो विचाराधीन हैं।

सरदार सरोवर परियोजना लागत तथा राज्यों की भागीदारी

सरदार सरोवर बांध तथा संबंधित अन्य निर्माण की 2007-08 के दरों पर वास्तविक लागत 3504.81 करोड़ रुपये है। न्यायाधिकरण के निर्देशानुसार गुजरात ने इंदिरा सागर परियोजना निर्माण लागत में 17.63 प्रतिशत भागीदारी के रूप में 545.68

करोड़ रु. मध्यप्रदेश को दिये हैं। गुजरात द्वारा इस भागीदारी को सरदार सरोवर बांध निर्माण और अन्य संबंधित कार्यों की लागत में जोड़ा गया है। इस प्रकार सरदार सरोवर परियोजना बांध तथा संबंधित कार्यों (यूनिट-1) की लागत 4050.49 करोड़ रु. है।

परियोजना के ऊर्जा उत्पादन घटक अर्थात् पॉवर हाऊस निर्माण के सिविल और विद्युत उपकरण स्थापना की कुल लागत 2952.07 करोड़ रुपये है।

परियोजना के ऊर्जा उत्पादन घटक में मध्यप्रदेश, महाराष्ट्र और गुजरात की भागीदारी की गणना के लिए बांध निर्माण कार्यों की कुल लागत 4050.49 करोड़ रुपये का 56.1 प्रतिशत व्यय ऊर्जा उत्पादन में हुआ व्यय माना गया है। यह व्यय 2272.32 करोड़ रुपये है। इस राशि को परियोजना के पॉवर हाऊस निर्माण तथा विद्युत यंत्रों की स्थापना में हुए 2952.07 करोड़ रुपये में जोड़ कर परियोजना की ऊर्जा उत्पादन की कुल लागत 5224.39 करोड़ रुपये है। इस लागत में न्यायाधिकरण के निर्णय अनुसार मध्यप्रदेश, महाराष्ट्र और गुजरात की भागीदारी निम्नानुसार है–

मध्यप्रदेश (57 प्रतिशत)	-	2977.90 करोड़
महाराष्ट्र (27 प्रतिशत)	-	1410.59 करोड़
गुजरात (16 प्रतिशत)	-	835.90 करोड़
कुल योग	**-**	**5224.39 करोड़**

न्यायाधिकरण के निर्णय के अनुसार, गुजरात ने सरदार सरोवर परियोजना से प्रभावित अपने राज्य की आबादी के साथ ही मध्यप्रदेश और महाराष्ट्र की प्रभावित आबादी के विस्थापन और पुनर्वास संबंधी कार्यों पर हुआ व्यय भी वहन किया है। इस मद में पुनर्वास कार्यों पर हुआ कुल व्यय 4887.59 करोड़ रुपये है।

न्यायाधिकरण के निर्णयानुसार, गुजरात और राजस्थान को परियोजना के सिंचाई घटक के निर्माण की कुल लागत का क्रमशः 18 और 1 के अनुपात में व्यय वहन करना है। इस लागत अनुपात की गणना के लिए बांध निर्माण की कुल लागत 4050.49 करोड़ रुपये में 43.9 प्रतिशत व्यय सिंचाई घटक पर हुआ व्यय माना गया है। यह राशि 1778.16 करोड़ रुपये है। राजस्थान ने निर्धारित अनुपात के अनुसार, इस लागत में 93.58 करोड़ रुपये की भागीदारी की।

गुजरात में नर्मदा नहर की लागत

गुजरात में 458.318 किमी. लंबी नर्मदा नहर के निर्माण पर 31 मार्च 2009 तक 5181.89 करोड़ रुपये का व्यय किया गया है। मुख्य नहर के अलावा शाखा-उपशाखा

नहरों तथा वितरण प्रणाली के नहरों के निर्माण पर इसी अवधि तक 7140.76 करोड़ रुपये का व्यय हुआ है। इस प्रकार सरदार सरोवर परियोजना की सम्पूर्ण नहर प्रणाली के निर्माण पर मार्च 2009 तक 12322.35 करोड़ रुपये की लागत आई है। नर्मदा नहर निर्माण के लिए ए.आई.बी.पी. से धन राशि प्राप्त की जा रही है। इस मद में मार्च 2009 तक राज्य को 5391.61 करोड़ रुपये की सहायता मिल चुकी है।

राजस्थान में नर्मदा नहर की लागत

राजस्थान में नर्मदा नहर की कुल लागत 2481.49 करोड़ रुपये है। इस लागत में राजस्थान द्वारा सरदार सरोवर बांध सिंचाई घटक में भागीदारी तथा गुजरात सीमा में मुख्य नर्मदा नहर की लागत में भागीदारी के रूप में गुजरात को भुगतान की गई 646.95 करोड़ रुपये की राशि भी सम्मिलित है। नहर का निर्माण ए.आई.बी.पी. मद में कराया जा रहा है।

मध्यप्रदेश में निर्मित अन्य परियोजनाओं की लागत

आरम्भ में नर्मदा घाटी की वृहद् परियोजनाओं का निर्माण राज्य के जल संसाधन विभाग के अंतर्गत हुआ। बाद में नर्मदा घाटी विकास विभाग और नर्मदा घाटी विकास प्राधिकरण का गठन होने पर नर्मदा घाटी के अंतर्गत बड़ी परियोजनाओं का निर्माण प्राधिकरण के कार्यक्षेत्र में आ गया है। जिन परियोजनाओं का निर्माण नर्मदा घाटी विकास विभाग प्राधिकरण के गठन के पूर्व हुआ, वे हैं–रानी अवंती बाई सागर, तवा, बारना, कोलार, सुक्ता तथा मटियारी परियोजनाएं। नर्मदा घाटी विकास प्राधिकरण के अंतर्गत अब तक मान, शहीद चन्द्रशेखर आजाद (जोबट) परियोजनाओं सहित इंदिरा सागर तथा ओंकारेश्वर बांध और पॉवर हाऊस, रानी अवंती बाई सागर नहर पॉवर हाऊस, इंदिरा सागर नहर पॉवर हाऊस का निर्माण हुआ है। इंदिरा सागर और ओंकारेश्वर परियोजना बांध और पॉवर हाऊस का निर्माण एनएचडीसी के माध्यम से हुआ है। इन परियोजनाओं की नहरों का कार्य नर्मदा घाटी विकास प्राधिकरण द्वारा कराया जा रहा है। इसके साथ ही अपर बेदा, लोअरगोई, पुनासा उद्वहन, बरगी डायवर्जन नहर और रानी अवंती बाई सागर बायीं तट नहर का निर्माण भी प्राधिकरण के अंतर्गत जारी है।

बरगी बायीं तट नहर निर्माण के लिए मध्यप्रदेश ने नाबार्ड से ऋण प्राप्त किया है। बरगी डायवर्जन परियोजना में नाबार्ड से 75 प्रतिशत ऋण और भारत सरकार के त्वरित सिंचाई लाभ कार्यक्रम (एआईबीपी) से 25 प्रतिशत अनुदान लिया गया है।

इंदिरा सागर और ओंकारेश्वर परियोजना नहरों में ए.आई.बी.पी. से 90 प्रतिशत अनुदान सहायता मिली है। इसी प्रकार अपर बेदा, लोअर गोई, पुनासा उद्वहन परियोजनाओं में भी एआईबीपी से 90 प्रतिशत अनुदान सहायता प्राप्त होगी। बरगी डायवर्जन परियोजना राष्ट्रीय परियोजना घोषित हो जाने पर इसकी लागत का भी 90 प्रतिशत वित्त भारत सरकार से प्राप्त हो सकेगा। मध्यप्रदेश में निर्मित और निर्माणाधीन परियोजनाओं की लागत का विवरण निम्नानुसार है। निर्माणाधीन और प्रस्तावित परियोजनाओं की दर्शाई गई लागत में परियोजना पूर्ण होने तक बढ़ोत्तरी सम्भावित है।

स.क्र.	परियोजना का नाम	निर्माण लागत (रु. करोड़ में)
निर्मित परियोजनाएं		
1	तवा	113.00
2	बारना	18.90
3	कोलार	120.00
4	सुक्ता	12.60
5	मटियारी	30.00
6	मान	246.00
7	शहीद चन्द्रशेखर आजाद (जोबट)	230.00
8	रानी अवंती बाई सागर बांध और पॉवर हाऊस	429.82
9	रानी अवंती बाई सागर नहर पॉवर हाऊस	52.00
10	इंदिरा सागर बांध और पॉवर हाऊस	4355.57
11	इंदिरा सागर नहर पॉवर हाऊस	61.61
12	ओंकारेश्वर बांध और पॉवर हाऊस	2224.73

स.क्र.	परियोजना का नाम	निर्माण लागत (रु. करोड़ में)
निर्माण जारी 2011 की स्थिति		
13	रानी अवंती बाई सागर बायीं नहर	1515.00
14	बरगी व्यपवर्तन (दायीं नहर)	5127.00
15	अपर बेदा	224.00
16	लोअर गोई	360.00
17	पुनासा उद्वहन	488.00
18	इंदिरा सागर परियोजना नहरें	3182.77
19	ओंकारेश्वर परियोजना नहरें	2504.80
प्रस्तावित परियोजनाएं		
20	अपर नर्मदा	684
21	अपर बुढ़नेर	300
22	हालोन	414
23	अटारिया	130.00
24	चिंकी	578
25	शेर, शक्कर, मच्छरेवा	647.00
26	दूधी	506.00
27	मोरण्ड, गंजाल	522.00

निर्माणाधीन और प्रस्तावित परियोजनाओं की उल्लेखित लागत में बढ़ते मूल्यों के अनुसार परिवर्तन संभावित है।

परियोजनाओं से डूब का प्रभाव

नर्मदा घाटी में निर्मित मध्यम और छोटी सिंचाई परियोजना जलाशयों से जहां डूब का प्रभाव सीमित हैं, वहीं बड़ी परियोजनाओं के जलाशय अपने बड़े आकार के कारण बड़े क्षेत्र को प्रभावित करते हैं। डूब का प्रभाव कृषि भूमि, वन भूमि और आबादी पर होता है। इस कारण बड़ी परियोजनाओं के निर्माण के समय संबंधित क्षेत्रों में डूब का प्रभाव चिंता और चर्चा का विषय बनते हैं। परियोजना जलाशय से डूबने वाली भूमि के बारे में यह बात ध्यान देने योग्य है कि सिंचाई परियोजनाओं के निर्माण की स्वीकृति तभी दी जाती है जब डूब में आने वाली भूमि की तुलना में परियोजना से सिंचित होने वाली भूमि का क्षेत्र लगभग 10 गुना हो।

जिस परियोजना में सिंचाई के साथ जल विद्युत उत्पादन भी किया जाना हो वहां यह गणना की जाती है कि प्रस्तावित सिंचाई क्षेत्र के लिए उपयोग होने वाले जल संग्रह से डूब सकने वाली भूमि की तुलना में सिंचित होने वाला क्षेत्र सामान्यतया 10 गुना हो। जलाशय की डूब में आने वाली वन भूमि के बारे में भी क्षतिपूर्ति के लिए दोगुने वन रोपित किये जाने का प्रावधान है। नर्मदा घाटी में अब तक निर्मित परियोजनाओं में डूब का सर्वाधिक प्रभाव सरदार सरोवर, इंदिरा सागर, ओंकारेश्वर और रानी अवंती बाई सागर परियोजनाओं से हुआ है। नर्मदा घाटी की प्रमुख बड़ी परियोजनाओं से डूब का प्रभाव निम्नानुसार है–

सरदार सरोवर परियोजना

डूब भूमि (हेक्टेयर में)

डूब भूमि का प्रकार	मध्यप्रदेश	गुजरात	महाराष्ट्र	योग
निजी कृषि भूमि	7883	1877	1519	11279
वन भूमि	2731	4165.91	6488.54	13385.45
अन्य भूमि	10208	1069	1592	12869
योग	**20822**	**7112**	**9599**	**37533.45**

डूब गांव

राज्य	प्रभावित गांवों की संख्या			प्रभावित परिवारों की लगभग संख्या
	पूर्ण डूब	आंशिक डूब	कुल गाँव	
मध्यप्रदेश	1	191	192	37729
गुजरात	3	16	19	4740
महाराष्ट्र	-	33	33	4195
योग	**4**	**240**	**244**	**46664**

डूब प्रभावित जिले

सरदार सरोवर परियोजना से गुजरात का वड़ोदरा जिला प्रभावित है। वड़ोदरा जिले के नादोड़ ताल्लुका के 11 गांव, नसवाड़ी ताल्लुका के 4 गांव और छोटा उदयपुर ताल्लुका के 4 गांव जलाशय प्रभावित हैं। मध्यप्रदेश के अलीराजपुर, धार, बड़वानी और खरगोन जिले परियोजना प्रभावित है। इनमें अलीराजपुर जिले के 26 गांव, धार जिले के 81 गांव, बड़वानी जिले के 40 और खरगोन जिले के 45 गांव जलाशय प्रभावित हैं। महाराष्ट्र के धुले जिले के 33 गांव जलाशय प्रभावित हैं।

रानी अवंती बाई सागर परियोजना

डूब भूमि/गांव/परिवार

डूब भूमि का प्रकार	डूब भूमि हैक्टे. में	प्रभावित ग्राम	पूर्ण डूब ग्राम	प्रभावित परिवार
कृषि भूमि	14872	162	22	5475
वन भूमि	8478			
शासकीय भूमि	3447			
योग	**26797**			

डूब प्रभावित जिले - जबलपुर (19 गांव), मण्डला (95 गांव), सिवनी (46 गांव)

इंदिरा सागर परियोजना

डूब भूमि/गांव/परिवार

<table>
<tr><th>डूब भूमि का प्रकार</th><th>डूब भूमि हैक्टे. में</th><th>प्रभावित ग्राम</th><th>पूर्ण डूब ग्राम</th><th>प्रभावित परिवार</th></tr>
<tr><td>निजी कृषि भूमि</td><td>44741</td><td rowspan="5">250</td><td rowspan="5">156 गांव तथा 1 नगर (हरसूद)</td><td rowspan="5">40289</td></tr>
<tr><td>वन भूमि</td><td>40332</td></tr>
<tr><td>अन्य भूमि</td><td>6653</td></tr>
<tr><td>आबादी भूमि</td><td>779</td></tr>
<tr><td>योग</td><td>92505</td></tr>
</table>

डूब प्रभावित जिले - खण्डवा (163 गांव), हरदा (48 गांव), देवास (39 गांव)

ओंकारेश्वर परियोजना

डूब भूमि/गांव/परिवार

<table>
<tr><th>डूब भूमि का प्रकार</th><th>डूब भूमि हैक्टे. में</th><th>प्रभावित ग्राम</th><th>पूर्ण डूब ग्राम</th><th>प्रभावित परिवार</th></tr>
<tr><td>निजी कृषि भूमि</td><td>3520.087</td><td rowspan="5">30</td><td rowspan="5">5 गाँव</td><td rowspan="5">5960</td></tr>
<tr><td>वन भूमि</td><td>5277.000</td></tr>
<tr><td>अन्य भूमि</td><td>1273.000</td></tr>
<tr><td>आबादी भूमि</td><td>60.642</td></tr>
<tr><td>योग</td><td>10130.729</td></tr>
</table>

डूब प्रभावित जिले - खण्डवा (22 गांव), देवास (08 गांव)

अन्य परियोजनाएं– नर्मदा घाटी में निर्मित निर्माणाधीन और भावी अन्य, वृहद् परियोजनाओं से डूब में आने वाली भूमि का विवरण इस प्रकार है–

क्र.	परियोजना बांध	डूब भूमि (हेक्टेयर में)	परियोजना की स्थिति जनवरी 2011
1	तवा	20055.44	निर्मित
2	बारना	7700	निर्मित
3	कोलार	2503	निर्मित
4	सुक्ता	1206	निर्मित
5	मटियारी	678.46	निर्मित
6	मान	1111.30	निर्मित
7	शहीद चन्द्रशेखर आजाद (जोबट)	1301.94	निर्मित
8	अपर बेदा	1144.65	निर्माणाधीन
9	महेश्वर	4856	निर्माणाधीन
10	अपर नर्मदा	2952	प्रस्तावित
11	अपर बुढनेर	6153.84	प्रस्तावित
12	हालोन	1838.35	प्रस्तावित
13	अटारिया	1028	प्रस्तावित
14	चिंकी	5937.84	प्रस्तावित
15	शेर	2256.20	प्रस्तावित
16	मच्छरेवा	505.87	प्रस्तावित
17	शक्कर	2121	प्रस्तावित

क्र.	परियोजना बांध	डूब भूमि (हेक्टेयर में)	परियोजना की स्थिति जनवरी 2011
18	दूधी	3849	प्रस्तावित
19	मोरण्ड	1940	प्रस्तावित
20	गंजाल	109.20	प्रस्तावित
21	लोअरगोई	1328	प्रस्तावित
22	रोसरा	3066.34	प्रस्तावित
23	बसानिया	2116.10	प्रस्तावित
24	राघवपुर	2553	प्रस्तावित

डूब प्रभावित आबादी का व्यवस्थापन

नर्मदा घाटी में बड़े बांधों के निर्माण की प्रक्रिया में बांध जलाशयों की डूब से प्रभावित आबादी का व्यवस्थापन महत्त्वपूर्ण और चुनौतीपूर्ण मुद्दा रहा है। इस चुनौती का सबसे अधिक सामना मध्यप्रदेश को करना पड़ा क्योंकि घाटी के अधिकांश बांधों का निर्माण मध्यप्रदेश में हुआ है। नर्मदा नदी पर बने बांधों की शृंखला में गुजरात में बने सरदार सरोवर बांध की डूब का भी अधिकतम क्षेत्र मध्यप्रदेश में है। इस स्थिति में बांधों के निर्माण के साथ ही एक बड़ी आबादी के विस्थापन और पुनर्वास का कार्य मध्यप्रदेश में किया गया।

गुजरात में निर्मित सरदार सरोवर बांध जलाशय की लंबाई 214 किमी. तथा अधिकतम चौड़ाई 16.1 किमी. है। इस जलाशय का पूर्ण जलाशय स्तर 138.68 मीटर (455 फीट) है। बांध में अधिकतम जल 140.21 मीटर अर्थात 460 फीट तक भर सकता है। सरदार सरोवर जलाशय की जल धारण क्षमता 4.73 मिलियन एकड़ फीट है। जलाशय के इस आकार प्रकार और जल ग्रहण क्षमता से मध्यप्रदेश, गुजरात और महाराष्ट्र का एक बड़ा भूभाग डूब से प्रभावित है। नर्मदा जल विवाद न्यायाधिकरण ने सरदार सरोवर परियोजना की डूब से प्रभावित मध्यप्रदेश, गुजरात तथा महाराष्ट्र राज्यों की भूमि तथा संपत्तियों के अधिग्रहण के बारे में विस्तृत निर्देश

दिये हैं। इन निर्देशों में प्रभावित संपत्तियों के अधिग्रहण, पुनर्वास स्थलों पर प्रभावित परिवारों के पुनर्वास के लिए भूखण्ड, नागरिक सुविधाओं आदि का उल्लेख है। इसमें यह भी प्रावधान है कि सरदार सरोवर परियोजना से प्रभावित मध्यप्रदेश तथा महाराष्ट्र के परिवार यदि गुजरात राज्य में बसना चाहें तो गुजरात उन्हें अपने राज्य में बसा कर अपनी पुनर्वास नीति के अनुसार सभी लाभ उपलब्ध कराएगा। परियोजना प्रभावित जो परिवार मध्यप्रदेश और महाराष्ट्र में ही बसना चाहेंगे, उन्हें राज्य अपनी-अपनी सीमा क्षेत्रों में अपनी-अपनी पुनर्वास नीति के प्रावधानों के अनुसार पुनर्व्यवस्थापित करेंगे।

सरदार सरोवर जलाशय से तीनों राज्यों के डूब प्रभावित ग्रामों की कुल संख्या 244 है। इन ग्रामों में से गुजरात के केवल तीन ग्राम–गधेर, बड़गांव एवं मुखड़ी तथा मध्यप्रदेश का ग्राम रोहाणा ही स्थाई पूर्ण डूब में आएंगे। धार जिले की कुक्षी तहसील का ग्राम रोहाणा आबादी विहीन गांव है। सरदार सरोवर जलाशय की डूब से तीनों राज्यों के कुल लगभग 46664 परिवार डूब के प्रभाव में हैं। बांध पूर्ण होने तक प्रभावित परिवार संख्या में कुछ कमी अथवा बढ़ोत्तरी संभावित है।

राज्यों की पुनर्वास नीति

सरदार सरोवर जलाशय की डूब से प्रभावित परिवारों के समुचित पुनर्वास के लिए मध्यप्रदेश, गुजरात तथा महाराष्ट्र राज्यों ने अपनी-अपनी पुनर्वास नीति निर्धारित की है। यह उल्लेखनीय है कि तीनों राज्यों की पुनर्वास नीतियां नर्मदा जल विवाद न्यायाधिकरण के अंतिम आदेशों और निर्णयों में की गई व्यवस्थाओं से अधिक उदार हैं। सम्पूर्ण पुनर्वास कार्य के लागू होने के दौरान आवश्यकतानुसार तीनों राज्यों ने समय-समय पर प्रावधानों को और उदार बनाया है।

नर्मदा जल विवाद न्यायाधिकरण ने गुजरात में नर्मदा नदी पर नवागाम (सरदार सरोवर) बांध का निर्माण करने के निर्देशों के साथ ही डूब से प्रभावित होने वाली आबादी के विस्थापन और पुनर्वास के बारे में भी विस्तृत दिशा-निर्देश दिये हैं। इन निर्देशों में कहा गया है कि सरदार सरोवर जलाशय के लिए भूमि का अधिग्रहण भूमि अधिग्रहण अधिनियम 1894 के प्रावधानों के अनुसार किया जाये। मध्यप्रदेश और महाराष्ट्र द्वारा बांध के लिए जो भूमि अधिग्रहीत की जाएगी उस भूमि का मुआवजा और विस्थापित लोगों की बसाहट पर विभिन्न मदों पर होने वाले व्यय की प्रतिपूर्ति गुजरात सरकार करेगी। जो भूमि अधिग्रहीत की जाएगी उसके लिए गुजरात सरकार मध्यप्रदेश और महाराष्ट्र राज्यों को उनकी भू-राजस्व संहिताओं के नियमों के अनुसार भू-राजस्व का भुगतान करेगी। इसी प्रकार जलशय की डूब से प्रभावित ऐतिहासिक, धार्मिक तथा पुरातत्व की दृष्टि से महत्त्वपूर्ण स्मारकों, मंदिरों को हटा कर नये स्थलों पर स्थापित करने का व्यय भी गुजरात सरकार द्वारा वहन किया जाएगा।

न्यायाधिकरण द्वारा अपना अवार्ड वर्ष 1979 में दिया गया था। इस अवार्ड के प्रकाश में पुनर्वास का वास्तविक काम काफी विलम्ब से आरम्भ हुआ। सरदार सरोवर परियोजना से संबंधित विस्थापन और पुनर्वास का कार्य वास्तविक रूप में 1992 में आरम्भ हुआ। इस समय तक जीवन-यापन से संबंधित सभी क्षेत्रों में बेतहाशा मूल्य

वृद्धि हो चुकी थी। इस स्थिति में पुनर्वास कार्यों से संबंधित सभी मदों में बढ़ोत्तरी किया जाना आवश्यक हो गया। पुनर्वास की प्रक्रिया के दौरान समय-समय पर बाद में भी विस्थापितों को विभिन्न मदों में दी जाने वाली आर्थिक सहायता में आवश्यकतानुसार संशोधन किया जाता रहा है।

मध्यप्रदेश की सरदार सरोवर पुनर्वास नीति

मध्यप्रदेश ने सरदार सरोवर परियोजना से प्रभावित, मध्यप्रदेश में ही बसने का विकल्प चुनने वाले परिवारों के लिए जो पुनर्वास नीति प्रभावशील की है, उसके मुख्य प्रावधान निम्नानुसार है—

कृषि भूमि का मुआवजा - जिन कृषकों की कृषि भूमि अधिग्रहीत हुई है उन्हें मुआवजे की पात्रता है। डूब प्रभावित कृषि भूमि का मुआवजा निकटतम सिंचाई क्षेत्र की समान स्तर की भूमि के मूल्य के अनुसार दिया जाएगा।

मकानों का मुआवजा - मकान के पुनर्स्थापना मूल्य के बराबर।

डूब भूमि के बदले भूमि - परिवार की कुल कृषि भूमि के 25 प्रतिशत से अधिक भूमि प्रभावित होने पर भूमि के बदले भूमि पाने की पात्रता है। यह भूमि अधिग्रहीत भूमि के रकबे के बराबर, न्यूनतम 2 हेक्टेयर तथा अधिकतम 8 हेक्टेयर होगी, की शर्त के अनुसार मिलेगी। संयुक्त खाताधारक भी अपने हिस्से के बराबर न्यूनतम 2 हेक्टेयर भूमि का पात्र होगा।

जिन परिवारों के पास 2 हेक्टेयर अथवा उससे कम कृषि भूमि थी, उन परिवारों को मुआवजे की राशि और आवंटित भूमि मूल्य की अंतर राशि अनुदान सहायता के रूप में दी जाएगी। अन्य परिवारों को जिनके पास 2 से 8 हेक्टेयर भूमि थी, उन्हें मुआवजा राशि और पात्रतानुसार आवंटित की जाने वाली भूमि मूल्य के अंतर का 50 प्रतिशत अथवा रु. 2000 प्रति हेक्टेयर, जो भी कम हो, दिया जाएगा। कृषक विस्थापित परिवार के पास दो विकल्प है। एक में यदि वह डूब भूमि के बदले राज्य शासन से भूमि नहीं चाहता तो वह डूब प्रभावित कृषि भूमि का पूरा नगद मुआवजा प्राप्त कर सकता है। दूसरे विकल्प में यदि वह राज्य शासन से डूब भूमि के बदले भूमि चाहता है तो वह भूमि मुआवजे की 50 प्रतिशत राशि नगद प्राप्त कर शेष 50 प्रतिशत राशि आवंटित भूमि की लागत में समायोजित कर सकता है। भूमि का शेष अतिरिक्त मूल्य कृषक से ब्याज रहित ऋण के रूप में 20 वार्षिक किश्तों में वापिस लिया जाएगा।

विशेष पुनर्वास पैकेज – भूमि के बदले भूमि स्वीकार नहीं करने वाले परिवार भूमि मुआवजे के साथ ही अतिरिक्त लाभ के रूप में विशेष पुनर्वास पैकेज के तहत् नगद राशि प्राप्त कर अपनी पसंद की कृषि भूमि खरीद सकते हैं।

स्टाम्प रजिस्ट्रेशन शुल्क की माफी – प्रभावित परिवारों द्वारा प्राप्त मुआवजा, पुनर्वास अनुदान और विशेष पुनर्वास पैकेज राशि की सीमा तक मध्यप्रदेश में कहीं भी कृषि भूमि अथवा अन्य अचल संपत्ति खरीदने पर लगने वाली स्टाम्प ड्यूटी तथा रजिस्ट्रेशन शुल्क सरकार वहन करेगी।

अतिक्रामक विस्थापित – ऐसे सभी अतिक्रामकों को भूमिधारी प्रभावित परिवार माना जाएगा जिनका अतिक्रमण 13.04.1987 के पूर्व का है। ऐसे सभी अतिक्रामक अधिकतम 2 हेक्टेयर तक अतिक्रमित डूब भूमि का मुआवजा लेने के पात्र होंगे।

भूमिहीन विस्थापित – सभी अनुसूचित जाति, जनजाति के भूमिहीन विस्थापित तथा सभी भूमिहीन कृषि श्रमिक परिवारों को उत्पादक परिसम्पत्तियां क्रय करने के लिए रु. 49,300 तथा अन्य भूमिहीन परिवारों को इसी मद में रु. 33,150 दिये जाएंगे।

वयस्क पुत्र – विस्थापित परिवारों के वयस्क पुत्रों तथा वयस्क अविवाहित पुत्रियों को पृथक परिवार इकाई माना जाएगा। इनकी वयस्कता भू-अर्जन अधिनियम की धारा 4 की सूचना जारी होने की तिथि से 1 वर्ष पूर्व 18 वर्ष की आयु पूर्ण होने पर मानी जाएगी। उच्चतम न्यायालय के 15 मार्च 2005 निर्णय के अनुसार, सरदार सरोवर परियोजना के भूमिधारी विस्थापित परिवार के प्रत्येक वयस्क पुत्र को 2 हेक्टेयर कृषि भूमि आवंटित की जाएगी।

आवासीय भूखण्ड – विस्थापित परिवार को पुनर्वास स्थल पर 90 × 60 फीट = 5400 वर्गफीट का विकसित आवासीय भूखण्ड निःशुल्क दिया जाएगा। नगरीय डूब क्षेत्र के विस्थापित परिवारों को 40 × 60 फीट = 2400 वर्गफीट का आवासीय भूखण्ड निःशुल्क मिलेगा। भूखण्ड अस्वीकार करने पर विकल्प के रूप में विस्थापित परिवार रु. 50,000 नगद प्राप्त कर सकेगा, तथापि संयुक्त परिवार के न्यूनतम एक सदस्य को भूखण्ड लेना जरूरी होगा।

पुनर्वास अनुदान – सभी भूमिहीन कृषि श्रमिक परिवार/अनुसूचित जाति/जनजाति/छोटे तथा सीमांत किसान परिवार रु. 18,700 पुनर्वास अनुदान के रूप में लेने के पात्र होंगे। अन्य प्रकार के श्रमिक परिवारों और भूमिहीन परिवारों को पुनर्वास अनुदान के रूप में रु. 9,350 मिलेंगे।

परिवहन अनुदान – विस्थापित परिवार को नई बसाहट तक घरेलू सामान ढोने के लिए मुफ्त परिवहन सुविधा अथवा इसके बदले रु. 5,000 लेने की पात्रता होगी।

अलग–थलग पड़ी निजी भूमि और मकानों का अधिग्रहण - डूब क्षेत्र की ऐसी भूमि और मकान जो अलग-थलग पड़ गये हैं और भौतिक रूप से डूब के कारण पहुंच विहीन हो गये हों, का भी अधिग्रहण किया जाएगा। ऐसी भूमि और मकान के मालिकों को डूब प्रभावित माना जाएगा।

पुनर्वास स्थलों पर बुनियादी सुविधाएं – विस्थापितों को बसाने के लिए बनाये गये पुनर्वास स्थलों पर पीने के पानी, सम्पर्क सड़कें, बिजली, चिकित्सा, प्राथमिक शालाएं, पंचायत भवन, बीज गोदाम, पूजा स्थल आदि सुविधाएं निर्मित की जाएंगी।

मध्यप्रदेश में परियोजना प्रभावित परिवारों का व्यवस्थापन

मध्यप्रदेश में सरदार सरोवर परियोजना के प्रभावित परिवारों की कुल संख्या लगभग 37729 है। इनमें से 5581 परिवार गुजरात में बसने का विकल्प चुन कर गुजरात राज्य में बस गये, जहां इन परिवारों को गुजरात राज्य की पुनर्वास नीति के अनुसार व्यवस्थापित किया गया। मध्यप्रदेश ने शेष 32148 परिवारों का व्यवस्थापन अपने यहां किया है। इन परिवारों को बसाने के लिए मध्यप्रदेश ने राज्य में बनी अन्य नर्मदा घाटी परियोजनाओं के कमाण्ड क्षेत्र में 88 पुनर्वास स्थल विकसित किये हैं।

विस्थापितों के लिए सिंचाई सुविधा

विस्थापित परिवारों को अतिरिक्त सिंचाई सुविधा देने के उद्देश्य से खरगोन जिले की कसरावद तहसील में नर्मदा से उद्वहन सिंचाई की कठोरा उद्वहन सिंचाई परियोजना निर्मित की गई है। परियोजना के अंतर्गत नर्मदा से जल उद्वहन कर 6 हजार 945 हेक्टेयर कृषि भूमि को सिंचाई सुविधा दी जाएगी।

गुजरात की सरदार सरोवर पुनर्वास नीति

सरदार सरोवर परियोजना पुनर्वास के संबंध में गुजरात सरकार की पुनर्वास नीति के मुख्य प्रावधान निम्नानुसार हैं–

कृषि भूमि का मुआवजा – डूब प्रभावित कृषि भूमि का मुआवजा भूमि अधिग्रहण अधिनियम के प्रावधानों के अनुसार दिया जाएगा।

मकानों का मुआवजा – मकान का मुआवजा भूमि अधिग्रहण अधिनियम के अनुसार दिया जाएगा।

डूब भूमि के बदले भूमि – डूब भूमि के बदले भूमि का आवंटन न्यूनतम 2 हेक्टेयर तथा अधिकतम राज्य में निर्धारित सीलिंग के अनुसार। संयुक्त खाताधारक तथा परिवार के वयस्क पुत्र भी अपने हिस्से की डूब भूमि के अनुसार न्यूनतम 2 हेक्टेयर की सीमा तक भूमि पाने के पात्र होंगे। विस्थापित परिवार द्वारा किसी समिति से कृषि भूमि क्रय करने पर ऐसी भूमि के मूल्य और उसे दी गई मुआवजा राशि के अंतर की राशि अनुदान सहायता के रूप में संबंधित परिवार को उपलब्ध होगी।

अतिक्रामक विस्थापित– भूमि अधिग्रहण अधिनियम की धारा 4 की सूचना जारी होने की तिथि से एक वर्ष पूर्व के अतिक्रामक 2 हेक्टेयर भूमि प्राप्त करने के पात्र होंगे। शेष अतिक्रमित भूमि का मुआवजा अनुदान के रूप में दिया जाएगा।

भूमिहीन विस्थापित– भूमिहीन कृषि श्रमिक सभी परिवारों को 2 हेक्टेयर भूमि की पात्रता होगी।

वयस्क पुत्र– सभी श्रेणी के विस्थापित परिवारों को 01 जनवरी 1987 की स्थिति में वयस्क (18 वर्ष आयु) होने वाले प्रत्येक पुत्र को 2 हैक्टेयर भूमि आवंटित की जाएगी।

आवासीय भूखण्ड– विस्थापित परिवार और उनके प्रत्येक वयस्क पुत्र को पुनर्वास स्थल पर 90 × 60 फीट = 5400 वर्गफीट का विकसित आवासीय भूखण्ड निःशुल्क दिया जाएगा। विस्थापित परिवारों और परिवार के वयस्क पुत्रों को विकल्प के रूप में तैयारशुदा कोर आवास उपलब्ध कराये जाएंगे। तैयार आवास नहीं लेने वाले परिवार को रु. 45,000 आवास निर्माण के लिए दिये जाएंगे।

पुनर्वास अनुदान– पुनर्व्यवस्थापन के बाद प्रत्येक परिवार को जीवन निर्वाह भत्ते के रूप में एक वर्ष की अवधि तक प्रतिमाह रु. 375 तथा इस प्रकार कुल रु. 4500 का भुगतान किया जाएगा। प्रत्येक परिवार को रु. 750 (जिसमें जनवरी 1980 की आधार तिथि के बाद प्रतिवर्ष 8 प्रतिशत की बढ़ोत्तरी सम्मिलित होगी) पुनर्वास अनुदान के रूप में उपलब्ध होंगे। प्रत्येक परिवार को 500 रु. की अनुदान सहायता भी दी जाएगी।

मध्यप्रदेश का पुनर्वास स्थल नया हरसूद छनेरा

गुजरात का पुनर्वास स्थल

पुनर्वास स्थल पर जन सुनवाई करते मध्यप्रदेश के अधिकारी

रोजगार संसाधन अनुदान– प्रत्येक वर्ग के विस्थापित परिवार और इन परिवारों के वयस्क पुत्रों को रु. 7,000 रोजगार संसाधन अनुदान के रूप में उपलब्ध होंगे।

परिवहन अनुदान– विस्थापित होने वाले परिवारों को निःशुल्क परिवहन सुविधा उपलब्ध कराई जाएगी।

अलग–थलग पड़ी निजी भूमि और मकानों का अधिग्रहण– ऐसी भूमि और मकानों का अधिग्रहण कर उनके मालिकों को विस्थापित माना जाएगा।

पुनर्वास स्थलों पर बुनियादी सुविधाएं– पुनर्वास स्थलों पर सभी बुनियादी सुविधाएं उपलब्ध कराई जाएंगी।

गुजरात में परियोजना प्रभावित परिवारों का व्यवस्थापन

नर्मदा जल विवाद न्यायाधिकरण के निर्णय में यह कहा गया है कि सरदार सरोवर परियोजना की डूब से प्रभावित मध्यप्रदेश और महाराष्ट्र के परिवारों को विस्थापित होकर अपने मूल राज्य अथवा गुजरात राज्य में बसने का विकल्प उपलब्ध होगा। न्यायाधिकरण के इस निर्णय का प्रयोजन परियोजना प्रभावित परिवारों को परियोजना के सिंचाई (कमाण्ड) क्षेत्र में बसा कर परियोजना का लाभ लेने का अवसर सुलभ कराना था।

इस विकल्प के आधार पर गुजरात राज्य ने सरदार सरोवर जलाशय से अपने राज्य के डूब प्रभावित परिवारों का पुनर्वास करने के साथ ही मध्यप्रदेश और महाराष्ट्र से गुजरात में बसने का विकल्प चुनकर आये परिवारों का भी पुनर्वास किया।

सरदार सरोवर पुनर्बसावट एजेंसी– सरदार सरोवर परियोजना से प्रभावित परिवारों के पुनर्वास कार्यों के सुचारू संचालन के लिए गुजरात में वर्ष 1992 में सरदार सरोवर पुनर्बसावट एजेन्सी का गठन किया गया। इस एजेन्सी ने परियोजना प्रभावित परिवारों को राज्य की पुनर्वास नीति के अनुसार बसाने के दायित्व का निर्वहन किया।

गुजरात में प्रभावित परिवारों के व्यवस्थापन का विवरण इस प्रकार है–

श्रेणी	परिवार	पुनर्वास स्थल
गुजरात के प्रभावित परिवार गुजरात में बसे	4744	110
मध्यप्रदेश के प्रभावित परिवार गुजरात में बसे	5582	108
महाराष्ट्र के प्रभावित परिवार गुजरात में बसे	772	18

इस प्रकार गुजरात राज्य में सरदार सरोवर परियोजना से प्रभावित कुल 11098 परिवारों के पुनर्व्यवस्थापन के लिए 236 पुनर्वास स्थल बनाये गए हैं।

महाराष्ट्र की सरदार सरोवर पुनर्वास नीति

सरदार सरोवर परियोजना पुनर्वास के संबंध में महाराष्ट्र सरकार की पुनर्वास नीति के मुख्य प्रावधान निम्नानुसार हैं–

कृषि भूमि का मुआवजा– डूब प्रभावित कृषि भूमि का मुआवजा भूमि अधिग्रहण अधिनियम के प्रावधानों के अनुसार दिया जाएगा।

मकानों का मुआवजा– मकान का मुआवजा भूमि अधिग्रहण अधिनियम के अनुसार दिया जाएगा।

डूब भूमि के बदले भूमि– डूब भूमि के बदले न्यूनतम 2 हेक्टेयर तथा अधिकतम राज्य में निर्धारित सीलिंग की सीमा तक आवंटित की जाएगी। संयुक्त खाताधारक भी अपने हिस्से के बराबर न्यूनतम 2 हेक्टेयर भूमि के पात्र होंगे।

अतिक्रामक विस्थापित– जिन परिवारों ने 31 मार्च 1978 तक भूमि पर अतिक्रमण किया है, वे 2 हेक्टेयर भूमि पाने के पात्र होंगे। शेष अतिक्रमित भूमि का मुआवजा अनुदान सहायता के रूप में दिया जाएगा। 13 मार्च 1978 के बाद अतिक्रामक भूमिहीन माने जाकर प्रत्येक परिवार को 1 हेक्टेयर भूमि आवंटित होगी।

भूमिहीन विस्थापित– भूमिहीन परिवार यदि विस्थापित होता है तो उसे 1 हेक्टेयर भूमि आवंटित की जाएगी।

वयस्क पुत्र– विस्थापित परिवार के प्रत्येक वयस्क पुत्र तथा अविवाहित वयस्क पुत्री को पृथक परिवार माना जाएगा। इनकी वयस्कता भूमि अधिग्रहण अधिनियम की धारा 4 की सूचना जारी होने की तिथि से 1 वर्ष पूर्व 18 वर्ष की आयु पूर्ण करने पर निर्धारित होगी। ऐसे प्रत्येक वयस्क पुत्र और पुत्री को पूर्व में 1 हेक्टेयर भूमि की पात्रता थी। उच्चतम न्यायालय के 15 मार्च 2005 के निर्णय से अब पात्रता बढ़ाकर 2 हेक्टेयर कर दी गई है।

आवासीय भूखण्ड– प्रत्येक परिवार तथा परिवार के वयस्क पुत्र और अविवाहित पुत्री को पुनर्वास स्थल पर 90 × 60 फीट = 5400 वर्गफीट का विकसित आवासीय भूखण्ड निःशुल्क दिया जाएगा। प्रत्येक परिवार को बांस और मैंगलोर टाईल्स भी निःशुल्क दिये जाएंगे।

पुनर्वास अनुदान– पुनर्व्यवस्थापन के बाद प्रत्येक परिवार को जीवन निर्वाह भत्ते के रूप में एक वर्ष की अवधि तक प्रतिमाह रु. 375 इस प्रकार कुल रु. 4500 का भुगतान किया जाएगा। प्रत्येक परिवार को रु. 750 (जिसमें जनवरी 1980 की आधार तिथि के बाद प्रतिवर्ष 8 प्रतिशत की बढ़ोत्तरी सम्मिलित होगी) पुनर्वास अनुदान के रूप में उपलब्ध होंगे।

प्रत्येक परिवार को जल विवाद न्यायाधिकरण के निर्णय के अनुसार 500 रु. की अनुदान सहायता भी दी जाएगी। उपरोक्त लाभ विस्थापितों की सभी श्रेणियों और विस्थापित परिवार के वयस्क पुत्रों और अविवाहित वयस्क पुत्रियों को भी प्राप्त होगा।

परिवहन अनुदान– विस्थापित होने वाले परिवारों को निःशुल्क परिवहन सुविधा उपलब्ध कराई जाएगी।

अलग–थलग पड़ी निजी भूमि और मकानों का अधिग्रहण– ऐसी भूमि और मकानों का अधिग्रहण कर उनके मालिकों को विस्थापित माना जाएगा।

पुनर्वास स्थलों पर बुनियादी सुविधाएं– पुनर्वास स्थलों पर सभी बुनियादी सुविधाएं उपलब्ध कराई जाएंगी।

महाराष्ट्र में परियोजना प्रभावित परिवारों का व्यवस्थापन

सरदार सरोवर परियोजना से महाराष्ट्र के 3094 परिवार डूब प्रभावित हुए। महाराष्ट्र में इन परिवारों के पुनर्व्यवस्थापन का कार्य लगभग समाप्ति की ओर है। विस्थापित परिवारों को बसाने के लिए राज्य में 9 पुनर्वास स्थल विकसित किये गये हैं।

पुनर्वास से असंतोष/प्रधानमंत्री का हस्तक्षेप

मध्यप्रदेश सरकार ने सरदार सरोवर बांध की ऊंचाई 110.64 मी. से बढ़ा कर 121.92 मी. किये जाने के लिए प्रभावित परिवारों के विस्थापन और पुनर्वास संबंधी 'विस्थापन कार्यवाही पूर्ण प्रतिवेदन' (एक्शन टेकन रिपोर्ट) नर्मदा नियंत्रण प्राधिकरण को प्रस्तुत की। इस प्रतिवेदन के आधार पर नर्मदा नियंत्रण प्राधिकरण ने 08 मार्च 2006 को बांध की ऊंचाई 121.92 मी. तक बढ़ाने का निर्णय लिया। इस निर्णय के अगले दिन 09 मार्च 2006 से गुजरात सरकार ने बांध की ऊंचाई बढाने का काम युद्ध स्तर पर शुरू कर दिया। इस कार्रवाई का नर्मदा बचाओ आन्दोलन (एन.बी.ए.) ने विरोध किया। संस्था का मत था कि सरकार के पुनर्वास दावे असत्य

हैं और विस्थापितों की पुनर्वास शर्तों का पालन नहीं हुआ है। एन.बी.ए. के लगभग 350 कार्यकर्ताओं ने नई दिल्ली में जल संसाधन मंत्रालय के बाहर 17 मार्च 2006 को धरना आन्दोलन शुरू कर दिया। इस धरना आन्दोलन के नवें दिन 25 मार्च 2006 को आंदोलन की प्रमुख मेधा पाटकर के नेतृत्व में एक प्रतिनिधि मण्डल ने प्रधानमंत्री मनमोहन सिंह से भेंट कर मध्यप्रदेश में सरदार सरोवर परियोजना के पुनर्वास कार्यों की शिकायत की। प्रधानमंत्री को सौंपे ज्ञापन में यह मांग की गई कि योजना आयोग से बांध के विभिन्न पक्षों की समीक्षा कराई जाए, बांध की ऊंचाई बढ़ाने का कार्य रोका जाए तथा पुनर्वास किये जाने संबंधी दावों का भी परीक्षण हो। प्रधानमंत्री की ओर से इस ओर कोई पहल न होते देख मेधा पाटकर ने 29 मार्च 2006 से अपने साथियों के साथ नई दिल्ली के जन्तर-मन्तर पर अनिश्चितकालीन उपवास शुरू कर दिया।

अनशन और धरना आन्दोलन के बीच 04 अप्रैल 2006 को जल संसाधन मंत्री सैफुद्दीन सोज ने घोषणा की कि प्रधानमंत्री के निर्देश पर तीन मंत्रियों का एक दल नर्मदा घाटी में पुनर्वास कार्यों का निरीक्षण करने के लिए मध्यप्रदेश, गुजरात तथा महाराष्ट्र का दौरा करेगा। इस दल में श्री सोज के अलावा तत्कालीन सामाजिक न्याय और अधिकारिता मंत्री श्रीमती मीरा कुमार तथा प्रधानमंत्री कार्यालय में राज्यमंत्री पृथ्वीराज चौहान को सम्मिलित किया गया। इस घोषणा के बाद श्री सोज ने अनशन पर बैठी मेधा पाटकर व उनके साथियों को नींबू-पानी पिला कर अनशन तुड़वाया। यद्यपि आन्दोलन की ओर से कहा गया कि जब तक केन्द्रीय मंत्रियों का दल दौरा कर अपनी रिपोर्ट सार्वजनिक नहीं कर देता तब तक पाटकर सहित कार्यकर्ताओं का उपवास जारी रहेगा। इस अनिश्चित उपवास के आठवें दिन 05 अप्रैल 2006 देर रात दिल्ली पुलिस ने मेधा पाटकर को गिरफ्तार कर ऑल इण्डिया इन्स्टीट्यूट ऑफ मेडिकल साइंस के आपातकालीन वार्ड में भर्ती करवा दिया।

इधर केन्द्रीय मंत्रियों का दल 06 अप्रैल 2006 को नर्मदा घाटी क्षेत्र का दौरा करने के लिए नई दिल्ली से इन्दौर पहुंचा। इस दल ने 07 अप्रैल 2006 को सरदार सरोवर परियोजना प्रभावित धार और बड़वानी जिलों के कुछ पुनर्वास स्थलों का भ्रमण किया। पुनर्वास स्थलों पर भ्रमण के दौरान इन मंत्रियों का स्थानीय लोगों ने घेराव किया। धार जिले के धरमपुरी में उग्र ग्रामीणों ने केन्द्रीय जल संसाधन मंत्री सैफुद्दीन सोज के वाहन की चाबी निकाल ली और नारेबाजी की। मंत्री दल ने इन्दौर में पत्रकारों से चर्चा करते हुए मध्यप्रदेश में सरदार सरोवर परियोजना से संबंधित

विस्थापन और पुनर्वास कार्य के संबंध में असंतोष व्यक्त करते हुए कई आरोप लगाये। दल ने राज्य के मुख्यमंत्री और अधिकारियों से कोई चर्चा नहीं की। इन्दौर में रात्रि विश्राम के बाद यह मंत्री दल अगले दिन नई दिल्ली रवाना हो गया।

उधर जन्तर-मन्तर पर नर्मदा बचाओ आन्दोलनकारियों का धरना जारी रहा। अस्पताल में मेधा पाटकर ने अपनी भूख हड़ताल के बारहवें दिन प्रधानमंत्री को चिट्ठी लिख कर मांग की कि नर्मदा घाटी का दौरा करके लौटे केन्द्रीय मंत्रियों की रपट और अपना नजरिया सार्वजनिक करें। केन्द्रीय मंत्रियों के दल ने 10 अप्रैल 2006 को प्रधानमंत्री मनमोहन सिंह से भेंट कर अपनी रिपोर्ट सौंपी। इधर मध्यप्रदेश के मुख्यमंत्री शिवराज सिंह चौहान ने 19 अप्रैल को अपने निवास पर पत्रकारवार्ता आयोजित कर केन्द्रीय मंत्रियों के दौरे तथा आनन-फानन में तैयार की गई रिपोर्ट को आड़े हाथों लिया। मुख्यमंत्री ने कहा कि मध्यप्रदेश में एक निर्वाचित सरकार के रहते, बगैर राज्य सरकार की सलाह, केन्द्रीय मंत्रियों द्वारा इस तरह डूब प्रभावित क्षेत्रों का दौरा किया जाना पूरी तरह असंवैधानिक है। मुख्यमंत्री ने कहा कि इस दौरे से लोगों में भ्रम फैला तथा पहले से जारी पुनर्वास का कार्य बुरी तरह प्रभावित हुआ है। मुख्यमंत्री ने इस संबंध में प्रधानमंत्री को पत्र लिखकर मंत्री दल की रिपोर्ट में उल्लेखित आरोपों का बिन्दुवार खुलासा भी भेजा। कुल मिला कर मध्यप्रदेश सरकार ने केन्द्रीय मंत्री दल की रिपोर्ट को पूरी तरह नकार दिया। केन्द्रीय जल संसाधन मंत्री ने 15 अप्रैल 2006 को नर्मदा नियंत्रण प्राधिकरण की रिव्यू कमेटी की बैठक नई दिल्ली में बुलाई। इस बैठक में चारों राज्यों के मुख्यमंत्रियों ने भाग लिया। इस बैठक में कोई निर्णय नहीं हो पाने से मामले को प्रधानमंत्री के निर्णय के लिए अग्रेषित कर दिया गया।

शुंगलु कमेटी

मामले की गम्भीरता को देखते हुए प्रधानमंत्री डॉ. मनमोहन सिंह ने अपनी विदेश यात्रा के दौरान 24 अप्रैल 2006 को मध्यप्रदेश में पुनर्वास कार्यों की जांच पड़ताल करने के लिए भारत के पूर्व नियंत्रक व महालेखा परीक्षक वी.के. शुंगलु की अध्यक्षता में एक समिति के गठन की घोषणा की। प्रधानमंत्री के बर्लिन पहुंचते ही प्रधानमंत्री के मीडिया सलाहकार संजय बारू ने शुंगलु समिति गठित करने के

प्रधानमंत्री के फैसले की जानकारी पत्रकारों को दी। तीन सदस्यीय शुंगलु समिति के बाकी दो सदस्य गैर सरकारी संगठन लोकसत्ता के संयोजक डॉ. जे.पी. नारायण और जवाहर लाल नेहरू विश्वविद्यालय, नई दिल्ली के पूर्व उप कुलपति डॉ. जी.के. चढ्डा बनाये गये। प्रधानमंत्री द्वारा गठित शुंगलु समिति के अध्यक्ष वी.के. शुंगलु तथा सदस्य डॉ. जी.के. चढ्डा 19 मई 2006 को भोपाल पहुंचे और मंत्रालय में राज्य के मुख्य सचिव राकेश साहनी, नघाविप्रा के उपाध्यक्ष उदय वर्मा और अन्य वरिष्ठ अधिकारियों से चर्चा की। शुंगलु कमेटी की सहायता के लिए नेशनल सेम्पल सर्वे संगठन का एक अग्रिम दल इन्दौर पहुंचा। सर्वे दल के अन्य 100 सदस्य 21 मई को इन्दौर पहुंचे। इन्दौर में सर्वे दल के सदस्यों को प्रशिक्षण के बाद धार और बडवानी जिलों में सर्वे के लिए भेजा गया। वी.के. शुंगलु ने मुख्य सचिव के साथ चर्चा में कहा कि विस्थापित होकर बसाये गये शत-प्रतिशत परिवारों का सर्वे कराया जाएगा। पहले चरण में धार और बड़वानी तथा दूसरे चरण में खरगोन और झाबुआ जिलों का सर्वे होगा। मध्यप्रदेश के मुख्यमंत्री शिवराज सिंह चौहान ने भी शुंगलु कमेटी से चर्चा की। शुंगलु कमेटी ने अपने सर्वे के दौरान नर्मदा घाटी विकास प्राधिकरण अथवा राज्य शासन के अन्य किसी अधिकारियों कर्मचारियों की सहायता नहीं ली और 177 गांवों के 25,000 परिवारों का घर-घर जाकर सर्वेक्षण कर पुनर्वास की स्थिति का आंकलन किया।

शुंगलु समिति के अध्यक्ष वी.के. शुंगलु ने 03 जुलाई 2006 को नई दिल्ली में अपनी रिपोर्ट केन्द्रीय जल संसाधन मंत्री सैफुद्दीन सोज को सौंप दी। इसी दिन सोज ने यह रिपोर्ट प्रधानमंत्री को सौंपी। शुंगलु कमेटी ने मध्यप्रदेश सरकार की विस्थापितों के बारे में प्रस्तुत 'एक्शन टेकन रिपोर्ट' को सही पाते हुए कमोबेश मंजूर कर लिया। प्रधानमंत्री ने शुंगलु कमेटी की रिपोर्ट के आधार पर बांध का कार्य जारी रखने का निर्णय लिया तथा इस निर्णय को उच्चतम न्यायालय के समक्ष प्रस्तुत किया।

राज्यों के पुनर्वास कार्यों का पर्यवेक्षण और नियंत्रण

नर्मदा जल विवाद न्यायाधिकरण ने मध्यप्रदेश, गुजरात और महाराष्ट्र राज्यों में न्यायाधिकरण के निर्णयों को लागू करने की देख-रेख के लिए उच्चाधिकार प्राप्त नर्मदा नियंत्रण प्राधिकरण का गठन किया है। इस प्राधिकरण के अंतर्गत न्यायाधिकरण के विभिन्न विषयों से संबंधित निर्णयों के परिपालन के सतत् पर्यवेक्षण और नियंत्रण के लिए उपदल गठित किये गये हैं, जिनका विवरण पूर्व में नर्मदा नियंत्रण प्राधिकरण की संरचना में किया गया है। तीनों राज्यों में न्यायाधिकरण के पुनर्वास संबंधी निर्णयों/निर्देशों के परिपालन की देख-रेख नर्मदा नियंत्रण प्राधिकरण का पुनर्वास और पुनर्व्यवस्थापन उपदल (आर एण्ड आर सबग्रुप) करता है। यह उपदल भारत सरकार के सामाजिक न्याय और अधिकारिता मंत्रालय के सचिव की अध्यक्षता में कार्यरत है। इस उपदल में सदस्यों के रूप में तीनों राज्यों के प्रतिनिधि, अकादमिक संस्थानों के पुनर्वास और पुनर्व्यवस्थापन विशेषज्ञ, स्वतंत्र रूप से कार्यरत समाज और मानव विज्ञान विशेषज्ञ और पुनर्वास के क्षेत्र में कार्यरत प्रतिष्ठित गैर सरकारी संगठन सम्मिलित रहते हैं।

नर्मदा नियंत्रण प्राधिकरण के पर्यवेक्षण दल

पुनर्वास उपदल नर्मदा नियंत्रण प्राधिकरण की पुनर्वास इकाईयों के माध्यम से तीनों राज्यों में पुनर्वास कार्यों, पुनर्वास स्थलों के विकास, प्रभावित क्षेत्र से परिवारों का पुनर्वास स्थलों पर परिचालन आदि कार्यों के पर्यवेक्षण, निरीक्षण का कार्य करता है। नर्मदा नियंत्रण प्राधिकरण ने वर्ष 2006 में नियंत्रण प्राधिकरण की पुनर्वास इकाईयों को और अधिक सक्षम बनाते हुए 6 निरीक्षण दलों का गठन किया। निरीक्षण दल पुनर्वास कार्यों का नियमित पर्यवेक्षण और निरीक्षण करते हैं।

नर्मदा नियंत्रण प्राधिकरण के अधिकारियों द्वारा पर्यवेक्षण

नर्मदा नियंत्रण प्राधिकरण के अधिकारियों द्वारा भी राज्यों में भ्रमण कर पुनर्वास कार्य का नियमित निरीक्षण और पर्यवेक्षण किया जाता है। मुख्य रूप से ये अधिकारी पुनर्वास उपदल के निर्णयों को राज्यों द्वारा लागू करने की स्थिति, पुनर्वास स्थलों पर आवासीय भूखण्डों का आवंटन, पुनर्वास स्थलों पर बुनियादी सुविधाओं का विकास और स्तर आदि का आकलन कर संबंधित राज्यों को आवश्यक निर्देश प्रेषित करते हैं।

पुनर्वास कार्यों का संबंधित राज्यों द्वारा स्वतंत्र आकलन

नर्मदा नियंत्रण प्राधिकरण, पुनर्वास उपदल द्वारा किये जा रहे पुनर्वास कार्यों के पर्यवेक्षण के अलावा तीनों राज्य पुनर्वास कार्यों का स्वतंत्र संस्थाओं द्वारा पर्यवेक्षण और अध्ययन कराते हैं। मध्यप्रदेश, गुजरात और महाराष्ट्र राज्यों ने समाजशास्त्र और मानव विज्ञान के क्षेत्र में कार्यरत अकादमिक संस्थाओं द्वारा सरदार सरोवर परियोजना से संबंधित पुनर्वास कार्यों का अध्ययन कराया है। यह संस्थाएं डूब में आने वाले गांवों का सामाजिक, आर्थिक और सांस्कृतिक दृष्टिकोण से सर्वेक्षण और अध्ययन कर समय-समय पर अपने निष्कर्षों से अवगत कराती है। इन निष्कर्षों से राज्यों को पुनर्वास कार्य की समस्याओं, त्रुटियों और कठिनाईयों की समय पर जानकारी मिलती है। यह जानकारी विस्थापन और पुनर्वास कार्यों में आवश्यक व्यावहारिक निर्णय लेने में सहायक होती है। ऐसे सर्वेक्षणों और अध्ययनों का मूल उद्देश्य डूब प्रभावित आबादी के विस्थापन पूर्व और पुनर्वास के बाद की सामाजिक, आर्थिक और सांस्कृतिक स्थिति का आकलन करना होता है। मूलरूप से सर्वेक्षण और अध्ययन मानव विकास के निम्नलिखित 13 आधारभूत संकेतकों पर केन्द्रित किया जाता है–

1. आबादी की मुख्य विशेषताएं
2. व्यक्ति का संपत्तिधारण अधिकार
3. संयुक्त संपत्ति के संसाधन
4. आर्थिक संरचना
5. ऋण ग्रस्तता
6. स्वास्थ्य
7. जल स्रोतों की मात्रा और स्तर

8. साक्षरता और स्कूल गतिविधियां
9. उपलब्ध सेवाएं, सेवाओं के प्रावधान और सेवाओं तक लोगों की पहुंच
10. सामाजिक संगठन और सम्पर्क
11. प्रशासन से संबंध
12. पुनर्वसित आबादी के क्षेत्र की पूर्व की आबादी से संबंध
13. क्षेत्र का जातीय मानचित्र

प्रभावित परिवारों की शिकायत निवारण व्यवस्था

सरदार सरोवर परियोजना निर्माण के विरुद्ध एन.बी.ए. द्वारा वर्ष 1994 में उच्चतम न्यायालय में दायर मामले में अनेक मुद्दे उठाये गये थे। इनमें सरदार सरोवर परियोजना जलाशय की डूब से प्रभावित परिवारों की शिकायतों के निवारण का मुद्दा भी सम्मिलित था। एन.बी.ए. के इस मामले पर उच्चतम न्यायालय ने 18 अक्टूबर 2000 को अपना निर्णय दिया। नर्मदा जल विवाद न्यायाधिकरण के अंतिम निर्णय के बाद निर्णय की व्यवस्थाओं पर उच्चतम न्यायालय का यह पहला निर्णय था। इस निर्णय में सरदार सरोवर जलाशय प्रभावित परिवारों की शिकायतों के निवारण के लिए सभी संबद्ध राज्यों में पृथक व्यवस्था स्थापित करने का उल्लेख है। इस संदर्भ में उच्चतम न्यायालय द्वारा चाहे अनुसार गुजरात, मध्यप्रदेश और महाराष्ट्र राज्यों द्वारा शिकायतों के निवारण के लिए अपने-अपने राज्यों में शिकायत निवारण प्राधिकरण (ग्रेविएन्स रिड्रेसल अथॉरिटी) का गठन किया गया है।

गुजरात

गुजरात राज्य ने उच्चतम न्यायालय के निर्णय के पूर्व ही 17 फरवरी 1999 को एक शिकायत निवारण प्राधिकरण का गठन कर दिया था। गुजरात के शिकायत निवारण प्राधिकरण के अध्यक्ष मुम्बई, कोलकाता तथा हिमाचल प्रदेश उच्च न्यायालयों में मुख्य न्यायाधीश रहे सेवानिवृत्त मुख्य न्यायामूर्ति श्री पी.डी. देसाई थे। गुजरात सरकार के शिकायत निवारण प्राधिकरण में सरदार सरोवर पुनर्बसाहट प्राधिकरण के अंतर्गत ही शिकायत निवारण प्रकोष्ठ का गठन भी किया है। यह प्रकोष्ठ डूब प्रभावितों के आवेदनों पर निश्चित समय सीमा में एकल खिड़की निपटारा पद्धति के माध्यम से शिकायतों की सुनवाई करता है।

मध्यप्रदेश

मध्यप्रदेश राज्य ने भी दिनांक 30 मार्च 2000 को पटना हाईकोर्ट के पूर्व मुख्य न्यायाधीश श्री जी.जी. सोहनी की अध्यक्षता में शिकायत निवारण प्राधिकरण का गठन किया।

महाराष्ट्र

महाराष्ट्र राज्य ने दिनांक 17 अप्रैल 2000 को उच्चतम न्यायालय के सेवानिवृत्त न्यायमूर्ति श्री एस.पी. कुरदूकर की अध्यक्षता में शिकायत निवारण प्राधिकरण का गठन किया।

मध्यप्रदेश की परियोजनाओं से संबंधित पुनर्वास नीति और व्यवस्थापन

रानी अवंती बाई सागर बांध का निर्माण 1975 से आरम्भ होकर 1988 में पूर्ण हुआ। इस अवधि में परियोजना से विस्थापित होने वाले परिवारों को भूमि अधिग्रहण अधिनियम और भू-राजस्व संहिता के प्रावधानों के अनुसार मुआवजे और अनुदान दिये गये। बाद की परियोजनाओं के लिए प्राधिकरण द्वारा वर्ष 1985 में पुनर्वास नीति बनाई गई। इस नीति को वर्ष 1989 में परिमार्जित कर और अधिक व्यापक और उदार बनाया गया। राज्य में इंदिरा सागर, ओंकारेश्वर, मान, जोबट और अन्य योजनाओं में इसी पुनर्वास नीति के तहत् विस्थापितों को पुनर्वास लाभ दिये गये।

मध्यप्रदेश की नर्मदा घाटी परियोजनाओं के लिए लागू पुनर्वास नीति और सरदार सरोवर परियोजना के लिए लागू पुनर्वास नीति लगभग समान है। अंतर केवल इतना है कि सरदार सरोवर पुनर्वास नीति में 25 प्रतिशत से अधिक भूमि डूब में आने पर मिलने वाले मुआवजे के अतिरिक्त विशेष पुनर्वास पैकेज का प्रावधान है। यह विशेष पुनर्वास पैकेज न्यूनतम 2 हैक्टेयर कृषि भूमि क्रय करने के लिए दिया जाना निश्चित है, जबकि अन्य परियोजनाओं में वास्तविक अधिग्रहीत भूमि पर विशेष पुनर्वास अनुदान का प्रावधान है। सरदार सरोवर परियोजना की तुलना में एक अन्य अंतर यह है कि सरदार सरोवर परियोजना विस्थापित परिवार को भूखण्ड नहीं लेने के बदले रु. 50,000 नगद लेने की पात्रता है वहीं अन्य परियोजना विस्थापित परिवार द्वारा भूखण्ड नहीं लेने पर रु. 20,000 के अनुदान की पात्रता है।

मध्यप्रदेश की उपरोक्त पुनर्वास नीति के अनुसार विभिन्न परियोजनाओं से संबंधित पुनर्वास कार्य का विवरण निम्नानुसार हैं–

परियोजना का नाम	परिवारों की संख्या	पुनर्वास स्थलों की संख्या
इंदिरा सागर परियोजना	44083	30+8 निजी बसाहटों का विकास
ओंकारेश्वर परियोजना	5960	10
मान परियोजना	993	4
शहीद चन्द्रशेखर आजाद (जोबट) परियोजना	2019	1
अपर बेदा (निर्माणाधीन) परियोजना	1509	2
लोअर गोई (निर्माणाधीन) परियोजना	904	1

हरसूद नगर का विस्थापन और पुनर्वास

नर्मदा घाटी में बनने वाले बड़े बांधों से संबंधित विस्थापन और पुनर्वास का कार्य मध्यप्रदेश सरकार के लिए एक चुनौती भरा कार्य था। इनमें सर्वाधिक चुनौतीभरा कार्य था–इंदिरा सागर जलाशय क्षेत्र से हरसूद नगर का विस्थापन और पुनर्वास। हरसूद ब्रिटिशकाल से एक सुस्थापित कस्बा था जो आजादी के बाद आस-पास के ग्रामीण अंचल के लिए कृषि और अन्य व्यापार का केन्द्र बना हुआ था। हरसूद को विस्थापित करने की जद्दोजहद लंबे समय तक चलती रही। जैसे-जैसे इंदिरा सागर बांध की ऊंचाई बढ़ने लगी, हरसूद नगर को विस्थापित करने का दबाव भी प्रदेश सरकार पर बढने लगा। आमतौर पर यह माना जाता था कि हरसूद के विस्थापन पर भारी जन विरोध और आक्रोश का सामना सरकार को करना पड़ेगा। क्षेत्र के जनप्रतिनिधि भी असमंजस में रहे क्योंकि जो क्षेत्र उनका जनाधार था, वहां विस्थापन जैसी अप्राकृतिक कार्यवाही उनके हितों के अनूकूल नहीं थी। वर्ष 2004 में जब हरसूद को विस्थापित किया जाना बांध निर्माण के लिए अपरिहार्य हो गया, उस समय मध्यप्रदेश में कांग्रेस की सरकार थी। हरसूद अंचल के जनप्रतिनिधियों की हरसूद को बचाने की मांग और नागरिकों के विरोध को ध्यान में रखते हुए मुख्यमंत्री दिग्विजय सिंह ने बांध निर्माण करने वाली एजेन्सी नर्मदा हायड्रो पॉवर डेव्हलपमेंट कॉरपोरेशन (एन.एच.डी.सी.) से इस विषय में चर्चा की। एनएचडीसी के इंजीनियरों ने यह सुझाव दिया कि चूंकि हरसूद नगर इंदिरा सागर के पिछले छोर पर बसा है अतः हरसूद

नगर की सुरक्षा करते हुए जलाशय और नगर के बीच एक गाईड दीवार का निर्माण कर हरसूद को बचाया जा सकता है।

इस प्रस्ताव पर सहमत होते हुए राज्य सरकार ने 07 जनवरी 2003 को मंत्रिपरिषद् की बैठक में सुरक्षा दीवार बनाने के प्रस्ताव का अनुमोदन कर दिया। इस प्रस्ताव के परिपालन में एन.एच.डी.सी. अधिकारियों को सर्वेक्षण के निर्देश दिये गये। इस क्रम में एन.एच.डी.सी. के अधिकारियों का एक दल हरसूद में सुरक्षा दीवार निर्मित करने के सर्वेक्षण के लिए पहुंचा। सम्भवतः उन्हें अनुमान था कि हरसूद नगर में इस प्रस्ताव का स्वागत होगा, लेकिन हुआ इसके विपरीत सर्वेक्षण दल को हरसूद के नागरिकों के भारी विरोध का सामना करना पड़ा। सर्वेक्षण के उग्र विरोध से यह बात सामने आई कि हरसूद के नागरिक विस्थापित होकर नये स्थान पर बसना चाहते हैं। इस मुद्दे की और पड़ताल में यह स्पष्ट हुआ कि सुरक्षा दीवार का प्रस्ताव आने के पूर्व हरसूद नगर का मुआवजे के दृष्टिकोण से सर्वेक्षण होकर परिवार सूचियां बन चुकी थीं। आवासीय मकान और भूमि अधिग्रहण के लिए सम्पत्तियों का मूल्यांकन होकर भूअर्जन के विभिन्न धाराओं के नोटिस जारी हो चुके थे कुल मिला कर हरसूद के प्रत्येक परिवार के मुखिया को अपनी सम्पत्ति के मिलने वाले मुआवजे की जानकारी थी।

मूल मुद्दा प्रचलित पुनर्वास नीति में मिलने वाले मुआवजे के अतिरिक्त मुआवजा प्राप्त करने का था। हरसूद नगर के लिए विशेष मुआवजे की व्यवस्था का कोई प्रावधान नहीं होने से हरसूद नगर और नर्मदा घाटी विकास प्राधिकरण के मध्य कुछ समय तक दबाव और इन्कार की स्थिति बनी रही। इस बीच नर्मदा घाटी विकास प्राधिकरण के तत्कालीन उपाध्यक्ष और नर्मदा विकास विभाग के प्रमुख सचिव प्रदीप भार्गव ने हरसूद विशेष पुनर्वास पैकेज का मसौदा तैयार कर मुख्यमंत्री की स्वीकृति के लिए भेजा।

जनवरी 2004 में मध्यप्रदेश की तत्कालीन मुख्यमंत्री उमा भारती 18 जनवरी को इंदिरा सागर परियोजना की प्रथम जल विद्युत इकाई के लोकार्पण अवसर पर नर्मदा नगर पहुंची। इस अवसर पर हरसूद से आया एक प्रतिनिधि मण्डल मुख्यमंत्री से मिला और हरसूद के विस्थापन और पुनर्वास संबंधी मांगों की चर्चा की। अंततः मुख्यमंत्री ने 14 मई 2004 को हरसूद नगर के विशेष पुनर्वास पैकेज के नर्मदा घाटी विकास प्राधिकरण के प्रस्ताव का अनुमोदन कर दिया। हरसूद नगर में 15 जनवरी 2004 के समाचार पत्रों में विशेष पैकेज का समाचार पढ़ कर पूरे हरसूद

नगर में प्रसन्नता व्याप्त हो गई। इस पैकेज के अंतर्गत यह प्रावधान किया गया कि जो परिवार हरसूद से 30 जून 2004 के पूर्व विस्थापित हो जाएंगे उन्हे उनकी अवार्ड राशि की 10 प्रतिशत राशि, जो न्यूनतम 25 हजार और अधिकतम 5 लाख रु. होगी, विशेष नगर क्षतिपूर्ति भत्ते के रूप में दी जाएगी। शीघ्र ही इस प्रावधान में संशोधन करते हुए 5 लाख रू तक का मुआवजा प्राप्त करने वाले परिवारों को मुआवजा राशि की 20 प्रतिशत राशि नगर क्षतिपूर्ति अनुदान के रूप में देने का निर्णय लिया गया। इसकी न्यूनतम सीमा 25 हजार से बढ़ा कर 35 हजार रु. कर दी गई। इसी प्रकार 5 लाख रु. से अधिक की मुआवजा राशि प्राप्त करने वाले परिवारों को मुआवजा राशि की 10 प्रतिशत राशि, जो अधिकतम 5 लाख रु. होगी देने का निर्णय लिया गया। इस विशेष पुनर्वास पैकेज में हरसूद नगर में 540 वर्गफीट से कम क्षेत्रफल भूखण्ड धारक परिवारों को नये पुनर्वास स्थल में 540 वर्गफीट का आवासीय भूखण्ड और जिन परिवारों के पास 540 से 1000 वर्गफीट भूखण्ड था, उन्हें 1500 वर्गफीट तथा जिन परिवारों के पास 1000 वर्गफीट से अधिक का भूखण्ड था, उन्हें 2400 वर्गफीट का भूखण्ड देने का प्रावधान किया गया।

इस पैकेज का हरसूद वासियों ने स्वागत किया और नगरवासियों ने विस्थापित होने का मन बना लिया। पैकेज का लाभ लेने की अंतिम तिथि 30 जून 2004 होने से तेजी से विस्थापन होने लगा। इस समय तक हरसूद के लिए निर्धारित पुनर्वास स्थल छनेरा में आवश्यक तैयारियां नहीं हुई थीं। सुविधाओं का निर्माण धीमी गति से चल रहा था। हरसूद नगर से बड़ी संख्या में आने वाले लोगों और उनके द्वारा बुनियादी सुविधाओं की मांग से समस्या उठ खड़ी हुई। मध्यप्रदेश की तत्कालीन मुख्यमंत्री उमा भारती ने लोकनिर्माण मंत्री कैलाश विजयवर्गीय, जल संसाधन मंत्री अनूप मिश्रा और मुख्य सचिव बी.के. साहा को सीधे छनेरा के विकास कार्यों की देख-रेख करने की जिम्मेदारी सौंपी। दोनों केबिनेट मंत्रियों और मुख्य सचिव ने 27 जून 2004 को छनेरा में ताबड़तोड़ एक उच्चस्तरीय बैठक में छनेरा के विकास कार्यों को गति देने के बारे में कई निर्णय लिये। इस बैठक में राज्य के विकास विभागों के लगभग सभी प्रमुख सचिव, आयुक्त और संचालक स्तर के अधिकारी उपस्थित थे। यह निर्देश दिये गये कि छनेरा के विकास कार्यों के लिए संबंधित विभाग के प्रमुख सचिव सीधे तौर पर उत्तरदायी होंगे। इस बैठक में लिए गये विभिन्न निर्णयों पर अगले दिन ही कार्यवाही आरम्भ हो गई। उच्च अधिकारियों ने मौके पर उपस्थित रह कर अपने विभाग से संबंधित निर्माण और विकास के कार्य कराये और सेवा प्रदाय विभाग के अधिकारियों

कर्मचारियों ने घर-घर जाकर राशनकार्ड नवीनीकरण, स्वास्थ्य, विद्युत कनेक्शन जैसी सुविधाएं प्रदान की।

देखते-ही-देखते 95 प्रतिशत परिवारों ने रात-दिन लग कर अपने मकान तोड़े और मकान से निकले उपयोगी सामान सहित घरेलू सामान का नये पुनर्वास छनेरा में परिवहन किया। परिवहन की नि:शुल्क सुविधा होने से राज्य शासन की ओर से सैंकड़ों ट्रकों और ट्रेक्टरों की सेवाएं सुलभ कराई गईं। आकर्षक पुनर्वास पैकेज का प्रभाव इतना था कि अनेक परिवारों ने शासकीय वाहन की प्रतीक्षा किये बगैर अपने साधनों से सामान का परिवहन कर लिया। इस प्रकार लगभग 35 हजार आबादी के इस नगर का खण्डवा-हरसूद मार्ग पर हरसूद से 12 किमी. दूर छनेरा ग्राम के पास नये हरसूद में विस्थापन हो गया। हरसूद नगर के वार्ड क्र. 9, 12 और 13 डूब से प्रभावित नहीं होने के कारण आरम्भ में अधिग्रहित नहीं किये गये थे। यह विचित्र स्थिति बन रही थी कि नगर के तीन वार्डों की आबादी छोड़ कर पूरा नगर नये स्थान पर बस जाये। सरकार ने बाद में इन वार्डों के अधिग्रहण का भी निर्णय लिया। इस प्रकार वर्ष 2004 के अगस्त-सितम्बर माह तक लगभग पूरा हरसूद नगर अपने मूल स्थान से विस्थापित होकर खण्डहरों का नगर बन चुका था।

हरसूद नगर के विस्थापन के एक वर्ष बाद 30 जून 2005 को नगरवासियों ने हरसूद की पहली 'पुण्यतिथि' मनाई। खण्डहर हो चुके नगर के गांधी चौक पर आयोजन हुआ, जिसमें नये हरसूद से आये सैंकड़ों लोगों ने भाग लिया। ये लोग अपने पुराने घरों के खण्डहरों में गये और अपने घर और नगर से जुड़ी यादों को ताजा किया। यह एक द्रवित करने वाला दृश्य था। पुण्यतिथि के इस आयोजन में दिल्ली के वरिष्ठ पत्रकार राहुल देव, रामबहादुर राय, रामशरण जोशी, ज्ञानरंजन, जागरण इन्स्टीट्यूट ऑफ मास कम्यूनिकेशन के निदेशक अजय उपाध्याय, राजनीतिज्ञ और गीतकार विट्ठल भाई पटेल और लेखिका निर्मला भूराडिया सम्मिलित हुए। इस अवसर पर युवा पत्रकार विजय मनोहर तिवारी द्वारा लिखी पुस्तक 'हरसूद 30 जून' को गांधी चौक के विजय स्तम्भ के पास एक कब्रनुमा गड्ढे में दफनाया गया।

पुराने हरसूद के पुनर्वास स्थल छनेरा में एक वर्ष की अवधि में ही नियोजित रूप से नया हरसूद लगभग पूरी तरह बस गया। आने वाले वर्षों में जो परिवार पुराना हरसूद छोड़कर अस्थाई रूप से खण्डवा, इन्दौर और आस-पास के शहरों में चले गये थे, वे भी नये हरसूद में आकर बस गये। वर्तमान नया हरसूद आधुनिक नगरीय सुख-सुविधाओं से लैस एक परिपूर्ण नगर के रूप में बसा हुआ है। पुराना हरसूद खिरकिया-

तलवडिया रेल्वे स्टेशनों के बीच था। इंदिरा सागर जलाशय की डूब में खिरकिया-तलवडिया 52 किमी. रेलमार्ग डूब प्रभावित होने से इसे परिवर्तित कर नये हरसूद से जोड़ दिया गया है। यद्यपि पुराने हरसूद नगर का व्यापार व्यवसाय आस-पास के दर्जनों गावों पर निर्भर था और नया हरसूद व्यापार व्यवसाय की इस संरचना से वंचित होने के कारण बेरोजगारी की समस्या यहां तेजी से उठ खड़ी हुई है।

मध्यप्रदेश की परियोजनाओं के लिए शिकायत निवारण तंत्र

सरदार सरोवर परियोजना शिकायत निवारण प्राधिकरण की तर्ज पर मध्यप्रदेश सरकार ने राज्य के अंदर निर्मित नर्मदा घाटी की अन्य सभी परियोजनाओं से प्रभावित परिवारों की पुनर्वास संबंधी शिकायतों के निवारण के लिए 30 अगस्त 2001 को एक पृथक शिकायत निवारण प्राधिकरण का गठन किया। राज्य के सेवानिवृत्त अतिरिक्त मुख्य सचिव रवीन्द्र शर्मा को इसका पहला अध्यक्ष बनाया गया। मध्यप्रदेश में शिकायत निवारण प्राधिकरण के साथ ही नर्मदा घाटी विकास प्राधिकरण स्तर पर एक शिकायत निवारण प्रकोष्ठ कार्यरत है। मध्यप्रदेश की परियोजनाओं के लिए गठित शिकायत निवारण प्राधिकरण में मूलरूप से अध्यक्ष के अतिरिक्त दो सदस्यों की नियुक्ति का प्रावधान था। बाद में एन.बी.ए. द्वारा इंदिरा सागर परियोजना पुनर्वास के मुद्दे पर दायर एक मामले में उच्चतम न्यायालय ने शिकायतों के तेजी से निराकरण के लिए मध्यप्रदेश को अपने शिकायत निवारण प्राधिकरण में 5 न्यायिक और 5 प्रशासनिक सदस्य नियुक्त करने के निर्देश दिये। तदनुसार मध्यप्रदेश में राज्य सीमाओं के अंदर निर्मित, निर्माणाधीन और प्रस्तावित नर्मदा घाटी परियोजनाओं से प्रभावित परिवारों की शिकायतों के निवारण के लिए कार्यरत प्राधिकरण में अध्यक्ष सहित 10 सदस्य कार्यरत हैं।

राष्ट्रीय पुनर्वास और पुनर्स्थापन नीति 2007

देश की विभिन्न परियोजनाओं के कारण प्रभावित आबादी के लिए पुनर्वास सुविधाओं के मापदण्ड निर्धारित करने के उद्देश्य से भारत सरकार ने 31 अक्टूबर 2007 से राष्ट्रीय पुनर्वास और पुनर्स्थापन नीति 2007 प्रभावशील की है। यह नीति ऐसी सभी परियोजनाओं के लिए राज्यों को प्रभावशील करना आवश्यक होगा जहां मैदानी क्षेत्र में 400 से अधिक परिवारों अथवा आदिवासी क्षेत्रों में 200 से अधिक परिवारों का अनैच्छिक विस्थापन होता हो। राष्ट्रीय पुनर्वास नीति में यह भी कहा गया है कि राज्य

सरकारों, सार्वजनिक क्षेत्र के उपक्रमों एजेन्सियों और अन्य निकायों को राष्ट्रीय पुनर्वास और पुनर्स्थापन नीति 2007 में निर्धारित लाभों से अधिक लाभ प्रदान करने की स्वतंत्रता रहेगी।

भारत सरकार द्वारा प्रभावशील राष्ट्रीय पुनर्वास और पुनर्स्थापन नीति 2007 के मुख्य प्रावधान निम्नानुसार हैं:-

- प्रभावित परिवारों को आवंटित भूमि अथवा मकान परिवार के पति और पत्नी के संयुक्त नाम पर होगा।
- परियोजना प्रभावित परिवार, जिन्हें कृषि भूमि अथवा रोजगार मुहैया नहीं कराया गया है, को 750 दिन की न्यूनतम कृषि मजदूरी के बराबर पुनर्वास अनुदान दिया जाएगा।
- विस्थापित परिवार को विस्थापन दिनांक से एक वर्ष की अवधि के लिए प्रतिमाह 25 दिन की न्यूनतम कृषि मजदूरी के बराबर मासिक जीवन भत्ता मिलेगा।
- प्रभावित विकलांग, निराश्रित, अनाथ, विधवा, अविवाहित लड़कियां, परित्यक्त महिला, पचास वर्ष की आयु के ऊपर का व्यक्ति जिन्हें वैकल्पिक आजीविका उपलब्ध नहीं कराई जा सकती और ऐसे व्यक्ति किसी परिवार के सदस्य के रूप में सम्मिलित नहीं है उन्हें जीवनभर प्रतिमाह 500 रु. की पेंशन दी जाएगी।
- विस्थापित परिवार सामान परिवहन के लिए निःशुल्क परिवहन सुविधा का लाभ नहीं लेता है तो उसे इसके बदले एकमुश्त 10,000 रु. दिये जाएंगे।
- विस्थापित परिवार के पास यदि पशु है तो नये स्थान पर पशुशाला निर्माण के लिए 15,000 रु. मिलेंगे।
- विस्थापित छोटा व्यापारी, ग्रामीण दस्तकार को नये स्थान पर कार्यशेड या दुकान बनाने के लिए 25,000 रु. की वित्तीय सहायता कुछ शर्तों के अधीन उपलब्ध हो सकेगी।

मध्यप्रदेश ने राष्ट्रीय पुनर्वास और पुनर्स्थापन नीति 2007 में अतिरिक्त लाभकारी प्रावधान सम्मिलित कर भावी परियोजनाओं के लिए परिमार्जित पुनर्वास नीति 2008 प्रभावशील की है। गुजरात और महाराष्ट्र राज्यों की नर्मदा घाटी परियोजना पुनर्वास नीति में भी राष्ट्रीय पुनर्वास और पुनर्स्थापन नीति 2007 के प्रावधानों की तुलना में अधिक लाभकारी प्रावधान सम्मिलित हैं।

पुरातत्व सम्पदा का संरक्षण

नर्मदा घाटी क्षेत्र में हुए उत्खनन और सर्वेक्षणों में जो साक्ष्य प्राप्त हुए हैं, उससे यह स्पष्ट होता है कि नर्मदा घाटी क्षेत्र प्रागैतिहासिक और इतिहास-पूर्व कालखण्ड में भी महत्त्वपूर्ण क्षेत्र था। मध्यप्रदेश में महेश्वर, नावदाखेड़ी, पीतनगर, कटनेरा, खापाखेडा आदि स्थानों के उत्खनन में इस क्षेत्र की ताम्रकालीन संस्कृति के प्रमाण मिले हैं। नावडाटोडी और महेश्वर के उत्खनन में प्राप्त अवशेष हैहय तथा यदुवंशी समाज से संबंधित हैं। इस वंश के लोग ईसा पूर्व दूसरी सहस्त्राब्दी के आसपास यहां आकर बसे थे। पुराणों में इस क्षेत्र के निवासियों को अनूप, तालजंघ, वीतीहोत्र और अवंती कहा गया है। इस क्षेत्र में भारतीय इतिहास की क्रमबद्ध कड़ी छठवीं शताब्दी ईसा पूर्व से प्राप्त होती है। तब से लेकर नर्मदा घाटी ने सैंकड़ों शासकों, राजवंशों, आक्रांताओं, सुल्तानों, बादशाहों, साम्राज्यों का उत्थान और पतन देखा।

आधुनिक काल में जब नर्मदा घाटी के विकास का चिंतन आरंभ हुआ, तब उस चिंतन में नर्मदा घाटी की बहुमूल्य पुरातत्व सम्पदा को संरक्षित करने की चिंता भी सम्मिलित थी। नर्मदा घाटी के विकास का पहला चरण नर्मदा और उसकी सहायक नदियों पर बांधों का निर्माण करना था। इस कारण बांधों के जलाशय क्षेत्र में आने वाली पुरातत्व सम्पदा का संरक्षण करना आवश्यक हो गया। मुख्य रूप से गुजरात में निर्मित सरदार सरोवर परियोजना की डूब से प्रभावित मध्यप्रदेश, गुजरात और महाराष्ट्र का नर्मदा घाटी क्षेत्र और मध्यप्रदेश में निर्मित इंदिरा सागर, ओंकारेश्वर और अन्य परियोजनाओं के जलाशय क्षेत्र में पुरातत्व, ऐतिहासिक महत्त्व के स्मारकों के संरक्षण की कार्ययोजना बनी।

नर्मदा जल विवाद न्यायाधिकरण द्वारा अपने निर्णय में यह कहा गया है कि सरदार सरोवर परियोजना जलाशय की डूब में आने वाली मध्यप्रदेश और महाराष्ट्र राज्यों की पुरातत्व सम्पदा के संरक्षण पर होने वाला व्यय गुजरात राज्य वहन करेगा।

मध्यप्रदेश की शेष परियोजनाओं के लिए इन कार्यों पर होने वाला व्यय मध्यप्रदेश सरकार द्वारा किया जाएगा। डूब से प्रभावित पुरासम्पदा को चिन्हित करने के लिए सर्वेक्षण कर उनका उचित संरक्षण करने का कार्य मध्यप्रदेश के नर्मदा घाटी विकास प्राधिकरण द्वारा राज्य पुरातत्व विभाग को सौंपा गया। राज्य पुरातत्व विभाग द्वारा बड़े पैमाने पर वर्ष 1988 में पुरातत्वीय सर्वेक्षण का कार्य आरम्भ किया, जो 1992 में पूरा हुआ। इस सर्वेक्षण के आधार पर राज्य पुरातत्व विभाग ने चिन्हांकित पुरासम्पदा के संरक्षण, अध्ययन आदि कार्यों के लिए वर्ष 1993 में एक विस्तृत कार्य योजना तैयार की। नर्मदा घाटी विकास प्राधिकरण के साथ विचार-विमर्श के बाद इस कार्ययोजना को वर्ष 1997 में संशोधित किया गया। मध्यप्रदेश में नर्मदा घाटी की पुरासम्पदा के संरक्षण का मूल कार्य राज्य पुरातत्व विभाग द्वारा तैयार वर्ष 1997 की कार्ययोजना के अनुसार सम्पादित किया गया। यद्यपि कार्य पूर्ण करने की समय सीमा के मुद्दे पर वर्ष 1997 की कार्य योजना को वर्ष 2002 में पुनरीक्षित किया गया।

पुरासम्पदा के संरक्षण के लिए मुख्य रूप से निम्नलिखित कार्य सम्पादित किये गये–

1. **डॉक्युमेण्टेशन–** परियोजनाओं की डूब से प्रभावित हो रहे स्मारकों और अन्य सम्पदा का वास्तविक स्थिति का रिकार्ड रखने के लिए स्मारकों की फिल्में और फोटोग्राफ्स तैयार करना।
2. **स्मारकों की पुनर्स्थापना–** डूब क्षेत्र के ऐतिहासिक और पुरातत्व महत्त्व के स्मारकों और मंदिरों को मूल स्थान से हटा कर उसी स्वरूप में नये स्थानों पर पुनर्स्थापित करना।
3. **उत्खनन–** डूब प्रभावित क्षेत्र में महत्त्वपूर्ण टीलों का उत्खनन कर प्राप्त पुरासम्पदा का संरक्षण।
4. **पुरासम्पदा का संकलन–** डूब क्षेत्र में बिखरी प्रतिमाओं तथा अन्य महत्त्वपूर्ण अवशेषों को संकलित करा कर सुरक्षित स्थानों पर रखा जाना।
5. **प्रतिकृति निर्माण–** महत्त्वपूर्ण स्मारकों और प्रतिमाओं के मूल स्वरूप को सुरक्षित रखने के लिए प्लास्टर ऑफ पेरिस, फाईबर कास्ट तथा टेरीकोटा की प्रतिकृतियां तैयार करना।
6. **रसायनीकरण–** स्मारकों और प्रतिमाओं के पुनर्स्थापन कार्य के दौरान उनकी सुरक्षा के लिए आवश्यक रसायनों का लेप करना।

7. **प्रकाशन कार्य–** पुनर्स्थापन किये गये डूब प्रभावित स्मारकों तथा डूब से प्रभावित किन्तु पुनर्स्थापित नहीं किये जाने वाले स्मारकों से संबंधित फोटो और जानकारी का प्रकाशन।
8. **पुरातत्व संग्रहालयों की स्थापना–** डूब प्रभावित क्षेत्र तथा उत्खनन से प्राप्त पुरासम्पदा को सुरक्षित रखने के लिए पुरातत्व संग्रहालय की स्थापना का कार्य।

मध्यप्रदेश में परियोजनावार चिन्हितट और पुनर्स्थापित स्मारक

सरदार सरोवर परियोजना

स्मारक का नाम	जिला/तहसील	अनुमानित काल
शिव मंदिर, रोलीगांव	अलीराजपुर/अलीराजपुर	11-12 वीं शती ईस्वी
शिव मंदिर, बड़दा	धार/मनावर	15-16 वीं शती ईस्वी
शैलोत्कीर्ण प्रतिमाएं, पीपलदागढ़	धार/धरमपुरी	12-13 वीं शती ईस्वी
शिव मंदिर, पीपलदागढी	धार/धरमपुरी	12-13 वीं शती ईस्वी
नर्मदेश्वर मंदिर, डेहर	धार/कुक्षी	16-17 वीं शती ईस्वी
कोटेश्वर मंदिर, कोठड़ा	धार/कुक्षी	15-16 वीं शती ईस्वी
कंजलेश्वर मंदिर, सेमल्दा	धार/मनावर	15 वीं शती ईस्वी
छः शैलोत्कीर्ण गुफाएं, खुजावा	धार/धरमपुरी	15-16 वीं शती ईस्वी
शिव मंदिर, छोटी कसरावद	बड़वानी/बड़वानी	18 वीं शती ईस्वी
भीलखेड़ा की छः छतरियां	बड़वानी/बड़वानी	18-19 वीं शती ईस्वी

टीलों का उत्खनन

स्मारकों और मंदिरों की पुनर्स्थापना के अतिरिक्त जलाशय क्षेत्र के महत्त्वपूर्ण टीलों के उत्खनन का कार्य भी किया गया। उत्खनन में प्राप्त सामाग्री को संरक्षित किया गया। सरदार सरोवर परियोजना जलाशय के अंतर्गत विभिन्न 12 टीलों का उत्खनन किया गया। राज्य पुरातत्व विभाग द्वारा उत्खनित टीलों के स्थान और जिला निम्नानुसार हैं–

क्र.	उत्खनित स्थल	जिला
1.	खलघाट	धार
2.	एकलवारा	धार
3.	कटनेरा	धार
4.	कल्याणपुरा	धार
5.	छोटाबड़दा	बड़वानी
6.	मारूचिचली	बड़वानी
7.	कवठी	धार
8.	खेड़ा	धार
9.	ब्राम्हणगांव	धार

उक्त टीलों के उत्खनन के अतिरिक्त भारतीय पुरातत्व सर्वेक्षण, नागपुर द्वारा निम्न टीलों का उत्खनन कराया गया–

क्र.	उत्खनित स्थल	जिला
1.	नावदाखेड़ी	बड़वानी
2.	पिपरी (उटावद)	बड़वानी
3.	खापरखेड़ा	धार

इसके अतिरिक्त डेक्कन कॉलेज एण्ड रिसर्च इन्स्टीट्यूट, पुणे द्वारा बड़वानी जिले के छोटी कसरावद में भी उत्खनन कार्य कराया गया है। मध्यप्रदेश में सरदार सरोवर परियोजना की डूब प्रभावित क्षेत्रों से पुरातत्व महत्त्व की 118 मूर्तियां संग्रहित की गई हैं। इन्हें प्रदेश के धार जिले के पुरातत्व संग्रहालय में रखा गया है।

सरदार सरोवर परियोजना प्रभावित पुनर्स्थापित मंदिर।

इंदिरा सागर जलाशय से डूब प्रभावित एक मंदिर के पुनर्स्थापन का कार्य।

पुरातत्व संग्रहालयों की स्थापना

नर्मदा घाटी की विभिन्न परियोजना जलाशय क्षेत्रों से संग्रहित पुरातत्व महत्त्व की सामाग्री को संरक्षित करने के लिए खरगोन जिले के कसरावद कस्बे में 7 गैलरियों के एक बड़े पुरातत्व संग्रहालय की स्थापना की जा रही है। वर्तमान में 3 गैलरियों में सामग्री का संग्रहण किया गया है। शेष 4 गैलरियों का निर्माण प्रस्तावित है। इसके अतिरिक्त राज्य की राजधानी भोपाल में भी एक पुरातत्व गैलरी स्थापित की गई है।

इंदिरा सागर परियोजना

इंदिरा सागर परियोजना जलाशय की डूब से प्रभावित 5 महत्त्वपूर्ण स्मारकों का पुनर्स्थापन संरक्षण किया गया। स्मारकों के नाम, स्थान और काल निम्नानुसार हैं :-

स्मारक का नाम	तहसील तथा जिला	अनुमानित काल
शिव मंदिर, धारीकोटला	खण्डवा (खण्डवा)	18 वीं शती ईस्वी
क्षत्रीघिसोर	खण्डवा (खण्डवा)	18 वीं शती ईस्वी
शिव मंदिर (सरस्वती कुण्ड)	हरसूद (हरसूद)	18 वीं शती ईस्वी
शैलोत्कीर्ण प्रतिमाएं, दैय्यत	खातेगांव (देवास)	12-13 वीं शती ईस्वी
रिद्धेश्वर मंदिर, हण्डिया	हरदा (खण्डवा)	12-13 वीं शती ईस्वी

रिद्घेश्वर मंदिर, हण्डिया को अपने मूल स्थान पर ही सुरक्षा दीवार निर्माण कर संरक्षित किया गया है। इंदिरा सागर जलाशय की डूब से प्रभावित निमाड़ के प्रसिद्घ संत सिंगाजी की समाधि का स्थान परिवर्तित करने के विरोध के कारण समाधि को उसी स्थान पर ऊंचा उठा कर पुनर्स्थापित किया गया है। समाधि तक जाने के लिए विशेष पहुंच मार्ग का निर्माण भी किया गया है। रिद्द्धेश्वर मंदिर सुरक्षा दीवार का निर्माण तथा संत सिंगाजी से संबंधित कार्य इंदिरा सागर परियोजना निर्माण एजेन्सी एनएचडीसी द्वारा किया गया है।

टीलों का उत्खनन

इंदिरा सागर जलाशय क्षेत्र में भी पुरातत्व महत्त्व के विभिन्न 6 टीलों के उत्खनन का कार्य मध्यप्रदेश पुरातत्व विभाग द्वारा किया गया। उत्खनित टीलों के स्थान और जिला निम्नानुसार हैं–

क्र.	उत्खनित स्थल	जिला
1.	खेड़ीनेमा	होशंगाबाद/हरदा
2.	गाजनपुरा	देवास
3.	बिजलपुर खुर्द	खण्डवा
4.	छालपाकला	खण्डवा
5.	नवलखेड़ा	खण्डवा
6.	गन्नौर	खण्डवा

ओंकारेश्वर परियोजना

ओंकारेश्वर परियोजना जलाशय की डूब से प्रभावित 6 मंदिरों को डूब क्षेत्र से हटा कर सुरक्षित क्षेत्र में स्थापित किया गया है। मंदिरों के नाम, स्थान तथा काल निम्नानुसार हैं–

स्मारक का नाम	तहसील तथा जिला	अनुमानित काल
शिव मंदिर, सैलानीघाट	खण्डवा (खण्डवा)	12-13 वीं शती ईस्वी
शिव मंदिर, पंथिया	खण्डवा (खण्डवा)	12-13 वीं शती ईस्वी
पशुपतिनाथ मंदिर, पंथिया	खण्डवा (खण्डवा)	18 वीं शती ईस्वी
सतमाता मंदिर, सैलानीघाट	खण्डवा (खण्डवा)	12-13 वीं शती ईस्वी
चक्करदेवी मंदिर, सैलानीघाट	खण्डवा (खण्डवा)	18 वीं शती ईस्वी
शिव मंदिर, प्रेमगढ़	बागली (देवास)	18 वीं शती ईस्वी

उक्त मंदिरों के अतिरिक्त ओंकारेश्वर परियोजना में भगवान विष्णु के 24 स्वरूपों को समर्पित 24 अवतार मंदिर के पुनर्स्थापन का कार्य भारतीय पुरातत्व सर्वेक्षण द्वारा किया गया है। यह मंदिर भारतीय पुरातत्व सर्वेक्षण के संरक्षित स्मारकों में सम्मिलित है।

महेश्वर परियोजना

नर्मदा नदी पर निर्मित हो रही महेश्वर परियोजना के अंतर्गत कुल 61 गांवों के डूब क्षेत्र में स्थित स्मारकों और पुरावशेषों के चिन्हांकन का कार्य मध्यप्रदेश पुरातत्व विभाग द्वारा 1991-92 में पूरा किया गया। महेश्वर परियोजना का निर्माण मध्यप्रदेश ऊर्जा विभाग के माध्यम से श्री महेश्वर हायडल पॉवर कॉरपोरेशन द्वारा किया जा रहा है। तदनुसार परियोजना से संबंधित पुरातत्व संरक्षण के कार्य के लिए आवश्यक धन राशि निर्माण एजेन्सी द्वारा उपलब्ध कराई गई है।

महेश्वर परियोजना के अंतर्गत डूब के खतरे में निम्नलिखित स्मारक पाये गये–

स्मारक का नाम	तहसील तथा जिला	अनुमानित काल
विमलेश्वर मंदिर, बेलसर	बड़वाह (खरगोन)	16-17 वीं शती ईस्वी
कालेश्वर मंदिर, मर्दाना	बड़वाह (खरगोन)	17-18 वीं शती ईस्वी
पेशवा बाजीराव की समाधि, रावेरखेड़ी	महेश्वर (खरगोन)	18 वीं शती ईस्वी

महेश्वर परियोजना का निर्माण मध्यप्रदेश के ऊर्जा विभाग द्वारा निजी निर्माण एजेन्सी श्री महेश्वर हायडल पॉवर कॉरपोरेशन द्वारा कराया जा रहा है। इसलिये परियोजना की डूब से प्रभावित स्मारकों के संरक्षण का कार्य इसी एजेन्सी को राज्य पुरातत्व विभाग के माध्यम से कराना है। रावेरखेड़ी स्थित पेशवा बाजीराव की समाधि भारतीय पुरातत्व सर्वेक्षण द्वारा संरक्षित स्मारक की श्रेणी में होने से इसके संरक्षण का कार्य भारतीय पुरातत्व सर्वेक्षण द्वारा किया गया है। पुरातत्व विभाग द्वारा शेष दो स्मारकों के पुनर्स्थापन का कार्य कराया जाना शेष है।

टीलों का उत्खनन

डूब क्षेत्र के पुरातत्वीय सर्वेक्षण में खरगोन जिले की बड़वाह तहसील में पीतनगर स्थल को उत्खनन के लिए चिन्हित किया गया है। सर्वेक्षण में इस स्थल से ताम्राश्मकालीन बर्तनों के अवशेष और शंख की चूड़ियां प्राप्त हुई हैं। विस्तृत उत्खनन का कार्य प्रस्तावित है।

रानी अवंती बाई सागर परियोजना

परियोजना जलाशय से ग्राम भिड़की के डूब में आने के कारण वहां स्थित पुरातत्व महत्त्व का नंदीकेश्वर महादेव मंदिर संरक्षित किया गया। इस मंदिर को बरगी नगर में पुनर्स्थापित किया गया है। नंदीकेश्वर मंदिर का उल्लेख पुराणों में मिलता है। इसके महत्त्व का उल्लेख मत्स्य पुराण, शिव पुराण, स्कन्ध पुराण, मार्कण्डेय पुराण, लिंग पुराण में वर्णित है।

गुजरात और महाराष्ट्र में पुरातत्व संरक्षण का कार्य

गुजरात राज्य पुरातत्व विभाग द्वारा सरदार सरोवर जलाशय के गुजरात और महाराष्ट्र क्षेत्रों का सर्वेक्षण किया गया। सर्वेक्षण में यह पाया गया कि कोई भी संरक्षित स्मारक जलाशय की डूब से प्रभावित नहीं है। सर्वेक्षण रिर्पोट के अनुसार, महाराष्ट्र और गुजरात राज्य की सीमा पर सुरपन गांव में शुरपनेश्वर मंदिर प्रभावित है, जहां प्रतिवर्ष ग्रामीण धार्मिक यात्रा के लिए आते हैं। इसी प्रकार गुजरात में पंचमहाल जिले के छोटा उदयपुर ताल्लुका में हमफेश्वर महादेव मंदिर भी प्रभावित है, जहां लोग धार्मिक यात्रा के लिए आते हैं। दोनो मंदिर संरक्षित स्मारक नहीं हैं। धार्मिक महत्त्व को ध्यान में रखते हुए शुरपनेश्वर मंदिर को केवडिया के निकट गोरा नामक स्थान पर स्थानांतरित किया जा चुका है। हमफेश्वर महादेव मंदिर को भी सुरक्षित स्थान पर पुनर्स्थापित कर दिया गया है। राजस्थान में सरदार सरोवर जलाशय का कोई क्षेत्र नहीं होने से पुरातत्व स्मारक संरक्षण संबंधी कोई कार्य नहीं है।

वन तथा पर्यावरण

सम्पूर्ण नर्मदा घाटी वन सम्पदा से भरपूर है। असंख्य वनस्पतियों से भरे नर्मदा कछार के वन, नर्मदा के उत्तरी किनारे के साथ चलने वाली विन्ध्य पर्वतमाला और दक्षिण किनारे के साथ सतपुड़ा पर्वतमाला में फैले हुए हैं। विन्ध्य और सतपुड़ा पहाड़ों के ये वन नर्मदा और नर्मदा की सहायक नदियों के लिए शिराओं और धमनियों की तरह हैं। जंगलों द्वारा जो वर्षा जल सोख लिया जाता है, वही जल वर्ष भर छोटे-छोटे जल स्त्रोतों के रूप में नर्मदा में पहुंचता है। नर्मदा घाटी के वनों को मुख्य वन प्रजातियों के आधार पर तीन भागों में बांटा जा सकता है–

1. साल वन 2. सागौन वन 3. मिश्रित वन

जिन क्षेत्रों में साल प्रजाति (सोरिया रोबस्टा) के वृक्षों की अधिकता है उन्हे साल वनों की श्रेणी में रखा गया है। नर्मदा कछार के कुल वनों में 10 से 12 प्रतिशत भाग इस प्रकार के वनों का है। जिन वन क्षेत्रों में सागौन प्रजाति (टेक्टोना ग्रांडिस) के वृक्षों की अधिकता है, ऐसे वन सागोन वनों की श्रेणी में आते है। नर्मदा के पश्चिमी अंचल में सागौन वनों की प्रधानता है। इन वनों का कुल वन क्षेत्र 30 से 40 प्रतिशत है। उपरोक्त 2 प्रमुख वर्गीकरण के अतिरिक्त ऐसे वन है जिनमें साल अथवा सागौन तुलनात्मक रूप से कम है और अन्य विविध प्रजातियों की अधिकता है। ऐसे वन मिश्रित वन (मिसलेनियस फारेस्ट) की श्रेणी में आते हैं। नर्मदा कछार के कुल वन क्षेत्र का लगभग 50 प्रतिशत भाग मिश्रित वनों से आच्छादित है।

नर्मदा घाटी के वनों पर मानव आबादी का दबाव पिछले दशकों में निरन्तर बढ़ा है। वर्ष 1901 में नर्मदा कछार में आने वाले जिलों की जनसंख्या वर्ष 2001 की स्थिति में पांच गुना से भी अधिक बढ़ चुकी थी। प्रत्येक 10 वर्ष में जनसंख्या बढ़ोत्तरी दर लगभग 25 प्रतिशत है। इस प्रकार 2010 और आने वाले समय में जंगलों पर मानव आबादी के निरन्तर बढ़ते बोझ का अनुमान लगाया जा सकता है।

आबादी के बढ़ते दबाव ने जहां वनों को प्रभावित किया, वहीं बढ़ती आबादी के लिए विकास की परियोजनाएं भी आवश्यक हो गईं। नर्मदा घाटी के संदर्भ में बड़ी सिंचाई परियोजनाओं का पर्यावरण-प्रतिकूल पक्ष यह है कि परियोजना जलाशयों से जंगलों का एक बड़ा क्षेत्र डूब प्रभावित होता है।

गुजरात में निर्मित सरदार सरोवर और मध्यप्रदेश में निर्मित विभिन्न परियोजना जलाशयों से गुजरात, मध्यप्रदेश और महाराष्ट्र राज्य का वन क्षेत्र डूब के प्रभाव में है। वन क्षेत्र की डूब का प्रभाव वन्य प्राणियों पर भी पड़ा है। अस्सी के दशक में नर्मदा घाटी परियोजनाओं के पर्यावरणीय प्रभावों का मूल्यांकन करने तथा पर्यावरण संरक्षण उपाय करने की योजना बनाने के लिए पर्यावरण एवं वन मंत्रालय भारत सरकार द्वारा एक विस्तृत जांच सूची बनाई गई थी। इसके आधार पर मध्यप्रदेश, गुजरात और महाराष्ट्र राज्यों ने वन और पर्यावरण के संबंध में कार्य योजनाएं प्रस्तुत की थीं। संबंधित कार्य योजनाओं के अध्ययन और विभिन्न स्तरों पर विचार-विमर्श के बाद पर्यावरण एवं वन मंत्रालय भारत सरकार ने 24 जून 1987 को गुजरात में सरदार सरोवर तथा मध्यप्रदेश में इंदिरा सागर परियोजनाओं को आवश्यक निर्देशों के साथ पर्यावरणीय स्वीकृति प्रदान की। मध्यप्रदेश में नर्मदा घाटी की अन्य परियोजनाओं के निर्माण की स्वीकृतियां भी वन और पर्यावरण मंत्रालय द्वारा वन और पर्यावरण संरक्षण की आवश्यक शर्तों को पूरा करने के बाद ही प्रदान की गई हैं।

पर्यावरण एवं वन मंत्रालय द्वारा नर्मदा घाटी परियोजनाओं के लिए दी गई स्वीकृति में यह शर्त है कि परियोजना जलाशय की डूब से प्रभावित वन भूमि अथवा परियोजना के निर्माण में उपयोग की गई वन भूमि के बदले वनीकरण किया जाये। शर्त के अनुसार, परियोजना के लिए उपयोग की गई प्रत्येक हेक्टेयर वन भूमि के बदले एक हेक्टेयर की गैर वन भूमि में वनीकरण किया जाएगा। क्षतिपूर्ति वनीकरण यदि उजड़ी वन भूमि पर किया जाता है तो यह वनीकरण प्रत्येक हैक्टेयर वन भूमि के बदले 2 हेक्टेयर में करना होगा। इसी प्रकार डूब में आने वाले वन क्षेत्र से पेड़ों की कटाई और ढुलाई का कार्य भी संबंधित राज्य को जलाशय की पर्यावरणीय सुरक्षा के लिए करना होगा।

डूब वन क्षेत्र के बदले पौधरोपण

सरदार सरोवर परियोजना से गुजरात, मध्यप्रदेश और महाराष्ट्र राज्यों में कुल 13 हजार 385 हैक्टेयर वन क्षेत्र डूब प्रभावित है। डूब वन क्षेत्र के बदले पर्यावरण एवं

वन मंत्रालय के दिशा-निर्देशों के अनुसार क्षतिपूर्ति वन बनाने के लिए पौधरोपण कार्य किये गये। तीनों राज्यों में 13 हजार 385 डूब वन के बदले 42 हजार 66 हैक्टेयर में वन प्रजातियों के पौधे रोपे गये हैं। नये बनाये गये वन क्षेत्रों को इन राज्यों में वन अधिनियिम 1927 के अंतर्गत वन क्षेत्र अधिसूचित किया गया है। क्षतिपूर्ति का राज्यवार विवरण निम्नानुसार है–

गुजरात – सरदार सरोवर परियोजना की डूब से प्रभावित 4 हजार 166 हेक्टेयर वन क्षेत्र के बदले गुजरात के कच्छ जिले में 4 हजार 650 हेक्टेयर गैर वन क्षेत्र में एवं निकट के जिलों में 9 हजार 300 हेक्टेयर में क्षतिपूर्ति वन रोपित किया गया है। इस प्रकार गुजरात में सरदार सरोवर परियोजना की डूब से प्रभावित कुल 4 हजार 166 हेक्टेयर डूब वन के बदले 13 हजार 950 हेक्टेयर में नया वन लगाने का कार्य जलाशय भरने की स्थिति के पूर्व ही कर लिया गया। इसके अतिरिक्त सरदार सरोवर परियोजना बांध स्थल के आसपास हुई हरियाली तथा पर्यावरण की क्षतिपूर्ति के लिए बांध क्षेत्र के आसपास 551 हेक्टेयर में भी जंगल लगाया गया। सरदार सरोवर नर्मदा निगम लिमिटेड ने परियोजना नहर प्रणाली के आस-पास भी पौध रोपण का महत्त्वाकांक्षी कार्यक्रम बनाया है। नहर प्रणाली के आस-पास लगभग 4 हजार हेक्टेयर में पौधरोपण कर दिया गया है। क्षतिपूर्ति वनीकरण कार्य को विस्तार देते हुए गांधीनगर के निकट साबरमती नदी के तट पर फिरोजपुर - रतनपुर के 200 हेक्टेयर बीहड़ों में भी वनीकरण का कार्य किया गया है। राज्य में आवासीय कालोनियों के आस-पास उपलब्ध भूमि पर भी पौधरोपण का कार्य किया गया है।

महाराष्ट्र– महाराष्ट्र में सरदार सरोवर जलाशय की डूब से प्रभावित 6 हजार 488 हेक्टेयर वन क्षेत्र के बदले 19 हजार 378 हैक्टेयर क्षेत्र में नया वन रोपित कर दिया गया है। महाराष्ट्र में पुनर्वास कार्यों के लिए उपयोग में लिए गये वन क्षेत्र के बदले भी 4 हजार 198 हेक्टेयर क्षेत्र में वन रोपित किया गया है।

मध्यप्रदेश– मध्यप्रदेश में सरदार सरोवर जलाशय की डूब से प्रभावित 2 हजार 731 हेक्टेयर वन क्षेत्र के बदले 8 हजार 737 हेक्टेयर क्षेत्र में वन रोपित किया गया है।

सरदार सरोवर क्षतिपूर्ति पौधरोपण (हेक्टेयर में)

राज्य	डूब वन क्षेत्र	पौधरोपण कार्य किया गया		कुल बनाया गया नया वन
मध्यप्रदेश	2731.00	उजड़े वन क्षेत्र में	6538	8737
		गैर वन क्षेत्र में	2199	
गुजरात	4165.91	उजड़े वन क्षेत्र में	9300	13950
		गैर वन क्षेत्र में	4650	
महाराष्ट्र	6488.54	उजड़े वन क्षेत्र में	12977	19379
		गैर वन क्षेत्र में	6402	
योग	**13385.45**			**42066**

अन्य परियोजनाओं में क्षतिपूर्ति वन

मध्यप्रदेश में नर्मदा घाटी की अन्य बड़ी परियोजना जलाशयों की डूब से प्रभावित वन के बदले वन तथा पर्यावरण स्वीकृति की शर्त के अनुसार क्षतिपूर्ति वन रोपित किये गये हैं। क्षतिपूर्ति वन लगाने का कार्य नर्मदा घाटी विकास प्राधिकरण और वन विभाग द्वारा किया गया है। मध्यप्रदेश की बड़ी परियोजनाओं से प्रभावित वन क्षेत्र और क्षतिपूर्ति में लगाये गये वनों का विवरण निम्नानुसार है:-

(हेक्टेयर में)

परियोजना का नाम	जलाशय से डूब प्रभावित	रोपा गया वन क्षेत्र
इंदिरा सागर	40332	81453
ओंकारेश्वर	5277	11600
शहीद चन्द्रशेखर (जोबट)	130.810	385.577
मान	4.000	4.000
अपरबेदा	14.240	51.240
लोअर गोई	1.083	1.083

रानी अवंती बाई सागर परियोजना जलाशय से 8478.00 हेक्टेयर वन क्षेत्र डूब से प्रभावित हुआ। इस परियोजना की वन तथा पर्यावरण स्वीकृति वर्ष 1980 के पूर्व प्राप्त हुई थी। वर्ष 1980 के पूर्व भारत सरकार का वन संरक्षण अधिनियम प्रभावशील नहीं होने से डूब वन भूमि के बदले क्षतिपूर्ति वन लगाने की अनिवार्यता नहीं थी।

परियोजना जलाशयों के अतिरिक्त नहरों के निर्माण से भी वन क्षेत्र की क्षति हुई है। इंदिरा सागर परियोजना की नहरों के निर्माण से 331.978 हेक्टेयर, ओंकारेश्वर परियोजना नहरों से 17.053 और अपर बेदा परियोजना की नहरों के निर्माण से 36.727 हेक्टेयर वन क्षेत्र की हानि हुई। इन वन क्षेत्रों के बदले वन विभाग द्वारा उतने ही क्षेत्र में नये वन लगाये गये हैं। बरगी डायवर्जन परियोजना सम्पूर्ण नहर परियोजना है। इसमें 685.286 हेक्टेयर वन क्षेत्र का उपयोग हुआ है। इतने ही क्षेत्र में वन विभाग द्वारा नये वन लगाये गये हैं।

वन्य प्राणी संरक्षण

परियोजना को स्वीकृति देने के पूर्व वन तथा पर्यावरण मंत्रालय, भारत सरकार परियोजना की डूब से प्रभावित वन्य प्राणियों के संरक्षण की समुचित व्यवस्था भी संबद्ध राज्यों से सुनिश्चित करता है। वन्य प्राणियों के संरक्षण के लिए गुजरात, मध्यप्रदेश और महाराष्ट्र में विशेषज्ञ एजेन्सियों द्वारा वन्य प्राणियों से संबंधित पर्यावरणीय प्रभावों का अध्ययन कराया गया है। इन अध्ययनों के निष्कर्षों के आधार पर तीनों राज्यों में वन्य प्राणियों के संरक्षण के उपाय किये गये हैं।

सरदार सरोवर परियोजना प्रभावित वन्य प्राणी संरक्षण

गुजरात में सरदार सरोवर परियोजना प्रभावित वन्य प्राणी संरक्षण के लिए पूर्व से संचालित धुमकल भालू अभ्यारण्य के क्षेत्र का विस्तार कर इसे शुलपणेश्वर अभ्यारण्य के नये नाम से विकसित किया गया है। इस अभ्यारण्य का 102 वर्ग किमी. क्षेत्र विस्तारित कर 608 वर्ग किमी. कर इसमें वन्य प्राणियों के लिए आवश्यक विकास कार्य कराये गये हैं। शुलपणेश्वर अभ्यारण्य में सरदार सरोवर जलाशय के बायें किनारे के वन्य प्राणियों को संरक्षण दिया गया है। कच्छ के रन में 'ग्रेट इण्डियन बस्टर्ड' के संरक्षण और विकास के लिए भी पहल की गई है। जलाशय के कमाण्ड क्षेत्र में स्थित नल सरोवर पक्षी अभ्यारण्य, जंगली गधा अभ्यारण्य और वेलावदार राष्ट्रीय

उद्यान में पर्यावरण प्रभावों का अध्ययन कराया गया है। अध्ययन निष्कर्षों के प्रकाश में नल सरोवर पक्षी अभ्यारण्य और वेलावदार राष्ट्रीय उद्यान के विकास के लिए कार्ययोजना क्रियान्वित की गई है।

महाराष्ट्र में कराये गये अध्ययन में सरदार सरोवर जलाशय प्रभावित वन्य प्राणियों के संरक्षण और उन्हें सुरक्षित कॉरीडोर उपलब्ध कराने के लिए 2500 हेक्टेयर बफरझोन प्लांटेशन कराने की अनुशंसा की गई थी। इस अनुशंसा पर कार्रवाई करते हुए स्थानीय प्रजातियों के 25 लाख पौधे 2500 हेक्टेयर क्षेत्र में रोपे गये हैं। स्थानीय प्रजातियों के पौधों से भविष्य में प्राकृतिक रूप से वन का विकास हो सकेगा, जो वन्य प्राणियों को संरक्षण देगा।

मध्यप्रदेश में हुए पर्यावरणीय अध्ययन की अनुशंसाओं के अनुसार, सरदार सरोवर परियोजना के संदर्भ में झाबुआ जिले में 110 वर्ग किमी. क्षेत्र में कठ्ठीवाड़ा वन्य प्राणी अभ्यारण्य विकसित करने की अनुशंसा की गई है। राज्य के वन विभाग की संबंधित अधिसूचना के बाद कठ्ठीवाड़ा अभ्यारण्य विकास की कार्यवाही नर्मदा घाटी विकास प्राधिकरण द्वारा की जाएगी।

इंदिरा सागर परियोजना प्रभावित वन्य प्राणी संरक्षण

इंदिरा सागर जलाशय से 41460.930 हेक्टेयर वन क्षेत्र डूब के प्रभाव में है। परम्परागत रूप से यह क्षेत्र वन्य प्राणियों का सुरक्षित निवास स्थल रहा है। वन्य प्राणियों के इस निवास क्षेत्र के डूब जाने से वन्य प्राणियों का संरक्षण किया जाना आवश्यक हो गया। मध्यप्रदेश सरकार ने वन्य प्राणी संरक्षण के क्षेत्र में कार्यरत संगठन 'फ्रेण्ड्स ऑफ नेचर सोसायटी' से डूब के पूर्व इस क्षेत्र का सर्वेक्षण और अध्ययन कराया है। इस अध्ययन रिपोर्ट में डूब क्षेत्र में 32 प्रजातियों के लगभग 2000 वन्य प्राणियों के निवास की जानकारी मिली है। मुख्य रूप से जिन प्रजातियों को गणना में लिया गया है वे हैं–नीलगाय, चिंकारा, साम्भर, चीतल, हाईना, टाईगर, काला हिरन, लोमड़ी आदि। वन एवं पर्यावरण मंत्रालय, भारत सरकार ने जलाशय भरने के पूर्व प्रभावित होने वाले वन्य प्राणियों के संरक्षण की व्यवस्था करने के निर्देश दिये थे। इन निर्देशों के परिपालन में मध्यप्रदेश सरकार ने एक समिति का गठन कर उससे इस दिशा में कार्यवाही के सुझाव मांगे। समिति द्वारा इंदिरा सागर परियोजना से प्रभावित वन्य प्राणियों के लिए राष्ट्रीय उद्यान और अभ्यारण्य बनाने का सुझाव दिया।

इस सुझाव के आधार पर खण्डवा जिले में 293.56 वर्ग किमी. क्षेत्र में ओंकारेश्वर राष्ट्रीय उद्यान, 178.21 वर्ग किमी. क्षेत्र में सिंगाजी अभ्यारण्य तथा 69.24 वर्ग किमी. क्षेत्र में मान्धाता अभ्यारण्य के साथ ही 135.03 वर्ग किमी. और 20.87 वर्ग किमी. क्षेत्र में 2 वन्य प्राणी इकाईयों के लिए स्थान चिन्हित किया गया। राष्ट्रीय उद्यान का चिन्हित क्षेत्र इंदिरा सागर परियोजना जलाशय से लगा होने के कारण जलाशय में मछली पालन गतिविधियां प्रभावित होने की संभावना को ध्यान में रखते हुए वर्तमान में इस क्षेत्र को अधिकृत रूप से राष्ट्रीय उद्यान घोषित किया जाना स्थगित रखा गया है। यद्यपि चिन्हांकित क्षेत्रों में वन्य प्राणियों के निवास की अनुकूलता के लिए नर्मदा घाटी विकास प्राधिकरण ने विभिन्न विकास कार्य कराये हैं।

जलीय जीवों का संरक्षण और मछली पालन

सरदार सरोवर जलाशय

नर्मदा जल विवाद न्यायाधिकरण के निर्णय में मध्यप्रदेश, गुजरात और महाराष्ट्र राज्यों को सरदार सरोवर जलाशय के अपने राज्य की सीमा के क्षेत्र में जलीय जीवों के संरक्षण और मछली पालन के अधिकार दिये गये हैं। पूर्ण जलाशय स्तर 138.68 मीटर पर सरदार सरोवर जलाशय की मछली पालन योग्य जलीय सतह का क्षेत्र लगभग 37 हजार 533 हेक्टेयर होगा। इसमें से 7112 हेक्टेयर क्षेत्र गुजरात में, 20822 हेक्टेयर क्षेत्र मध्यप्रदेश में तथा 9599 हेक्टेयर क्षेत्र महाराष्ट्र में आता है। इस प्रकार अपने क्षेत्र के जलाशय से इन राज्यों में मत्स्य उद्योग विकास की संभावनाएं बढ़ी हैं। आंकलन के अनुसार मध्यप्रदेश में लगभग 10 हजार हेक्टेयर, गुजरात में लगभग 3 हजार 500 हेक्टेयर और महाराष्ट्र में लगभग 3 हजार हेक्टेयर जल क्षेत्र मछली पालन और उत्पादन के लिए निश्चित तौर पर उपलब्ध रहेगा। तीनों राज्य जलाशय के अपने क्षेत्र में मछली उत्पादन की संभावनाओं का दोहन करने के लिए उपयुक्त प्रजातियों के मछली बीज जलाशय में डाल रहे हैं। गुजरात ने अबतक 488 लाख मछली बीज जलाशय में डाले हैं। महाराष्ट्र ने साढ़े तेरह लाख और मध्यप्रदेश ने चार लाख मछली बीज अपने क्षेत्र के जलाशय के भाग में डाले हैं। इन राज्यों द्वारा प्रतिवर्ष मछली बीज संग्रहण किया जा रहा है। गुजरात ने नर्मदा नहर में जलीय घास नियंत्रण के लिए घास के भोजन पर निर्भर रहने वाली प्रजाति की सात लाख मछलियां

नर्मदा नहर में संग्रहित की हैं। गुजरात और महाराष्ट्र में सरदार सरोवर जलाशय से क्रमशः 15 और 10 करोड़ रु. प्रति वर्ष मछली उत्पादन की संभावनाएं हैं। मध्यप्रदेश में सरदार सरोवर जलाशय से लगभग 25 करोड़ रु. प्रतिवर्ष मछली उत्पादन हो सकेगा।

अन्य परियोजना जलाशय

नर्मदा घाटी में निर्मित अन्य बांध जलाशय भी मत्स्य पालन और उत्पादन की संभावनाओं से भरे हैं। मध्यप्रदेश में निर्मित इंदिरा सागर जलाशय का क्षेत्रफल 913 वर्ग किमी. है। इस जलाशय में 59 हजार हेक्टेयर जल क्षेत्र मछली उत्पादन के लिए अनुकूल है। ओंकारेश्वर बांध जलाशय में 8 हजार 330 हेक्टेयर जल क्षेत्र, मान जलाशय में 696 हेक्टेयर, जोबट जलाशय में 946 हेक्टेयर और अपरबेदा जलाशय में 830 हेक्टेयर जल क्षेत्र मछली उत्पादन की संभावनाओं से भरा हुआ है। मध्यप्रदेश में इंदिरा सागर जलाशय का सेंटर फॉर इनलैण्ड फिशरीज रिसर्च सेंटर ने अध्ययन किया है तथा जलाशय के मछली उत्पादन के अनुकूल संधारण की अनुशंसाएं की हैं। सरदार सरोवर जलाशय सहित नर्मदा घाटी में अब तक निर्मित अन्य जलाशयों में मछली उत्पादन की संभावनाओं का दोहन करने के लिए उपयुक्त अधोसंरचना की आवश्यकता है। उपयुक्त अधोसंरचना से व्यावसायिक मछली उत्पादन के साथ ही रोजगार की संभावनाओं का भी दोहन किया जा सकता है। अनुमान है कि नर्मदा घाटी जलाशयों से मध्यप्रदेश में 50 करोड़ रु. प्रतिवर्ष का मछली उत्पादन हो सकेगा।

जलग्रहण क्षेत्र/कमाण्ड एरिया

किसी नदी, तालाब अथवा जलाशय का जलग्रहण क्षेत्र (केचमेण्ट एरिया) वह क्षेत्र है, जिससे प्रवाहित होकर पानी नदी तालाब अथवा जलाशय में पहुंचता है। पानी का यह प्रवाह सीधे सहायक नदियों, नालों द्वारा और अपरोक्ष रूप से भूमि की सतह पर वर्षा के पानी के बहाव द्वारा भी संग्रहित होता है। जलग्रहण क्षेत्र से आने वाला पानी अपने साथ मिट्टी भी बहा कर लाता है। ऐसी स्थिति में नदी और जलाशय में एक अंतराल के बाद गाद अथवा सिल्ट जमा हो जाती है। गाद जमा होने से नदी अथवा जलाशय की जलसंग्रहण क्षमता निरंतर कम होती जाती है। इस समस्या के हल के लिए जलग्रहण क्षेत्रों का वैज्ञानिक तरीके से इस तरह उपचार किया जाता है कि जलग्रहण क्षेत्रों से केवल जल का प्रवाह हो और उसके साथ मिट्टी का प्रवाह न्यूनतम हो।

नर्मदा घाटी में निर्मित बड़े जलाशय क्षेत्रों के जलग्रहण क्षेत्रों में समुचित उपचार जलाशय के लंबे जीवन के लिए अत्यंत आवश्यक हैं। जलाशयों के जलग्रहण क्षेत्रों में वन क्षेत्र और गैर वन क्षेत्र, दोनों आते हैं। वन क्षेत्रों में जलग्रहण क्षेत्र उपचार के अंतर्गत चेकडेम, कन्टूर ट्रेन्च, पौधारोपण, बीजा रोपण, चारागाह विकास, लूज बोल्डर, अर्दन बंड, ग्रबियन स्ट्रक्चर, लूज बोल्डर स्ट्रक्चर, परकोलेशन टेंक, वॉटर हारवेस्टिंग स्ट्रक्चर और चेक बंड आदि कार्य मुख्य रूप से कराये जाते हैं। गैर वन क्षेत्रों में उपचार कार्य के अंतर्गत मिट्टी, बोल्डर, बंधान का निर्माण, उपयुक्त वनस्पति पौधों का रोपण, फलदार पौधों का रोपण, वर्षा जल बहाव के नालों को सीधा करना, जल बहाव की गति को नियंत्रित करना आदि कार्य किये जाते हैं।

सरदार सरोवर परियोजना से संबंधित जलग्रहण क्षेत्र उपचार कार्य

सरदार सरोवर जलाशय का तीनों राज्यों में कुल जलग्रहण क्षेत्र 24 लाख 42 हजार 441 हेक्टेयर है। इस जलग्रहण क्षेत्र को दो वर्गों में विभाजित किया गया है। प्रथम वर्ग में नदी अथवा नालों से जलाशय में सीधा जलप्रवाह तथा दूसरे वर्ग में स्वतंत्र जलप्रवाह वाला क्षेत्र सम्मिलित है। मध्यप्रदेश में 1 लाख 61 हजार 305 हेक्टेयर

में उपचार का कार्य हुआ है। इसमें से 110997 हैक्टेयर क्षेत्र सीधे जलप्रवाह का क्षेत्र है, तथा 50308 हेक्टेयर क्षेत्र स्वतंत्र जल निकासी वाला क्षेत्र है। गुजरात में 29 हजार 657 हेक्टेयर में उपचार कार्य हुआ है। इसमें से 29157 हेक्टेयर सीधे जलप्रवाह का क्षेत्र है, तथा 500 हेक्टेयर में स्वतंत्र जल निकासी वाला क्षेत्र है। इसी प्रकार महाराष्ट्र में 44 हजार 954 हेक्टेयर क्षेत्र में उपचार का कार्य हुआ है। इसमें से 23295 हेक्टेयर सीधे जल निकासी का क्षेत्र है, तथा 21659 हेक्टेयर स्वतंत्र जल निकासी वाला क्षेत्र है। उपचारित किये गये क्षेत्र में वन क्षेत्र और गैर वन क्षेत्र, दोनों सम्मिलित हैं।

अन्य परियोजनाओं में जलग्रहण क्षेत्र उपचार कार्य

नर्मदा घाटी में निर्मित अन्य वृहद् परियोजना क्षेत्रों में भी जलग्रहण क्षेत्रों के उपचार कार्य किये गये है। इंदिरा सागर परियोजना के 61 हजार 352 हेक्टेयर जलग्रहण क्षेत्रों में से उपचार योग्य 55 हजार 523 हेक्टेयर क्षेत्र का उपचार किया गया। ओंकारेश्वर परियोजना के 28 हजार 455 हेक्टेयर जलग्रहण क्षेत्र में से 24 हजार 514 हेक्टेयर क्षेत्र का उपचार कार्य किया जा चुका है। विभिन्न परियोजनाओं में 2011 की स्थिति में जलग्रहण क्षेत्रों के उपचार का कार्य जारी है। जलग्रहण क्षेत्रों के उपचार की 2010 की स्थिति निम्नानुसार है–

परियोजना का नाम	क्षेत्र का प्रकार	जलग्रहण क्षेत्र	उपचारित क्षेत्र		कुल उपचारित क्षेत्र
इंदिरा सागर	सीधी जल निकासी	61352	वन क्षेत्र	5686	55523
			गैर वन क्षेत्र	49837	
	स्वतंत्र जल निकासी	915150	वन क्षेत्र	18378	30513
			गैर वन क्षेत्र	12135	
ओंकारेश्वर	सीधी जल निकासी	28455	वन क्षेत्र	10851	24514
			गैर वन क्षेत्र	13663	
	स्वतंत्र जल निकासी	50833	वन क्षेत्र	-	क्षेत्र उपचार
			गैर वन क्षेत्र	-	किया जाना है
मान	सीधी जल निकासी	5148	वन क्षेत्र	5148	5148
			गैर वन क्षेत्र	0	
	स्वतंत्र जल निकासी	-	वन क्षेत्र	-	-
			गैर वन क्षेत्र	-	

परियोजना का नाम	क्षेत्र का प्रकार	जलग्रहण क्षेत्र	उपचारित क्षेत्र		कुल उपचारित क्षेत्र
जोबट	सीधी जल निकासी	16586	वन क्षेत्र	386	16485
			गैर वन क्षेत्र	16099	
	स्वतंत्र जल निकासी	33141	वन क्षेत्र	-	क्षेत्र उपचार
			गैर वन क्षेत्र	-	किया जाना है
अपरबेदा	सीधी जल निकासी	1855	वन क्षेत्र	181	1850
			गैर वन क्षेत्र	1669	
	स्वतंत्र जल निकासी	6234	वन क्षेत्र	-	क्षेत्र उपचार
			गैर वन क्षेत्र	-	किया जाना है
महेश्वर	सीधी जल निकासी	15614	वन क्षेत्र	-	11626
			गैर वन क्षेत्र	11626	
	स्वतंत्र जल निकासी	-	वन क्षेत्र	-	-
			गैर वन क्षेत्र	-	

सिंचित होने वाले क्षेत्र (कमाण्ड एरिया) का विकास

सरदार सरोवर परियोजना के गुजरात और राजस्थान के सिंचित क्षेत्र तथा मध्यप्रदेश में निर्मित इंदिरा सागर, ओंकारेश्वर और अन्य परियोजनाओं के कमाण्ड क्षेत्र की विकास योजनाएं संबंधित राज्यों द्वारा तैयार की गई हैं। सिंचित होने वाले क्षेत्रों के समुचित विकास पर ही परियोजना से निर्मित सिंचाई क्षमता का अधिकतम उपयोग निर्भर है। सिंचाई क्षेत्र विकास कार्यों के अंतर्गत सिंचित होने वाली भूमि को समतल करना, जलप्रवाह के लिए खेतों में विभिन्न संरचनायें बनाना, किसानों को उन्नत कृषि तकनीक अपनाने के लिए प्रशिक्षित करना और उन्हें उन्नत कृषि बीज और कृषि यंत्र सुलभ कराने जैसे कार्य सम्मिलित है।

कमाण्ड क्षेत्र विकास के लिए गुजरात, मध्यप्रदेश और राजस्थान ने गैर सरकारी संगठनों की सहायता भी ली है। इन राज्यों ने किसानों की भागीदारी से

जल प्रबंधन व्यवस्था भी लागू की है। भागीदारी जल प्रबंधन व्यवस्था के अंतर्गत मध्यप्रदेश में कोलाबा सहायक (पैरा वर्कर) नियुक्त किये गए हैं। किसानों की जल उपभोक्ता संस्थाओ ने 7170 कोलाबा सहायकों का चयन किया है। इन सहायकों को सिंचाई, जल प्रबंधन, बाराबन्दी आदि कार्यों का प्रशिक्षण दिया जा रहा है। मध्यप्रदेश में मान तथा जोबट (शहीद चन्द्रशेखर आजाद) परियोजना कमाण्ड क्षेत्र में भागीदारी सिंचाई प्रबंधन से निर्मित सिंचाई क्षमता का शत-प्रतिशत उपयोग हो रहा है।

परियोजनाओं के स्वास्थ्य संबंधी आयाम

सरदार सरोवर परियोजना

नर्मदा घाटी की सभी बड़ी परियोजनाओं में बड़े जलाशयों का निर्माण हुआ है। इस दृष्टि से जलाशयों के पानी से उत्पन्न होने वाली बीमारियों की संभावना परियोजनाओं से जुड़ी प्रमुख चिंता है। सरदार सरोवर परियोजना के संदर्भ में गुजरात, मध्यप्रदेश और महाराष्ट्र में राष्ट्रीय ग्रामीण स्वास्थ्य मिशन, भारत सरकार द्वारा आधारभूत अध्ययन किये गये हैं। तीनों राज्यों ने सरदार सरोवर स्वास्थ्य आवश्यकताओं पर स्वास्थ्य कार्य योजनाएं तैयार कीं। तीनों राज्यों में परियोजना क्षेत्रों में राष्ट्रीय ग्रामीण स्वास्थ्य मिशन गतिविधि के अंतर्गत नियमित सर्वेक्षण का कार्य किया जाता है। गुजरात में केवडिया में 50 बिस्तरों वाला अस्पताल स्थापित किया गया है। जलाशय की परिधि के क्षेत्र में स्वास्थ्य प्रयोगशाला, 20 चलित चिकित्सा इकाईयां तथा जलाशय परिधि के विभिन्न गांवों में 61 औषधालय स्थापित किये गये हैं।

मध्यप्रदेश में जलाशय परिधि क्षेत्र में एक चिकित्सालय, एल लघु प्राथमिक स्वास्थ्य केन्द्र तथा 58 औषधालय स्थापित किये गये हैं। जलाशय क्षेत्र के पास निसरपुर में 30 बिस्तरों के अस्पताल का निर्माण कर स्वास्थ्य विभाग को संचालन के लिए दिया गया है। इसी प्रकार जलाशय परिधि के धरमपुरी में भी अस्पताल का उन्नयन किया गया है। महाराष्ट्र में 4 ग्रामीण चिकित्सालय तथा 26 प्राथमिक स्वास्थ्य केन्द्र बनाये गये हैं। जलाशय परिधि क्षेत्र में 111 स्वास्थ्य उपकेन्द्र तथा 2 फ्लोटिंग औषधालय आरम्भ किये गये हैं। जलाशय परिधि के विभिन्न क्षेत्र में 25 बचाव केन्द्र भी बनाये गये हैं।

अन्य परियोजनाएं

मध्यप्रदेश में निर्मित इंदिरा सागर, ओंकारेश्वर, रानी अवंती बाई सागर, मान तथा जोबट परियोजनाओं की स्वास्थ्य कार्य योजना तैयार की गई है। इन परियोजना क्षेत्रों के जलाशयों

का भाग जिन जिलों में है, उन जिलों के चिकित्सालयों को मलेरिया और पानी से होने वाली अन्य बिमारियों के लिए विशेष रूप से उन्नत किया गया है। मध्यप्रदेश ने परियोजना जलाशयों की परिधि की बसाहट क्षेत्रों में बीमारियों की संभावनाओं का अध्ययन करने तथा रोकथाम की अग्रिम कार्यवाही निश्चित करने के लिए राष्ट्रीय मलेरिया अनुसंधान परिषद् की सेवाएं ली हैं। इस संबंध में किये गये समझौते के अनुसार, राष्ट्रीय मलेरिया अनुसंधान परिषद्, नई दिल्ली के विशेषज्ञ परियोजना जलाशय क्षेत्र में सर्वेक्षण, अध्ययन और अनुसंधान का कार्य करेंगे। अग्रिम रोग अनुसंधान कार्यों की पांच वर्षीय योजना पर 4 करोड़ उन्नीस लाख रु. व्यय किये जाएंगे।

अंतर्राज्यीय जल परिवहन

नर्मदा में अंतर्राज्यीय जल परिवहन की संभावनाओं का उल्लेख सबसे पहले वर्ष 1948 में भारत सरकार की परिवहन संबंधी मामलों पर बनाई गई तदर्थ समिति के प्रतिवेदन में किया गया था। इस प्रतिवेदन में होशंगाबाद से नर्मदा के अरब सागर में मिलने तक के मार्ग पर जल परिवहन की संभावना का उल्लेख था। इसके बाद वर्ष 1959 में भारत सरकार द्वारा गठित अंतर्देशीय जल परिवहन समिति ने अपने प्रतिवेदन में यह उल्लेख किया कि नर्मदा नदी का एक बड़ा भाग भरूच तक जल परिवहन के लिए उपयुक्त है। गहरे पानी में 70 से 80 टन वजन के जहाजों से परिवहन संभावित है। कम गहराई वाले स्थानों पर छोटी नौकाओं से परिवहन संभव है। समिति ने नर्मदा को सुविधाजनक रूप से जल परिवहन के लिए उपयुक्त बनाने संबंधी कुछ सुझाव भी दिये। समिति द्वारा अंतर्देशीय जल परिवहन के मास्टर प्लान विकास के लिए मुख्य रूप से गंगा नदी को पश्चिम दिशा की ओर बहने वाली नदियों से जोड़ कर अरब सागर से बंगाल की खाड़ी (पूर्व से पश्चिम) तक जल मार्ग विकसित करने के लिए नर्मदा को सोन, चम्बल, यमुना और गोदावरी नदियों से जोड़ने का उल्लेख किया।

समिति के सुझावों पर यद्यपि कोई कार्यवाही नहीं हुई, फिर भी वर्ष 1960 में भारत सरकार ने समिति के प्रतिवेदन को राज्य सरकारों को भेजते हुए यह हिदायत दी कि विभिन्न नदियों पर बांध परियोजनाओं के निर्माण में इस बात का ध्यान रखा जाना चाहिये कि इससे नदी कछार में बहुद्देशीय विकास के संसाधन सुलभ हों। यह सुनिश्चित किया जाना चाहिये कि बांध जलाशयों का निर्माण अव्यवस्थित तरीके से न होकर ऐसे व्यवस्थित स्वरूप में हो, जिसमें नदियों और जलाशयों में सुचारु जल परिवहन हो सके।

नर्मदा पर विभिन्न बांध परियोजनाओं पर निर्माण के साथ ही होशंगाबाद से भरूच तक जल परिवहन की उपयोगिता के लिए भारत सरकार ने नीदरलैण्ड के

विशेषज्ञों से वर्ष 1981-1985 में उपयोगिता सर्वेक्षण कराया। इस दल ने विभिन्न सुझावों के साथ ही जलपोतों के होशंगाबाद से भरूच के बीच बने बांधों को पार करने की तकनीक के संबंध में भी सुझाव प्रस्तुत किये। सुझायी गई तकनीक का उपयोग कुछ यूरोपीय देशों में सफलतापूर्वक किया जा रहा है। नीदरलैण्ड की विशेषज्ञ टीम के सुझावों पर भारत सरकार ने वॉटर एण्ड पॉवर कन्सलटेंन्सी ऑर्गेनाईजेशन (वेप्कास) को प्राप्त सुझावों का परीक्षण करने के निर्देश दिये। वेप्कास ने बांधों को पार करने की तकनीक की अनुशंसा नहीं करते हुए जलाशयों के अंदर ही परिवहन संभावनाओं के दोहन का सुझाव दिया। मध्यप्रदेश और गुजरात की सरकारों ने होशंगाबाद से भरूच तक के जलपोत परिवहन को ही आर्थिक रूप से उपयोगी बताते हुए भारत सरकार से इस संबंध में पहल करने की मांग की है। देश में अब तक 5 राष्ट्रीय जलमार्ग घोषित किये गये हैं। नर्मदा कछार को राष्ट्रीय जलमार्ग बनाने के बारे में अब तक कोई ठोस पहल नहीं हो सकी है। नौ परिवहन का विषय भारत सरकार के अधीन है।

नर्मदा तीर्थ यात्रा और पर्यटन

मध्यप्रदेश

पुरातनकाल से ही नर्मदा किनारे तीर्थ यात्राओं का प्रचलन रहा है। धार्मिक श्रद्धा के कारण प्रतिवर्ष हजारों लोग नर्मदा के उद्गम से लेकर अंत तक की दोनों किनारों की पैदल यात्रा करते हैं। यह यात्रा विभिन्न चरणों में भी की जाती है। नर्मदा के धार्मिक महत्त्व के कारण नदी के दोनों ओर बड़ी संख्या में मंदिर और शिवालय स्थापित हैं। इनमें से कई स्थल धार्मिक रूप से महत्त्वपूर्ण हैं। देश के 12 ज्योर्तिलिंगों में से एक ज्योर्तिलिंग मध्यप्रदेश में नर्मदा के किनारे ओंकारेश्वर में स्थित है।

नर्मदा घाटी विकास परियोजनाओं से बने जलाशयों की डूब में आने वाले धार्मिक और पुरातत्व महत्त्व के अनेक मंदिरों, स्मारकों को मध्यप्रदेश और गुजरात की सरकारों ने डूब क्षेत्र से हटा कर सुरक्षित क्षेत्रों में पुनर्स्थापित किया है। परियोजना जलाशयों में नर्मदा की पैदल धार्मिक यात्रा के लिए बना परम्परागत मार्ग भी डूब से प्रभावित हुआ है। इस परम्परागत मार्ग पर आने वाले गांव और गांवों में तीर्थ यात्रियों के लिए बनी धर्मशालाएं आदि भी डूब में आ गई हैं। नर्मदा की धार्मिक यात्रा में लोगों की आस्था का ध्यान रखते हुए मध्यप्रदेश ने डूब प्रभावित परिक्रमा मार्ग के स्थान पर नया वैकल्पिक मार्ग उपलब्ध कराने की योजना बनाई है। इस योजना के अंतर्गत न केवल डूब से प्रभावित मार्ग के स्थान पर वैकल्पिक पैदल यात्रा मार्ग बनाया जाएगा, अपितु इस रास्ते पर यात्रियों के विश्राम के लिए रैन-बसेरे और अन्य बुनियादी सुविधाएं भी जुटाई जाएंगी। नर्मदा पर परियोजनाओं के निर्माण के पूर्व दोनों किनारों पर उद्गम से लेकर अंत तक परिक्रमा पथ की लंबाई 2721 किमी. थी। उद्गम से लेकर मध्यप्रदेश की सीमा तक दोनों किनारों पर परिक्रमा पथ 2073 किमी. लंबा था। सरदार सरोवर, इंदिरा सागर, ओंकारेश्वर, रानी अवंती बाई सागर और महेश्वर बांध जलाशयों के कारण मध्यप्रदेश में परिक्रमा पथ की लंबाई लगभग

महेश्वर में नर्मदा का सौंदर्य

25 प्रतिशत बढ़ गई है। नर्मदा पर प्रस्तावित अन्य परियोजनाओं का निर्माण होने से यह अनुमान है कि मध्यप्रदेश में परिक्रमा पथ की परियोजना निर्माण पूर्व की 2073 किमी. लंबाई बढ़ कर 2600 किमी. हो जाएगी। कुल 2600 किमी. लंबे पैदल मार्ग में 1560 किमी. मार्ग का विकास नये सिरे से किया जाएगा। शेष 1040 किमी. पुराने मार्ग को नई आवश्यकताओं के अनुसार उन्नत किया जाएगा। परिक्रमा मार्ग के सर्वेक्षण और चिन्हांकन का कार्य नर्मदा घाटी विकास प्राधिकरण द्वारा कराया जा रहा है। मार्ग से संबंधित शेष कार्यों के लिए संबंधित विभागों को दायित्व सौंपा गया है। कार्ययोजना के अनुसार, नर्मदा तीर्थ परिक्रमा पथ से संबंधित कार्य वर्ष 2009-10 में आरम्भ किया जाकर 5 वर्ष की अवधि में पूरा कर लिया जाएगा।

गुजरात

गुजरात में भी नर्मदा की 161 लंबी धारा के दोनों ओर धार्मिक महत्त्व के अनेक स्थल हैं। सरदार सरोवर जलाशय की डूब से प्रभावित शुरपनेशर मंदिर को केवडिया के निकट पुनर्स्थापित किया गया है। एक अन्य मंदिर हमफेशवर का भी पुनर्स्थापन किया गया है। गुजरात में नर्मदा तीर्थ यात्रा के प्रमुख स्थानों में वडोदरा से 55 किमी. दूर नर्मदा, ओरसांग और सरस्वती नदी के संगम पर स्थित चांदोड़ महत्त्वपूर्ण धार्मिक स्थान है। नर्मदा के किनारे वडोदरा भरूच राष्ट्रीय राजमार्ग क्रमांक-8 के पास नरेशर नामक नर्मदा तीर्थ स्थित है। भरूच के पास कबीरबड़ नामक धार्मिक स्थल है। नर्मदा जिले के मुख्यालय राजपीपला के पास नर्मदा नदी पर गरुड़ेशर नामक धार्मिक स्थल है जहां नारद, गरुड़ और करोटेशर के मंदिर और वासुदेवनंद सरस्वती स्वामी महाराज की समाधि स्थित है।

नर्मदा घाटी के आधुनिक विकास केन्द्रों पर पर्यटन की संभावनाएं बनी हैं। बड़े बांध, जलाशय और जलाशयों के पास फैली हरियाली और पर्वत शृंखलाएं पर्यटकों को आकर्षित कर रही हैं। गुजरात ने सरदार सरोवर परियोजना स्थल को पर्यटन केन्द्र के रूप में विकसित किया है। यहां सामान्य शुल्क पर पर्यटकों को भ्रमण की सुविधा दी जाती हैं। परियोजना निर्माण से अब तक (वर्ष 2009-10) 4 लाख से अधिक पर्यटक यहां आ चुके हैं। मध्यप्रदेश में इंदिरा सागर, ओंकारेश्वर, रानी अवंती बाई सागर परियोजना स्थल अच्छे पर्यटन स्थलों के रूप में विकसित किये जा सकते हैं। जलाशयों के बीच कई बड़े टापू पर्यटन की संभावनाओं से भरे हैं।

भेड़ाघाट में नर्मदा

नर्मदा घाटी परियोजनाओं पर न्यायालयों में मुकदमे

नर्मदा घाटी की विभिन्न परियोजनाओं पर 'नर्मदा बचाओ आन्दोलन' तथा प्रभावितों की ओर से उच्च न्यायालय और उच्चतम न्यायालय में वाद दायर किये जाते रहे हैं। इन सभी वादों में मुख्य रूप से परियोजनाओं से प्रभावित परिवारों के पुनर्वास, मुआवजे और अन्य राहतों में कमी से संबंधित मुद्दों को आधार बनाया गया है। विभिन्न परियोजनाओं पर दायर इन मामलों में अपूर्ण और असंतोषजनक पुनर्वास को मुख्य आधार बना कर परियोजनाओं का कार्य स्थगित रखने, जलाशयों में जल भराव नहीं करने तथा विस्थापितों को और अधिक राहत देने जैसी मांग सामान्य तौर पर हुई है। प्रमुख चर्चित न्यायालयीन मामले इस प्रकार हैं–

सरदार सरोवर परियोजना

'नर्मदा बचाओ आन्दोलन' द्वारा उच्च न्यायालय, जबलपुर में वर्ष 2007 में रिट याचिका दायर की गई। याचिका में 'नर्मदा बचाओ आन्दोलन' ने कहा कि सरदार सरोवर परियोजना का विशेष पुनर्वास पैकेज देने में मध्यप्रदेश में भ्रष्टाचार हुआ है। पैकेज के अंतर्गत कृषि भूमि खरीदने की दूसरी किश्त लेने के लिए कृषि भूमि क्रय करने की अनिवार्यता थी। इसमें 'नर्मदा बचाओ आन्दोलन' के अनुसार, बिचौलियों और अधिकारियों ने जमीन क्रय करने की फर्जी रजिस्ट्रियां तैयार करवा कर किसानों द्वारा प्रस्तुत करा दीं और पैकेज की राशि किसान को दिलाने में भ्रष्टाचार किया। रिट याचिका में दोषी अधिकारियों और बिचौलियों पर आपराधिक प्रकरण दर्ज करने, सी.बी.आई. जांच कराने, सी.ए.जी. से ऑडिट कराने आदि की मांग की गई।

मामले में उच्च न्यायालय, जबलपुर ने 22 अगस्त, 2008 को अंतरिम आदेश पारित कर मध्यप्रदेश शासन को जांच आयोग गठित करने के निर्देश दिये। आदेश के परिपालन में मध्यप्रदेश सरकार ने न्यायाधीश एस.एस. झा की अध्यक्षता में जांच

आयोग गठित किया है। यह आयोग जांच का कार्य कर रहा है। नर्मदा नियंत्रण प्राधिकरण द्वारा सरदार सरोवर बांध ऊंचाई 121.92 मीटर करने के निर्णय के विरुद्ध भी 'नर्मदा बचाओ आन्दोलन' की याचिका उच्चतम न्यायालय में विचाराधीन है।

इंदिरा सागर/ओंकारेश्वर परियोजना

इंदिरा सागर तथा ओंकारेश्वर परियोजना जलाशयों को पूर्ण जलाशय स्तर तक भरने के मामले भी न्यायालयों में विचाराधीन हैं। न्यायालयीन आदेशों के अनुसार वर्तमान (अगस्त 2010) में इंदिरा सागर जलाशय को पुनर्वास में कमी की स्थिति में पूर्ण जलाशय स्तर 262.13 मीटर के स्थान पर 260 मीटर तक भरने की अनुमति है। इसी प्रकार ओंकारेश्वर परियोजना जलाशय को पूर्ण जलाशय स्तर 196.60 मीटर के स्थान पर 189 मीटर तक ही जल भरने के निर्देश हैं।

'नर्मदा बचाओ आन्दोलन' द्वारा मध्यप्रदेश उच्च न्यायालय में वर्ष 2009 में एक याचिका दायर की गई। इस याचिका में इंदिरा सागर और ओंकारेश्वर परियोजनाओं की नहरों के लिए भू-अर्जन कार्य को इस आधार पर रोकने की मांग की गई कि राज्य शासन ने पंचायत उपबन्ध (अनुसूचित क्षेत्रों में विस्तार) अधिनियम 1996 (PESA Act.) के परिपालन में संबंधित ग्रामसभाओं से भू अर्जन पूर्व परामर्श नहीं किया। उच्च न्यायालय ने इस संबंध में 01 जुलाई 2009 को पारित अंतरिम आदेश में पेसा अधिनियम का पालन नहीं किया गया। इस कारण नहरों के लिए भू-अर्जन तथा उत्खनन पर रोक लगा दी। दिनांक 11.11.2009 को उच्च न्यायालय के अंतिम आदेश में यह निर्णय हुआ कि पेसा अधिनियम यहां पर लागू नहीं है तथा उच्च न्यायालय ने कमाण्ड एरिया डेवहलपमेंट प्लान नहीं बनाने के कारण नहरों के कार्यों पर स्टे बरकरार रखा। यह भी आदेश दिये कि नहरों के लिए भू-अर्जन से जो व्यक्ति प्रभावित हुए हैं, उन्हें पुनर्वास नीति के लाभ दिये जाएं।

नहरों के मामले में मध्यप्रदेश की ओर से उच्चतम न्यायालय, नई दिल्ली में एसएलपी द्रायर की गई। इस पर उच्चतम न्यायालय ने 25 फरवरी 2010 को पारित अंतरिम आदेश में नहरों के लिए भू-अर्जन तथा निर्माण पर लगी रोक हटा ली तथा नहरों के लिए जिन व्यक्तियों की 60 प्रतिशत से अधिक भूमि ली गई, उनको हार्डशिप प्रकरण मानते हुए राज्य शासन द्वारा प्रस्तावित पुनर्वास पैकेज प्रदान करने के निर्देश दिये।

ओंकारेश्वर परियोजना क्षेत्र के पाँच गाँवों के पुनर्वास के बारे में 'नर्मदा बचाओ आन्दोलन' द्वारा म.प्र. उच्च न्यायालय में दायर याचिका पर इन गाँवों के परिवारों को

पुनर्वास लाभ देने के आदेश 23 सितम्बर 2009 को जारी किये। इस निर्णय पर मध्यप्रदेश शासन ने शीर्ष अदालत में अपील दायर की और कहा कि इन गाँवों की भूमि का अधिग्रहण नहीं किया गया है। 'नर्मदा बचाओ आन्दोलन' द्वारा शपथ पत्र पर विवादित गाँवों की भूमि का अधिग्रहण कर लिया जाना बताया। उच्चतम न्यायालय ने इन्दौर जिला जज से शपथ पत्र में दी गई जानकारी का सत्यापन कराया। जाँच में पाया गया कि भूमि का शासन द्वारा वास्तविक अधिग्रहण नहीं किया गया है। उच्चतम न्यायालय ने 05 अप्रैल 2011 को 'नर्मदा बचाओ आन्दोलन' को नोटिस जारी किया कि शपथ पत्र पर झूठी जानकारी देकर न्यायालय को भ्रमित करने के आरोप में क्यों न उसे 'ब्लैक लिस्टेड' कर दिया जाये। उच्चतम न्यायालय ने मामले में दोनों पक्षों की अपीलों का निपटारा करते हुए 11 मई 2011 को पारित आदेश में कहा कि नर्मदा जल विवाद न्यायाधिकरण अवार्ड के प्रावधान ओंकारेश्वर सहित मध्यप्रदेश में निर्मित अन्य परियोजनाओं पर लागू नहीं होंगे। उच्चतम न्यायालय ने शपथ पत्र पर झूठी जानकारी देकर न्यायालय को भ्रमित करने के प्रयास पर तीखी टिप्पणी की। शीर्ष अदालत ने देश भर की अदालतों से कहा कि वह इस संगठन की याचिकाओं का निरीक्षण करने के दौरान चौकस रहें। यद्यपि शीर्ष अदालत ने संगठन के विरुद्ध अवमानना की कार्यवाही शुरू करने का पक्ष नहीं लिया।

अपरबेदा परियोजना

पुनर्वास से संबंधित मुद्दों को आधार बना कर 'नर्मदा बचाओ आन्दोलन' ने उच्च न्यायालय मध्यप्रदेश में वर्ष 2008 में याचिका दायर की है। इसमें अपूर्ण पुनर्वास के आधार पर जलाशय में जल भराव रोकने की मांग की गई है। प्रकरण में दोनों पक्षों की सुनवाई 01 जुलाई, 2010 को पूर्ण हो चुकी है। निर्णय पारित नहीं हुआ है।

अन्य मामले

न्यायालयीन निर्देशों के संदर्भ में 'नर्मदा बचाओ आन्दोलन' द्वारा समय-समय पर अवमानना याचिकाएं भी दायर की गई है। ऐसी कई याचिकाएं उच्च न्यायालय में विचाराधीन हैं। महेश्वर जल विद्युत परियोजना पर भी उच्च न्यायालय में मामला विचाराधीन है।

वर्तमान और भविष्य

नर्मदा और उसकी सहायक नदियों पर सिंचाई और जल विद्युत परियोजनाओं के निर्माण की महत्त्वाकांक्षी कार्ययोजना का लक्ष्य अभी दूर है। लगभग डेढ़ दशक जल विवाद और बांध विरोध में बीत गया। विवादों और विरोधों से निकलने के बाद परियोजनाओं के निर्माण की गति वित्तीय और अन्य अप्रत्याशित स्थितियों के कारण धीमी पड़ी रही। निर्माण विशेषज्ञों के अनुसार, किसी वृहद् परियोजना पर कोई विवाद और विरोध न भी हो तो परियोजना के सर्वेक्षण से लेकर स्थल पर नींव का पहला पत्थर रखने के बीच पूरी की जाने वाली प्रशासनिक और वैधानिक पूर्तियां और सहमतियां प्राप्त करने में कम-से-कम तीन से पांच वर्ष का समय लग जाता है। इस दृष्टि से किसी वृहद् परियोजना का निर्बाध शत-प्रतिशत निर्माण पूर्ण होने में कम-से-कम आठ वर्ष का समय लगना टाला नहीं जा सकता।

इन सब परिस्थितियों के बावजूद नर्मदा घाटी के विकास का वर्तमान परिदृश्य निराशाजनक नहीं है। गुजरात में सरदार सरोवर परियोजना ने अपनी पूरी क्षमता से बिजली उत्पादन आरम्भ कर दिया है। परियोजना की नहर प्रणाली से गुजरात और राजस्थान में चरणबद्ध सिंचाई और पीने के पानी का लाभ मिलने लगा है। मध्यप्रदेश में रानी अवंती बाई सागर, इंदिरा सागर, ओंकारेश्वर परियोजना बांधों का निर्माण पूरा हो चुका है। इन तीनों परियोजनाओं से बिजली उत्पादन किया जा रहा है। इन परियोजनाओं की नहर प्रणालियों का कार्य जारी है। नर्मदा की सहायक नदियों पर मान, जोबट, तवा, बारना, कोलार, सुक्ता, मटियारी सिंचाई परियोजनाएं पूरी होकर सिंचाई लाभ देने लगी हैं। घाटी में 19 मध्यम परियोजनाएं और लगभग 1000 लघु परियोजनाओं का निर्माण भी पूरा हो चुका है। पिछले एक दशक में मध्यप्रदेश ने नर्मदा घाटी परियोजनाओं के निर्माण की रणनीतिक पहल की है। इससे वृहद्, मध्यम और लघु परियोजनाओं के निर्माण की स्पष्ट दिशा निर्धारित हुई है। परियोजनाओं के निर्माण के लिए कोई वित्तीय संकट नहीं है। कई परियोजनाएं निर्माण पूर्व की

गुजरात में नर्मदा नहर

मान कमाण्ड क्षेत्र 'बदलता आदिवासी जन-जीवन'

आवश्यक प्रक्रिया में हैं। कम-से-कम तीन बड़ी परियोजनाओं का निर्माण वर्ष 2010-11 में आरम्भ होने की स्थितियां है।

गुजरात में नर्मदा मुख्य नहर का निर्माण पूरा हो चुका है और वितरण प्रणालियों का निर्माण तेजी से जारी है, वहीं राजस्थान में भी नर्मदा नहर का कार्य पूरी गति पर है। इस स्थिति से यह निश्चित है कि भविष्य में सरदार सरोवर परियोजना से गुजरात में 18,62,000 और राजस्थान 2,46,000 हैक्टेयर सिंचाई क्षमता इन राज्यों के वर्तमान कृषि परिदृश्य को पूरी तरह बदल देगी। इसी प्रकार मध्यप्रदेश में प्रस्तावित वृहद्, मध्यम और लघु परियोजनाओं के पूरा हो जाने पर 27,50,000 हेक्टेयर सिंचाई क्षमता बनेगी। मध्यप्रदेश की बड़ी परियोजनाओं से 14 लाख 10 हजार, मध्यम परियोजनाओं से 6 लाख 70 हजार और लघु परियोजनाओं से भी 6 लाख 70 हजार हेक्टेयर क्षेत्र सिंचिंत हो सकेगा।

मध्यप्रदेश में नर्मदा घाटी की वृहद्, मध्यम और लघु परियोजनाओं से वर्ष 2007-08 में कुल 10,64,000 हेक्टेयर वास्तविक सिंचाई हुई। वर्ष 2008-09 की अवधि में वास्तविक सिंचित रकबा 11,80,000 हेक्टेयर था। वर्ष 2009-10 में नर्मदा घाटी की सभी परियोजनाओं से लगभग 12 लाख हेक्टेयर वास्तविक सिंचाई हुई। गुजरात में सरदार सरोवर परियोजना से वर्ष 2008-09 में 92,223 हेक्टेयर तथा वर्ष 2009-10 में लगभग 98,000 हेक्टेयर में वास्तविक सिंचाई हुई। राजस्थान में अभी केवल पेयजल में उपयोग हो रहा है। वर्ष 2008-09 में 96 एम.सी.एम. मात्रा का पेयजल में उपयोग हुआ।

इसके साथ ही नर्मदा घाटी की जल क्षमता से गुजरात ने लक्षित 1450 मेगावाट बिजली उत्पादन क्षमता अर्जित कर ली है। वहीं मध्यप्रदेश ने 32014 मेगावाट जल विद्युत उत्पादन के लक्ष्य पर अब तक 2471 मेगावाट उत्पादन क्षमता बना ली है। सिंचाई और बिजली का यह परिदृश्य सम्पूर्ण नर्मदा घाटी क्षेत्र में कृषि, उद्योग और मछली पालन उद्योग में क्रांतिकारी परिवर्तन लायेगा। परियोजनाओं से कृषि उत्पादन का इसी से अनुमान लगाया जा सकता है कि इंदिरा सागर परियोजना की सिंचाई पूरी तरह प्रभावशील होने पर खाद्यान्न उत्पादन में 4 लाख मीट्रिक टन और अन्य फसलों के उत्पादन में 10 लाख 55 हजार मीट्रिक टन उत्पादन की बढ़ोत्तरी होगी। इसी प्रकार ओंकारेश्वर परियोजना की सम्पूर्ण सिंचाई क्षमता पर 7 लाख 25 हजार मीट्रिक टन खाद्यान्न और 8 लाख 35 हजार मीट्रिक टन अन्य फसलों का उत्पादन होगा। मध्यप्रदेश की बहुचर्चित बरगी डायवर्जन नहर परियोजना से कमाण्ड क्षेत्र में 9 लाख 97 हजार

587 मीट्रिक टन अतिरिक्त खाद्यान्न की पैदावार होगी। एक अनुमान के अनुसार, अकेले मध्यप्रदेश में नर्मदा घाटी परियोजनाओं की सिंचाई से कुल लगभग 200 लाख मीट्रिक टन अतिरिक्त खाद्यान्न उत्पादन होने लगेगा। गुजरात और राजस्थान में भी सरदार सरोवर की सिंचाई से वर्तमान खाद्यान्न उत्पादन में कई गुना बढ़ोत्तरी होगी। रोजगार के लाखों अवसर सृजित होंगे और ऐसे अनेक अनुशांगिक सामाजिक लाभ प्राप्त होंगे, जिनकी अभी सहज कल्पना नहीं की जा सकती।

नर्मदा घाटी विकास परियोजनाओं ने एक बड़े क्षेत्र को पीने के पानी की समस्या से मुक्त कर दिया है। जब परियोजनाओं का सम्पूर्ण नहर तंत्र विकसित हो जाएगा और उसमें जल प्रवाह होने लगेगा तब पीने की पानी की विकराल समस्या इतिहास का अंग बन जाएगी। सरदार सरोवर परियोजना गुजरात के 8 जिलों के 1907 गांवों और 54 शहरी क्षेत्रों को पेयजल सुलभ करा रही है। राजस्थान में नर्मदा नहर परियोजना में 0.106 एम.ए.एफ. जल का प्रावधान पेयजल के लिए किया गया है। नर्मदा नहर से जालौर जिले के जालौर, संचोर, भीनमाल शहरों और 697 गांवों को पीने के पानी की सुविधा मिलेगी। बाड़मेर जिलें के 639 गांवों को भी नर्मदा नहर से पेयजल सुविधा सुलभ होगी। इन शहरों और गांवों की लगभग 14 लाख आबादी पीने के पानी की समस्या से मुक्त हो जाएगी। मध्यप्रदेश में इन्दौर जैसे बड़े औद्योगिक शहर को नर्मदा, पेय जल सुलभ करा रही है, वहीं भोपाल को आने वाले कुछ दिनों में नर्मदा से पीने का पानी सुलभ होने लगेगा। मध्यप्रदेश में नर्मदा घाटी परियोजनाओं से पेयजल के लिए 937.74 मिलियन क्यूबिक मीटर पानी पीने के लिए उपलब्ध कराना निश्चित किया गया है। आने वाले समय में राज्य के कई नगरों और नहर प्रणाली के आसपास बसे हजारों गांवों को पीने का पानी सुलभ होगा।

सम्पूर्ण नर्मदा घाटी में जलाशयों और नहरों से पेयजल उपलब्ध होने के साथ ही भूमि जल स्तर बढ़ने से सूखे कुएं और तालाब भी पीने का पानी उपलब्ध कराने लगेंगे। बढ़ा हुआ भू-जल स्तर पारिस्थितिकीय संतुलन में सहायक होगा और सम्पूर्ण घाटी के तापक्रम में उल्लेखनीय रूप से कमी आयेगी। नर्मदा घाटी के जलाशय और नहरों ने मछली पालन की नई सम्भावनाएं बनाई हैं। सरदार सरोवर सहित घाटी के सभी बड़े जलाशय भविष्य में देश में मछली उत्पादन के बड़े केन्द्रों में गिने जाएंगे। घाटी में इन नये परिवर्तनों से रोजगार के लाखों अवसरों का सृजन होगा। सम्पूर्ण नर्मदा घाटी इस सुनहरे भविष्य के लिए बेसब्री से प्रतीक्षा कर रही है।

नर्मदा घाटी विकास का घटनाक्रम

1901 - भारत के पहले सिंचाई आयोग ने अपनी रिपोर्ट में भरूच के पास नर्मदा पर बैराज बनाने की आवश्यकता का उल्लेख किया।

1946 - बम्बई तथा सेण्ट्रल प्राविन्स और बरार (सी.पी. एण्ड बरार) द्वारा केन्द्रीय जल मार्ग सिंचाई और नौपरिवहन आयोग से नर्मदा का बाढ़ नियंत्रण, नौपरिवहन, सिंचाई और जल विद्युत विकास पर केन्द्रित अनुसंधान कराने का अनुरोध।

1948 - ए.एन. खोसला की अध्यक्षता में गठित समिति ने बरगी, तवा, पुनासा और भरूच परियोजनाओं के लिए विस्तृत सर्वेक्षण और अनुसंधान कराने की अनुशंसा की।

1955 - केन्द्रीय जल और ऊर्जा आयोग ने नर्मदा नदी की जल विद्युत उत्पादन क्षमता का अध्ययन कर नर्मदा कछार में 16 स्थानों पर जल विद्युत उत्पादन की संभावना चिन्हित की।

1957 - केन्द्रीय जल और ऊर्जा आयोग की अध्यक्षता में मध्यप्रदेश और बम्बई राज्यों के बीच हुई बैठक में पुनासा और भरूच के बीच सिंचाई और जल विद्युत क्षमताओं का आकलन करने का निर्णय लिया गया।

1957 - केन्द्रीय जल एवं विद्युत आयोग के तत्कालीन सदस्य डॉ. के.एल. राव द्वारा फरवरी में प्रस्तावित भरूच परियोजना स्थल, गोरा वियर का स्थल निरीक्षण।

1959 - डॉ. के.एल. राव के सुझाव पर केन्द्रीय जल एवं ऊर्जा आयोग ने भरूच परियोजना स्थल गोरा वियर से हटा कर इस स्थान से डेढ़ मील ऊपर की ओर नवागाम (वर्तमान सरदार सरोवर) स्थल पर कर दिया। नये स्थल पर बांध दो चरणों में बनाया जाना प्रस्तावित किया।

1959 - भारत सरकार के सिंचाई और ऊर्जा मंत्रालय ने जनवरी माह में भरूच सिंचाई परियोजना के पुनःरीक्षण के लिए विशेषज्ञों का एक पैनल गठित किया। पैनल ने इस परियोजना के नवागाम बांध स्थल पर दो चरणों में प्रस्तावित बांध को एकीकृत करते हुए 320 फीट ऊंचे बांध निर्माण का सुझाव दिया।

1960 - राज्य पुनर्गठन अधिनियम के तहत 01 मई 1960 को बम्बई राज्य दो राज्यों–महाराष्ट्र और गुजरात में विभाजित हो जाने से प्रस्तावित नवागाम बांध का समस्त कार्य गुजरात राज्य को स्थानांतरित।

1960 - अगस्त में योजना आयोग द्वारा नवागाम बांध दो चरणों में निर्माण का अनुमोदन। नवागाम बांध के ऊपर प्रस्तावित पुनासा (वर्तमान इंदिरा सागर) और अन्य बांध बन जाने पर मध्यप्रदेश की सिंचाई आवश्यकता की पूर्ति के बाद प्रवाहित जल से 625 मेगावाट जल विद्युत उत्पादन का अनुमोदन।

1961 - फरवरी में योजना आयोग के अनुमोदन के प्रकाश में गुजरात द्वारा नवागाम बांध प्रथम चरण निर्माण के लिए प्रशासकीय अनुमोदन।

1961 - भारत के तत्कालीन प्रधानमंत्री पंडित जवाहर लाल नेहरू ने 05 अप्रैल को नवागाम बांध स्थल पर बांध निर्माण का शिलान्यास किया।

1963 - केन्द्रीय सिंचाई एवं ऊर्जा मंत्री और गुजरात, मध्यप्रदेश राज्य के मुख्यमंत्रियों के साथ भोपाल में आयोजित बैठक में नवागाम बांध की ऊंचाई के संबंध में दिल्ली में तैयार मसौदे पर समझौता। इसे भोपाल एग्रीमेण्ट के नाम से जाना गया।

1963 - 28 नवम्बर को मध्यप्रदेश के तत्कालीन मुख्यमंत्री डी.पी. मिश्रा ने तत्कालीन केन्द्रीय सिंचाई और ऊर्जा मंत्री डॉ. के.एल. राव को भोपाल एग्रीमेण्ट स्वीकार नहीं करने के मध्यप्रदेश सरकार के निर्णय का पत्र लिखा।

1964 - भारत सरकार ने उड़ीसा के तत्कालीन राज्यपाल डॉ. ए.एन. खोसला की अध्यक्षता में 05 सितम्बर को एक उच्चस्तरीय समिति का गठन किया।

1965 - खोसला समिति ने 01 सितम्बर को भारत सरकार को अपनी रिपोर्ट प्रस्तुत की।

1968 - गुजरात द्वारा जुलाई माह में नर्मदा जल विवाद पर भारत सरकार को शिकायत प्रस्तुत की।

1969 - भारत सरकार ने अंतर्राज्यीय जल विवाद अधिनियम 1956 की धारा 4(1) के तहत् 06 अक्टूबर को नर्मदा जल विवाद न्यायाधिकरण का गठन किया।

1972 - नर्मदा जल विवाद न्यायाधिकरण द्वारा विवाद से संबंधित कानूनी मुद्दों पर जुलाई में निर्णय घोषित। मध्यप्रदेश द्वारा 29 वृहद्, 135 मध्यम और लगभग 3000 छोटे बांधों के निर्माण संबंधी मास्टर प्लान न्यायाधिकरण को प्रस्तुत।

1972 - मध्यप्रदेश, गुजरात, महाराष्ट्र और राजस्थान राज्यों ने 22 जुलाई को एक समझौता कर नर्मदा का 0.5 एम.ए.एफ. जल राजस्थान को देना स्वीकार किया। यह भी सहमति हुई कि नर्मदा जल का विवाद, न्यायाधिकरण के स्थान पर प्रधानमंत्री को सौंप दिया जाये।

1974 - चारों राज्यों ने 12 जुलाई को एक समझौता किया। इस समझौते के तहत मध्यप्रदेश और राजस्थान ने उच्चतम न्यायालय में दायर याचिकाएं वापस लेने पर सहमति व्यक्त करते हुए नर्मदा जल विवाद पुनः न्यायाधिकरण को सौंपने का निर्णय लिया।

1978 - नर्मदा जल विवाद न्यायाधिकरण ने विवाद से संबंधित मुद्दों पर तीन खण्डों में विश्लेषणात्मक विवरण के साथ निष्कर्ष प्रतिवेदन जारी किया।

1979 - नर्मदा जल विवाद न्यायाधिकरण ने 07 दिसम्बर को अंतिम रूप से नर्मदा जल विवाद पर अपना निर्णय जारी किया। न्यायाधिकरण का यह निर्णय 12 दिसम्बर को भारत शासन के गजट में प्रकाशित हुआ।

1980 - भारत सरकार सिंचाई मंत्रालय ने 10 सितम्बर को नर्मदा नियंत्रण प्राधिकरण तथा प्राधिकरण की पुनर्विलोकन समिति का गठन किया। नर्मदा नियंत्रण प्राधिकरण ने 20 दिसम्बर से कार्य आरम्भ किया। भारत सरकार ने सरदार सरोवर परियोजना निर्माण सलाहकार समिति तथा गुजरात ने नर्मदा प्लानिंग ग्रुप का गठन किया।

1984 - भारत की प्रधानमंत्री श्रीमती इंदिरा गांधी ने 23 अक्टूबर को मध्यप्रदेश के खण्डवा जिले में नर्मदा सागर (वर्तमान इंदिरा सागर) बांध परियोजना का शिलान्यास किया।

1985 - मध्यप्रदेश ने 16 जुलाई को नर्मदा घाटी विकास प्राधिकरण का गठन किया।

1987 - पर्यावरण तथा वन मंत्रालय भारत सरकार से 24 जून को सरदार सरोवर तथा इंदिरा सागर परियोजना के लिए पर्यावरणीय स्वीकृति प्राप्त।

1988 - गुजरात में सरदार सरोवर नर्मदा निगम लिमिटेड कंपनी का गठन।

1989 - मध्यप्रदेश में नर्मदा पर रानी अवंती बाई सागर वृहद् बांध का निर्माण पूर्ण हुआ। गुजरात में सरदार सरोवर बांध स्थल पर बांध के विरोध में विशाल रैली आयोजित।

1992 - विश्व बैंक की मोर्स कमेटी ने सरदार सरोवर परियोजना पर विश्व बैंक को अपनी रिपोर्ट प्रस्तुत की। मध्यप्रदेश में नर्मदा नदी पर महेश्वर जल विद्युत परियोजना का निर्माण श्री महेश्वर हायडल पॉवर कॉरपोरेशन लिमिटेड कंपनी को सौंपा।

1994 - वन तथा पर्यावरण मंत्रालय भारत सरकार के चार सदस्यीय दल ने 17 मार्च को सरदार सरोवर परियोजना स्थल का भ्रमण किया। 'नर्मदा बचाओ आन्दोलन' ने जनहित याचिका दायर कर सरदार सरोवर परियोजना का सम्पूर्ण कार्य रोक कर समीक्षा की मांग की। उच्चतम न्यायालय द्वारा जनहित याचिका स्वीकार।

2000 - सरदार सरोवर बांध की ऊंचाई 90 मीटर तक पहुंची। मध्यप्रदेश ने राष्ट्रीय जल विद्युत विकास निगम के साथ नर्मदा जल विद्युत विकास निगम (एनएचडीसी) का गठन किया।

2000 - सरदार सरोवर बांध को प्रस्तावित 138.68 मीटर की पूर्ण ऊंचाई तक निर्मित करने संबंधी उच्चतम न्यायालय का ऐतिहासिक निर्णय 18 अक्टूबर को।

2001 - सरदार सरोवर परियोजना बांध से मार्च में पहली बार गुजरात की मुख्य नर्मदा नहर में जलप्रवाह आरम्भ।

2002 - जुलाई में सरदार सरोवर परियोजना बांध की ऊंचाई 95 मीटर हुई।

2003 - जुलाई में सरदार सरोवर परियोजना बांध की ऊंचाई 100 मीटर हुई।

2003 - भारत के प्रधानमंत्री श्री अटलबिहारी वाजपेयी ने मध्यप्रदेश के खण्डवा जिले में ओंकारेश्वर बांध परियोजना का 30 अगस्त को शिलान्यास किया।

2004 - जून में सरदार सरोवर परियोजना बांध की ऊंचाई 110.64 मीटर हुई।

2004 - मध्यप्रदेश में इंदिरा सागर परियोजना की प्रथम इकाई से विद्युत उत्पादन आरम्भ। इंदिरा सागर जलाशय क्षेत्र का हरसूद नगर जून में खाली हुआ। अगस्त में सरदार सरोवर परियोजना नहर पॉवर हाऊस से बिजली उत्पादन आरम्भ।

2005 - फरवरी में सरदार सरोवर परियोजना नदी तल पॉवर हाऊस की प्रथम इकाई से विद्युत उत्पादन आरम्भ। इंदिरा सागर परियोजना बांध का कार्य पूर्ण।

2005 - उच्चतम न्यायालय का सरदार सरोवर परियोजना डूब प्रभावित परिवार के वयस्क पुत्र को न्यूनतम 2 हेक्टेयर कृषि भूमि देने का महत्त्वपूर्ण निर्णय 15 मार्च को।

2006 - मध्यप्रदेश में नर्मदा की सहायक मान नदी पर बांध निर्माण पूर्ण। भारत के पूर्व उपप्रधानमंत्री श्री लालकृष्ण आडवाणी द्वारा 5 अक्टूबर को बांध स्थल पर परियोजना का लोकार्पण। अप्रैल में भारत सरकार द्वारा मध्यप्रदेश में सरदार सरोवर परियोजना से संबंधित पुनर्वास कार्यों की जांच के लिए शुंगलु समिति गठित।

दिसम्बर में सरदार सरोवर परियोजना बांध की ऊंचाई 121.92 मीटर हुई।

2007 - सरदार सरोवर परियोजना का 1450 मेगावाट पॉवर हाऊस गुजरात के मुख्यमंत्री द्वारा समारोहपूर्वक राष्ट्र को समर्पित।

2007 - मध्यप्रदेश की ओंकारेश्वर परियोजना से बिजली उत्पादन आरम्भ।

2008 - मध्यप्रदेश में नर्मदा की सहायक हथिनी नदी पर शहीद चन्द्रशेखर आजाद परियोजना बांध का निर्माण पूर्ण।

2009 - मध्यप्रदेश ने नर्मदा घाटी की लंबित मध्यम तथा लघु सिंचाई परियोजनाओं के निर्माण पर विशेष ध्यान देने के लिए 'नर्मदा अंचल मध्यम तथा लघु सिंचाई परियोजना परिषद' का गठन किया। नर्मदा घाटी विकास प्राधिकरण तथा एनएचडीसी ने 29 जून को खण्डवा जिले में 1230 मेगावाट ताप विद्युत परियोजना (रेवा ताप विद्युत परियोजना) निर्माण का समझौता किया।

2010 - मध्यप्रदेश उच्च न्यायालय द्वारा 'नर्मदा बचाओ आन्दोलन' की याचिका पर इंदिरा सागर तथा ओंकारेश्वर परियोजना नहरों के निर्माण पर दिया गया

स्थगन उच्चतम न्यायालय ने फरवरी में कतिपय शर्तों के साथ हटाया। मई में उच्चतम न्यायालय द्वारा इंदिरा सागर, ओंकारेश्वर परियोजना नहरों के निर्माण से प्रभावित उन किसानों को भूमि के बदले भूमि देने का कुछ शर्तों के साथ निर्णय, जिन किसानों की 60 प्रतिशत अथवा उससे अधिक भूमि नहर निर्माण में उपयोग हुई।

2011 - ओंकारेश्वर परियोजना पर उच्च न्यायालय के निर्णय के विरुद्ध मध्यप्रदेश शासन और अन्य संबंधित अपीलों का उच्चतम न्यायालय द्वारा 11 मई को निराकरण। पारित आदेश में उच्चतम न्यायालय ने कहा कि नर्मदा जल विवाद न्यायाधिकरण के पुनर्वास प्रावधान ओंकारेश्वर सहित मध्यप्रदेश में निर्मित अन्य परियोजनाओं पर लागू नहीं होंगे। प्रचलित प्रकरण में शपथ पत्र पर ओंकारेश्वर परियोजना प्रभावित 5 गाँव के बारे में 'नर्मदा बचाओ आन्दोलन' द्वारा प्रस्तुत जानकारी गलत पाये जाने पर उच्चतम न्यायालय द्वारा 'नर्मदा बचाओ आन्दोलन' पर तीखी टिप्पणियाँ।

नर्मदा घाटी समाचार-पत्रों में

दैनिक भास्कर, भोपाल, 19 अक्टूबर, 2000

विवादास्पद सरदार सरोवर की ऊंचाई बढ़ाने की अनुमति

नई दिल्ली, 18 अक्टूबर (प्रेवा)। सुप्रीम कोर्ट ने नर्मदा न[illegible]र बन रहे विवादास्पद सरदार सरोवर बांध को 138 मीटर की ऊंचाई तक बनाने की अनुमति दे दी है, पर यह स्[illegible] किया है कि निर्माण कार्य पर्यावरण और पुनर्वास प्राधिकरणों की [illegible]नुमति के बाद ही शुरू हो सकेगा। न्यायमूर्ति एएस आनंद की अ[illegible]ता वाली खंडपीठ ने कहा कि 90 मीटर तक का निर्माण कार्य त[illegible]ल हो सकता है।

खंडपीठ ने यह भी कहा कि विस्थापितों के पुनर्वास और राहत के संबंध में कार्य महाराष्ट्र, मध्यप्रदेश और गुजरात सरकारों [illegible] संतोषप्रद ढंग से किए जा रहे हैं। ती[illegible]सदस्यीय खंडपीठ में दो न्[illegible]याधीशों ने पक्ष में फैसला दिया, जबकि जस्टिस एसपी भरूचा ने नि[illegible]र्माण कार्य तत्काल रोकने का फैसला दिया। खंडपीठ की ओर से फैसला लिखते हुए जस्टिस बीएन कृपाल ने कहा कि प[illegible]रियोजना की लागत के संबंध में विचार करते हुए बांध का निर्माण जारी रखने की अनुमति दी जाती है। अभी बांध [illegible] ऊंचाई 88 मीटर है, लेकिन पिछले वर्ष अदालत ने इसकी ऊंचाई 90 मीटर तक करने की अनुमति दी थी। जस्टिस एसपी भरूचा ने अपने फैसले में निर्माण कार्यों को तत्काल रोकने का आदेश दिया। 18 हजार करोड़ रुपए की लागत वाली विवादास्पद सरदार सरोवर परियोजना के विरोध में नर्मदा बचाओ आंदोलन तथा अन्य ने याचिकाएं दायर की थीं। इस परियोजना का मध्यप्रदेश, महाराष्ट्र और गुजरात पर असर पड़ेगा।

सरदार सरोवर परियोजना पर काम पिछले चार वर्षों से रुका हुआ है। याचिकाकर्ताओं ने 1995 में विभिन्न आधारों पर, विशेषकर परियोजना के कारण विस्थापित होने वाले आदिवासियों के राहत एवं पुनर्वास के आधार पर चुनौती दी थी। गुजरात कैबिनेट ने सुप्रीम कोर्ट के फैसले का स्वागत किया है। फैसले के बाद मुख्यमंत्री केशुभाई की अध्यक्षता में एक कैबिनेट बैठक का आयोजन किया गया। राज्य सचिवालय में पटाखे फोड़कर खुशी मनाई गई। मुख्यमंत्री ने अपने सहयोगियों, सरकारी कर्मचारियों और नागरिकों के साथ अदालत के फैसले का उत्सव मनाया।

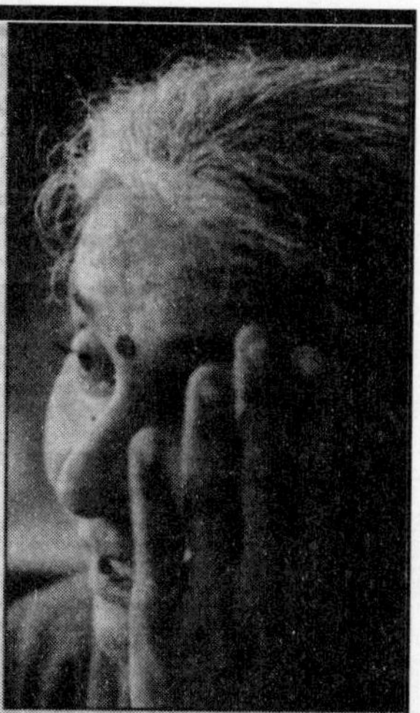

मुंबई। सुप्रीम कोर्ट के फैसले पर एक पत्रकार वार्ता के दौरान प्रतिक्रिया व्यक्त करते हुए नर्मदा बचाओ आंदोलन की नेता मेधा पाटकर रो पड़ीं।

द टाइम्स ऑफ इण्डिया, नई दिल्ली, 18 अप्रैल, 2006

Medha, villagers seek probe into rehabilitation plan

HT Correspondent
New Delhi, April 20

LESS THAN A hundred adivasis and villagers from the Narmada valley led by Medha Patkar of the Narmada Bachao Andolan who came to the Capital today had the police force in a tizzy.

The villagers and activists who gathered outside Shastri Bhawan, where the Narmada Control Authority (NCA) had a meeting.

After demonstrating the whole day, these villagers from the dam affected areas of Gujarat, Maharashtra and Madhya Pradesh were allowed a meeting with secretary Ministry of Tribal Affairs S K Naik. At the meeting they asked for a delegation of the ministry to visit the area and inquire in to the rehabilitation of the tribals.

Finally, Patkar was allowed to speak before the NCA. "It appears from the meeting that no further construction of Sardar Sarovar dam will be allowed," [illegible]atkar said after the meeting.

S. BURMAN/HT

STILL HOPEFUL: Medha Patkar with NBA activists during a sit-in against attempts to increase the height of Sardar Sarovar dam, at Shastri Bhawan in New Delhi on Friday.

हिन्दुस्तान टाइम्स, नई दिल्ली, 24 अप्रैल 2001

Order to lower dam water level stayed

Case concerns Omkareshwar dam

Staff Correspondent

BHOPAL: The Supreme Court on Friday stayed the Madhya Pradesh High Court order of August 17 directing the State Government and the NHDC to reduce the water level of Omkareshwar dam to 189 meters or less.

The High Court had passed the order on August 17 directing the State Government and the NHDC to reduce the water level at the dam site to 189 meters or less. This order came on an application by Narmada Bachao Andolan pertaining to the 25 villages that were to be affected at a water level of 190 metres and above. During the hearing of the matter, the State Government had informed the High Court that water had been filled in the reservoir up to 190 metres.

- **HC had directing the Government, NHDC to reduce water level**
- **State had told that water had been filled in reservoir up to 190 m.**

Earlier the NBA had obtained a stay from the High Court against the closure of the radial gates and sluice gates of the dam.

The High Court had passed an Order on May 18 declining to permit closure of the dam's radial and sluice gates.

On June 11, the Supreme Court had responded to an appeal by the State Government and lifted the stay.

द हिन्दू, 14 जून, 2001

Medha Patkar calls for 'people's struggle'

By Our Staff Correspondent

BHOPAL, JUNE 13. The Narmada Bachao Andolan (NBA) leader, Ms. Medha Patkar, along with activists and villagers affected by the Sardar Sarovar and other dams being constructed on the Narmada has called for a people's struggle against "the most illegal, inhuman and fatal submergence being imposed on the Narmada Valley during this monsoon."

In a statement, Ms. Patkar and other activists contend that the construction of up to 93 metres (with humps) on the Sardar Sarovar Project (SSP) would destroy the homes, farms, and natural resources of 5000 tribal families in the villages of Gujarat, Maharashtra and Madhya Pradesh. Depending on the rainfall, the SSP construction may wipe out the tribal belt in the affected zone in the Narmada Valley. This time the submergence would extend up to the fertile plains of Nimad in Madhya Pradesh.

The NBA activists say it is in the national interest to stop the work on the dam and review all its aspects. The Government has imposed submergence and displacement by raising the height of the dam with 'fraudulent means' and 'bypassing' the decision of the Rehabilitation and Environment sub-groups of the Narmada Control Authority (NCA) thereby violating the Supreme Court verdict itself. All the basic issues like the cost-benefit and displacement-resettlement, and environmental aspects have remained unaddressed and the people are refusing to leave their villages. Questioning the role of the Supreme Court in this regard, the NBA activists say that it has taken away all the legal and constitutional protection for the tribals and peasants, thereby allowing the Government to suppress the rights of the people.

They say the same is the case with all completed and ongoing projects in the Narmada Valley like Bargi, Narmada Sagar, Maheshwar and Maan in Madhya Pradesh.

However, the State Government is destroying the Adivasis, peasants and their organisation for the sake of corporate interests. It is the flawed water policy, centralised management of natural resources and globalised economy that is to be challenged and the decentralised, employment-generating economic policies that need to be supported, the NBA says.

The Narmada activists have announced that in the next phase of their struggle non-violent resistance will be launched from July 5 at Jalsindhi in Madhya Pradesh and Domkhedi in Maharashtra. The satyagraha will start from Chhoti Kasravad near Baba Amte's residence on July 9. At both places people will stay in their homes and face the rising waters.

From July 10 to 12, senior social activists and prominent people from different parts of the country would be holding a protest and solidarity fast in Kasravad.

दैनिक जागरण, 25 जनवरी, 2002

प्रधानमंत्री के दखल से सरदार सरोवर बांध का रास्ता साफ

एजेंसियां, नई दिल्ली/गांधीनगर

24 जनवरी

प्रधानमंत्री अटल बिहारी वाजपेयी के हस्तक्षेप से सरदार सरोवर परियोजना के पूर्ण होने में आ रही तमाम बाधाओं को हटा दिया गया है, मध्यप्रदेश सरकार एवं गुजरात सरकार ने नर्मदा नदी पर निर्माणाधीन सरदार सरोवर बांध की ऊंचाई जून 2002 तक 100 मीटर पूर्ण करने के संकल्प को दोहराया। इस कार्य के लिए पहले चरण में 95 मीटर तक डूब में आने वाले विस्थापितों के पुनर्वास को फरवरी 2002 तक पूरा किया जावेगा तथा दूसरे चरण में 100 मीटर तक बांध की ऊंचाई पर प्रभावित विस्थापितों का पुनर्वास मार्च 2002 तक पूर्ण किया जावेगा।

खास-बातें

- **जून में 100 मीटर ऊंचाई तक बन जायेगा बांध**
- **गुजरात-म.प्र. के मुख्यमंत्रियों ने बांध को पूर्ण करने का संकल्प दोहराया**

गुजरात के मुख्यमंत्री नरेंद्र मोदी ने आज नई दिल्ली से लौटने के बाद संवाददाताओं को बताया कि प्रधानमंत्री के आवास के बीच कल शाम उनके और मध्य प्रदेश के मुख्यमंत्री दिग्विजय सिंह के बीच हुई बैठक में बांध के निर्माण में आ रही सभी बाधाओं को हटा दिया गया। उन्होंने कहा कि बैठक में तय हुआ कि मध्य प्रदेश सरकार तय समय सीमा के भीतर परियोजना से प्रभावित लोगों का पुनर्वास करेगी। उन्होंने कहा कि म.प्र. सरकार पुनर्वास कार्य पूर्ण करने के बारे में रिपोर्ट देगी जिससे बांध की ऊंचाई 100 मीटर करने का रास्ता साफ किया जा सके। उन्होंने कहा कि प्रधानमंत्री की उपस्थिति में हुई बैठक में निर्णय लिया गया कि सभी संबद्ध राज्य नर्मदा नियंत्र प्राधिकरण के साथ हुई बैठक और उच्चतम न्यायालय के निर्णयों को समयबद्ध सीमा में लागू करेंगे। प्रधानमंत्री ने नर्मदा नियंत्रण प्राधिकरण की पुनर्वास एवं पर्यावरण उपसमितियों की बैठक फरवरी के पहले सप्ताह में बुलाए जाने तथा संबंधित सभी औपचारिकताओं को तेजी से पूरा करने के निर्देश दिए हैं। मध्यप्रदेश एवं गुजरात ने पूर्व में ही डूब प्रभावितों को एनडब्ल्यूडीटी अवार्ड

■ शेष पृष्ठ 12 पर

■ प्रथम पृष्ठ की खबरों का शेष

प्रधानमंत्री के दखल से....

के अतिरिक्त विशेष पुनर्वास पैकेज देने का निर्णय लिया था ताकि विस्थापित परिवारों का जीवन स्तर उन्नत किया जा सके। इसी निर्णय के तहत गुजरात के मुख्यमंत्री श्री मोदी ने प्रथम किश्त के रूप में मध्यप्रदेश के मुख्यमंत्री को बुधवार को चालीस करोड़ रुपए का चैक भी सौंपा। प्रधानमंत्री के आवास पर हुई बैठक में गुजरात और मध्य प्रदेश के मुख्यमंत्रियों के साथ ही केंद्रीय सिंचाई मंत्री नर्मदा बचाओ आंदोलन के अध्यक्ष और केंद्रीय जल संसाधन सचिव नवलावाला, म.प्र. के वित्त मंत्री, केंद्रीय मंत्रिमंडल के सचिव, प्रधानमंत्री के प्रधान सचिव ब्रजेश मिश्रा, मुख्य सचिव जी. सुब्बा राव समेत कई महत्वपूर्ण अधिकारी उपस्थित थे। बैठक में प्रधानमंत्री ने केंद्रीय पर्यावरण मंत्रालय को उप समिति की जल्द से जल्द बैठक बुलाने को कहा जिससे समयबद्ध रूप से पर्यावरण मंत्रालय की हरी झंडी मिल सके। म.प्र. के मुख्यमंत्री दिग्विजय सिंह ने बैठक में आश्वासन दिया कि बांध की ऊंचाई को लेकर उच्चतम न्यायालय में दायर मुकदमे को वह वापस ले लेंगे। उल्लेखनीय है कि उच्चतम न्यायालय के निर्णय के बावजूद किसी न किसी कारण से सरदार सरोवर परियोजना के पूर्ण होने में अड़चनें आती रही है। इन बाधाओं को दूर कर बांध को पूर्ण करने का रास्ता साफ करने के लिए प्रधानमंत्री से हस्तक्षेप का अनुरोध किया गया था और इसी संदर्भ में कल शाम प्रधानमंत्री के आवास पर बैठक आयोजित की गई।

द टाइम्स ऑफ इण्डिया, नई दिल्ली, 02 जून, 2002

Nimad people blame NBA activists for power crisis

By K K Jha
TIMES NEWS NETWORK

Indore: With the ongoing power crisis in the state showing no signs of improvement, an undercurrent of anger is clearly discernible, particularly among people in rural areas who are bearing the brunt of the shortage.

The people in this part of western Madhya Pradesh, have blamed the anti-dam forces (Narmada Bachao Andolan) for the severe crisis in the west Nimad region.

Undertaking a tour of the area, this reporter saw large tracts of dry parched farmlands — a testimony to the farmers' inability to irrigate their crops on account of power shortage, which has reached alarming levels there. It is not only agriculture which has been hit, so have trading and business activities in the area.

Lack of employment opportunities have either driven the villagers to take to criminal activities or migrate to places like Indore. This, in spite of the administration's efforts to provide employment to the economically weaker sections.

Who's responsible?

- People say NBA has thrown a spanner in power projects
- They have kept financiers away from investing in Maheshwar project
- Retired IAS officers' lobby also backing anti-dam activists

Villagers are of the view that things would not have deteriorated to such a sorry state had the ongoing hydro-electric projects like the Sardar Sarovar (SSP), the Maheshwar and the Indira Sagar in Narmada valley been completed on time.

Work on the Indira Sagar project, which has an installed capacity of 1,000 MW, and the SSP, which will provide 826 MW to Madhya Pradesh, is going on at a snail's pace, they point out. As for the 400-MW Maheshwar project, work has been suspended for the past one-and-a-half years due to lack of funds. It is the first hydro-electric project coming up in the state under the private sector.

According to a senior official associated with the project, the promoter of Maheswar project has not been able to raise funds as "intimidating tactics and ill-motivated propaganda" by the NBA activists have resulted in financial institutions keeping away from investing in it.

State's former secretary, water resources department, M S Billore, an expert on minor irrigation who is associated with various organisations like the Narmada Valley Development Authority, blames senior retired IAS officers' lobby for the tardy progress in the Maheshwar project. They, he claims, are hand-in-glove with the anti-dam forces.

He says 20 per cent of peak hour power demand in the state could have been met had the Maheshwar project been completed.

The work on Maheshwar project started in 1997 and it was supposed to be completed by 2003.

हिन्दुस्तान टाइम्स, नई दिल्ली, 24 अप्रैल, 2007

NBA gets clean chit from Govt

Satya Prakash
New Delhi, April 23

THE CENTRE has given clean chit to the Narmada Bachao Andolan (NBA) and its leader Medha Patekar, who have been accused of running its anti-dam campaign in the country with the help of foreign funds.

In an affidavit filed in the Supreme Court, the Centre said an inquiry was conducted against NBA and some other organisations in 2002 and prior to that in 2000 but "the inspection of books of accounts did not reveal any instance of violation of the FCRA (Foreign Contribution Regulation Act)".

The affidavit filed in response to a public interest litigation seeking a probe into the NBA's activities quoted a letter written in August 2003 by the then Union Minister of State for Home Harin Pathak to Gujarat Chief Minister Narendra Modi that there was no material against NBA and its associate NGOs.

"The matter was investigated in some detail under the provisions of the said (FCRA) Act. The accounts/records of the NBA and a number of NGOs associated with it were inspected but no specific instance of any violation of FCRA, 1976 was detected," the letter quoted Pathak as having said.

हिन्दुस्तान टाइम्स, नई दिल्ली, 24 मई, 2003

NBA game for SSP oustees' rehabilitation with a rider

Ashutosh Shukla
Bhopal, May 23

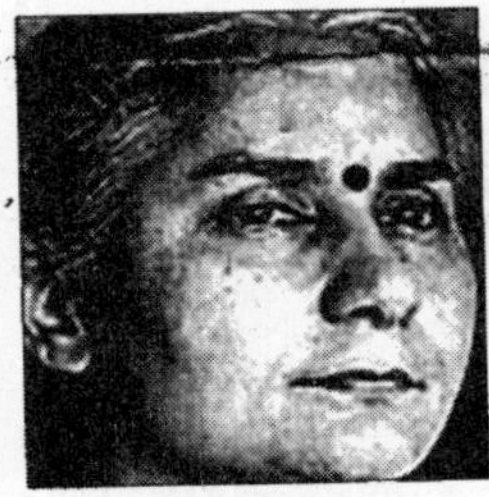

Medha Patkar

Digvijay Singh

THE NARMADA Bachao Andolan (NBA) has expressed its willingness to take up the rehabilitation and resettlement (R&R) work of Sardar Sarovar Project (SSP) oustees, if a proposal to this effect comes from Chief Minister Digvijay Singh through Congress president Sonia Gandhi.

Correspondence between Congress president Sonia Gandhi and NBA leader Medha Patkar shows that the NBA leader in her May 15 letter to the former had expressed her willingness to involve her outfit in taking up R &R work along with the Government machinery, if a proposal was received from Madhya Pradesh Chief Minister Digvijay Singh via his party president.

In fact, in response to a letter from Rajya Sabha member and eminent film actress Shabana Azmi alleging the non-compliance of rehabilitation norms for the SSP oustees which the Congress president had forwarded to him, Chief Minister Digvijay Singh wrote back to Sonia, saying that the State Government had given the NBA a proposal to take up the task of R&R along with the Government machinery. However, the NBA did not agree to the proposal, he wrote.

"Our offer is still open to them", he wrote.

When Chief Minister's reply was communicated to Medha, she wrote back to Sonia on May 15, stating that even when the CM had made the offer in a lighter vein, the NBA had submitted him a concrete proposal in black and white to form joint committees something which "he rejected, and sent us the written Cabinet decision to that effect instead," she said.

Patkar said if the offer still stood, as was the CM's contention, Sonia should tell him to make a clear written proposal to the NBA through her and "the NBA would respond to it with all seriousness".

Maharashtra has already formed a task force with NBA representatives as its members to monitor the R & R work, and in an earlier letter to Sonia Gandhi, Patkar had said, "Since rehabilitation couldn't take place for the past 22 years due to the non-availability of agriculture land, the rehabilitation of lakhs of peace-loving, land and forest-based villagers still remains a dream. If the Digvijay Singh Government still thinks it can do it, Madhya Pradesh, too, should go the way chalked out by Maharashtra and plan it jointly with peoples' organisations Narmada Bachao Andolan".

जनसत्ता, नई दिल्ली, 01 जुलाई, 2005

जनसत्ता, दिल्ली, १ जुलाई, २००५

पूरी तरह बस गया है नया हरसूद नगर

भोपाल, ३० जून (भाषा)। मध्य प्रदेश की इंदिरा सागर परियोजना की डूब से प्रभावित हरसूद नगर अपने विस्थापन के एक वर्ष बाद पूर्ण शहर के रूप में विकसित हो गया है।

सरकारी जानकारी के मुताबिक हरसूद के प्रभावित परिवारों को अपनी अचल संपत्तियों के मुआवजों और पुनर्वास अनुदान के रूप में १०३ करोड़ ४२ लाख १६ हजार रुपए वितरित हुए हैं। सरकार ने हरसूद नगर के लिए विशेष पुनर्वास पैकेज स्वीकृत किया था, जिसके तहत १८ करोड़ ५० लाख ९७ हजार रुपए की राशि वितरित की गई है।

पैकेज के एक अन्य लाभ के अंतर्गत नए हरसूद में बसने वाले परिवारों को पात्रता के मुताबिक २४०० वर्गफुट, १५०० वर्गफुट और ५०० वर्गफुट के भू-खंड निःशुल्क आवंटित किए गए हैं। आवंटित भूखंडों पर सघन रूप से बसाने के साथ बाजार भी विकसित हो गए हैं।

परियोजना महाप्रबंधक पुनर्वास जेपी शर्मा ने बताया कि नए हरसूद में विकास के लिए किए गए विभिन्न निर्माण कार्यों पर अब तक ५२ करोड़ ३७ हजार रुपए का व्यय हो चुका है। विकास और निर्माण की विभिन्न योजनाओं का काम जारी है। प्रस्तावित कार्यों पर १४ करोड़ ५५ लाख ३० हजार रुपए का व्यय संभावित है।

शर्मा के अनुसार नए हरसूद में सभी शासकीय कार्यालय, महाविद्यालय, स्कूल, अस्पताल, कृषि उपज मंडी, नगर पंचायत, न्यायालय और विभिन्न बैंकों ने काम शुरू कर दिया है। हरसूद का नया रेलवे स्टेशन बन कर तैयार है और सर्व सुविधायुक्त बस स्टैंड का निर्माण कार्य जल्द शुरू किया जाने वाला है।

नए हरसूद में औद्योगिक क्षेत्र विकास के लिए प्रथम चरण में २० हेक्टेयर भूमि उपलब्ध कराई जा रही है। ३०० हेक्टेयर क्षेत्र में फैले नए हरसूद में सड़कों के डामरीकरण का कार्य तेजी से जारी है।

हिन्दुस्तान टाइम्स, नई दिल्ली, 03 जून, 2006

Indira Sagar dedicated

HT Correspondent
Indore, June 2

UNION ENERGY Minister Sushilkumar Shinde today dedicated to the nation 1000-MW Indira Sagar Power (ISP) station of Narmda Hydroelectric Development Corporation (NHDC) in Omkareshwar.

Speaking on the occasion Shinde said that large projects like ISP should generate employment for local and project affected persons so that it reduces the pain of those who have been displaced. He informed that Ministry has introduced franchise scheme where local youth, NGO and self-help groups would be delegated responsibility for power transmission.

Adding that Rajiv Gandhi Rural Electrification Scheme has been introduced in 10 villages in the state, he said that a village would be declared electrified if its school, hospital, backward areas and families living below poverty line have received electricity and a certificate has been issued this effect by sarpanch.

He said the production at present was 1.25 lakh MW and the country needs additional one lakh MW of energy to meet the increasing demand. Shinde said that Ultra Project would be started to reach the consumption target of 1000 unit per person by 2020. The project will cost Rs 16,000 crore and some states including Madhya Pradesh have given consent for it.

Presiding over the function, Chief Minister Shivraj Singh Chouhan said that ISP would help in tiding over the state's power crisis.

He commended NHDC for completing the project a year ahead of the schedule and said power crisis would be overcome within next two and half years while irrigation facilities would be developed in eight lakh hectares.

He demanded formation of Special Economic Zones to provide employment to people affected by Narmada projects.

एशियन ऐज, 12 जुलाई, 2006

Chauhan thanks PM for help in Narmada crisis

By SUDHIR K. SINGH

Bhopal, July 11: Madhya Pradesh chief minister Shivraj Singh Chauhan has profusely thanked Prime Minister Manmohan Singh for helping to correct the misimpressions fostered by the group of ministers led by Saifuddin Soz over the progress in rehabilitating the victims in the Narmada Valley region. Mr Chauhan was talking to reporters on Tuesday.

The Soz committee had visited the area on April 6, and squarely blamed the state government for its failure to provide even basic amenities like housing and potable water to the victims. The observations of the Centre-appointed Shunglu Committee had attested the state government's efforts to accommodate those whose land fell in the submergence zone of the dam, Mr Chauhan said. Even the Action Taken Report had been approved despite the prevalence of a few grey areas. Mr Chauhan said he was at a loss to understand why Mr Soz had tried playing politics over a purely humanitarian issue. "It was time some members in the UPA regime stopped mixing politics with development. In fact, there was an urgent need," Mr Chauhan said.

Mr Chauhan said, "More than 10,298 families had received their compensation in the last 13 years, and another 1,423 in the last eight months alone. 3,671 hectares of land had been disbursed against the total 1,470 hectares lost." The NBA, however, continued to sing a different tune. An NBA release said the long-standing controversy around the Sardar Sarovar dam had been further aggravated, not resolved, by the report of the Shunglu Committee/Oversight Group.

हिन्दुस्तान, नई दिल्ली, 12 जुलाई, 2006

बांध की खुलती राह

यह नर्मदा बचाओ आंदोलन के लिए झटका है, लेकिन किसी भी आंदोलन के कारण व्यापक जनहित से जुड़े विकास कार्यों को लंबे समय तक बंधक बनाकर नहीं रखा जा सकता। सुप्रीम कोर्ट, शुंगलू समिति की रिपोर्ट और प्रधानमंत्री, तीनों ने सरदार सरोवर बांध के निर्माण को लेकर यही रुख अपनाया है। सुप्रीम कोर्ट ने बांध पर निर्माण कार्य रोकने से इंकार कर दिया है। उसने अपने फैसले के लिए शुंगलू समिति की रिपोर्ट के निष्कर्षों और उस बारे में प्रधानमंत्री के फैसले को आधार बनाया है। सरदार सरोवर बांध पर निर्माण के बारे में विवाद तब अधिक तूल पकड़ गया था, जब नर्मदा बचाओ आंदोलन की नेता मेधा पाटकर आमरण अनशन पर बैठ गई थीं। मेधा की यह मांग सही थी कि बांध के निर्माण से विस्थापित होने वाले हजारों लोगों का उचित तरीके से पुनर्वास किया जाए। इसी मांग के संदर्भ में सरकार ने शुंगलू समिति गठित की ताकि पता लगाया जा सके कि बांध के कारण प्रभावित परिवारों की संख्या कितनी है और पुनर्वास के मोर्चे पर क्या प्रगति हुई है? समिति ने मध्य प्रदेश सरकार के राहत और पुनर्वास कार्य को आमतौर पर सही पाया, लेकिन उसने वर्तमान कार्यपद्धति में सुधार के कुछ सुझाव भी दिए। इसमें संदेह नहीं कि मेधा ने विस्थापितों के पुनर्वास के लिए लंबी लड़ाई लड़ी, और उसका पहला सबक यही है कि यदि समय रहते पुनर्वास कार्य किया जाए, तो विकास परियोजनाएं तेज गति से आगे बढ़ सकती हैं। दूसरा सबक यह कि देश में एक राष्ट्रीय पुनर्वास नीति बनाई जाए क्योंकि बड़ी विकास परियोजनाएं हों या आपदाएं, उनमें हजारों लोग विस्थापित होते हैं। कोई सुविचारित पुनर्वास नीति इस तरह की समस्याओं से निपटने में काफी मददगार हो सकती है। तीसरा, विकास कार्यों को राजनीति के दलदल में नहीं घसीटा जाना चाहिए। यह दुर्भाग्यपूर्ण है कि ऐसे मसलों पर कुछेक बार अनेक मशहूर हस्तियां आंदोलन में कूद पड़ती हैं- बिना यह जाने कि मसले की बारीकियां क्या हैं। यदि किसी विकास परियोजना से विस्थापन या पर्यावरणीय हानि की समस्याएं उठती हैं तो यह गंभीर मसला है, पर उसे किसी फैशनेबल विरोध के जामे में नहीं उलझाया जाना चाहिए। फिल्म अभिनेता आमिर खान ने अपनी फिल्म 'लगान' के लिए जिस गांव में शूटिंग की और उसे गोद लिया, बाद में वह वहां नदारद ही दिखे।

जनसत्ता, नई दिल्ली, 16 जुलाई, 2006

पहले से ज्यादा जमीन के मालिक बन गए डूब प्रभावित कुछ परिवार

विशेष संवाददाता

भोपाल, १५ जुलाई। सरदार सरोवर बांध परियोजना की डूब क्षेत्र में आना कई परिवारों के लिए फायदे का सौदा साबित हुआ है। धार जिले की मनावर तहसील के डूब प्रभावित ज्यादातर परिवार पहले से ज्यादा जमीन के मालिक बन गए हैं।

राज्य सरकार की पुनर्वास नीति के तहत जमीन के बदले जमीन लेने या जमीन के बदले विशेष पुनर्वास पैकेज लेने की योजना लागू की गई है। पैकेज के तहत परिवार के मुखिया के अलावा उसके वयस्क पुत्रों को भी अपनी पसंद की जगह दो-दो हेक्टेयर जमीन खरीदने के लिए रकम मुहैया कराई जाती है। इसके कारण कई परिवार अपनी पुश्तैनी जमीन से ज्यादा जमीन के स्वामी बन गए हैं।

मध्य प्रदेश

मनावर तहसील के गोपालपुर गांव की कमली बाई का परिवार इसकी मिसाल है। इस परिवार के पास सिर्फ दशमलव १६३ हेक्टेयर जमीन का छोटा सा टुकड़ा था। कमली और उसके तीन बेटे इस जमीन पर कड़ी मेहनत करने के बाद भी अभाव का जीवन जीने और दूसरों के खेतों में मजदूरी करने को मजबूर थे। पूरी जमीन सरदार सरोवर परियोजना की डूब में आ जाने से यह परिवार गहरी निराशा में डूब गया। पर यह निराशा कुछ ही दिनों बाद आशा और उत्साह में बदल गई। राज्य सरकार की ओर से इस परिवार को डूब में आई जमीन के बदले उतनी ही जमीन या विशेष पुनर्वास पैकेज लेने का प्रस्ताव किया गया। कमली के परिवार ने विशेष पुनर्वास पैकेज लेने का विकल्प चुना। इसके तहत कमली को पसंद की जमीन खरीदने के लिए पांच लाख ३७ हजार २०८ रुपए मिले। इस रकम से उसने जामली गांव में २.०२३ हेक्टेयर जमीन खरीद ली। कमली की तरह उसके तीनों वयस्क बेटों मंशाराम, मंगल व तुकराम को भी दो-दो हेक्टेयर जमीन खरीदने के लिए प्रति वयस्क पुत्र पांच लाख ५८ हजार ३८९ रुपए मिले। इस रकम से कमली बाई के इन तीनों बेटों ने जामली और टोंकी गांवों में ६.४६ हेक्टेयर जमीन खरीद ली। इस तरह कमली का जो परिवार एक हेक्टेयर से भी कम जमीन का मालिक था, वह ८.६९ हेक्टेयर जमीन का मालिक बन गया। इसी तरह के कई उदाहरण सामने आए हैं।

धार जिले की मनावर तहसील के विभिन्न गांवों के १३८ किसान परिवारों ने जमीन के बदले जमीन लेने की बजाय विशेष पुनर्वास पैकेज लेने का विकल्प चुना है। इन परिवारों के पास कुल १३८.५७८ हेक्टेयर खेती की जमीन थी जो सरदार सरोवर की डूब में आ गई है। इन परिवारों ने बतौर मुआवजा विशेष पुनर्वास पैकेज के रूप में कुल १७ करोड़ ९२ लाख ९ हजार रुपए का भुगतान हासिल किया। इसमें वह रकम शामिल है जो इन परिवारों के हर वयस्क पुत्र को अपनी पसंद की दो हेक्टेयर जमीन खरीदने के लिए दी गई। इस रकम से ये परिवार अब तक कुल ५४१.१४४ हेक्टेयर जमीन खरीद चुके हैं। जबकि इससे पहले उनके पास सिर्फ १३८.५७८ हेक्टेयर जमीन थी। राज्य सरकार ने विस्थापित किसानों को खेती की जमीन खरीदने पर स्टांप और रजिस्ट्री शुल्क से माफी देकर अतिरिक्त राहत भी मुहैया करा दी है।

द हिन्दू, नई दिल्ली, 25 अगस्त, 2007

A THOUGHT FOR TODAY

Development can really work everywhere.

JEFFREY SACHS

Dam and Blast

Narmada controversy grounds real issues of rehabilitation

IN the heated debate and political posturing on the Narmada dam, some of the real issues are getting obscured. The bone of contention is raising the height of the dam from its current 110 to 122 metres. This would mean displacement of around 25,000 families, mostly in Madhya Pradesh. The Narmada Bachao Andolan (NBA) activists led by Medha Patkar have demanded that before the dam height is raised, those displaced must be resettled. This is in line with earlier Supreme Court rulings that the height of the dam can be increased only after oustees are rehabilitated. Protests by NBA and a continuing hunger strike by Patkar resulted in a reassessment of the situation by the Centre. A group of ministers, including water resources minister Saifuddin Soz, visited the affected areas in Madhya Pradesh and found major gaps in the rehabilitation of oustees. They reported that rehabilitation and resettlement had largely been on paper and very little had happened on the ground. Subsequently, at a meeting of the review committee of the Narmada Control Authority, Soz signed a resolution in favour of stopping work on the dam until rehabilitation was carried out. This has provoked Gujarat CM Narendra Modi to go on a hunger strike making it a Gujarat versus Centre issue. That he has been successful was proved when Congress MPs from Gujarat, too, petitioned the prime minister not to suspend construction of the dam.

Though the situation is at an impasse, it needn't remain so. There are two incontrovertible facts: One, the dam is already a reality and that it will benefit Madhya Pradesh, Gujarat, Rajasthan and Maharashtra by providing water and electricity; and two, the rehabilitation of oustees has been extremely tardy. If the dam height is to be increased, every single oustee must be rehabilitated under strict norms and monitoring. Though Modi might not care a jot for those displaced from their land in Madhya Pradesh, it is the responsibility of the Indian state to ensure fair compensation. At the same time, dam construction cannot be stopped every now and again because this will escalate costs tremendously. The important thing is not to let opportunistic politicians hijack the Narmada issue but to concentrate on just and equitable development in the Narmada valley. That unfortunately is easier said than done. Even as the focus is on Modi, Medha and even Aamir Khan, those most affected by the dam — the several thousand who have been forced to relocate — and farmers who stand to benefit from irrigation have no voice in the debate.

पीपुल्स समाचार, 30 जून, 2009

सोमवार को अरेरा हिल्स स्थित नर्मदा भवन में एनएचडीसी के मुख्य कार्यपालन निदेशक केएम सिंह और एनवीडीए के उपाध्यक्ष प्रदीप भार्गव एक दूसरे को एनएचडीसी और नर्मदा विकास घाटी प्राधिकरण के बीच हुआ एमओयू देते हुए। इस मौके पर एनएचडीसी के अध्यक्ष एसके गर्ग और मंत्री केएल अग्रवाल भी उपस्थित थे। छाया: अनिल दीक्षित

एनएचडीसी लगाएगा 1320 मेगावाट का पावर प्लांट

पीपुल्स संवाददाता, भोपाल।

नर्मदा हाइड्रोइलेक्ट्रिक डेवलपमेंट कार्पोरेशन अब ताप एवं पवन ऊर्जा के क्षेत्र में भी उतर रहा है। परंपरागत एवं गैर परंपरागत ऊर्जा स्रोतों से विद्युत परियोजनाओं के क्रियान्वयन को लेकर इसका नामकरण एनएचडीसी लिमिटेड किया गया है।

यह कंपनी 1320 मेगावाट क्षमता की ताप विद्युत परियोजना लगाने जा रही है। इस संबंध में कंपनी का शासन के साथ मंगलवार को करार हो गया। राज्य मंत्री नर्मदा घाटी विकास विभाग केएल अग्रवाल, अध्यक्ष एवं एसके गर्ग की मौजूदगी में प्रदीप भार्गव अतिरिक्त मुख्य सचिव एवं एनएचडीसी की ओर से मुख्य कार्यपालक निदेशक केएम सिंह ने समझौता ज्ञापन पर हस्ताक्षर किए।

एनएचडीसी के अधिकारियों ने बताया कि इस परियोजना का क्रियान्वयन स्वयं के वित्तीय संसाधनों से किया जाएगा। इस परियोजना से उत्पादित विद्युत मध्यप्रदेश को केंद्रीय विद्युत नियामक आयोग द्वारा निर्धारित दरों पर बेची जाएगी। परियोजना हेतु आधुनिकतम तकनीक का उपयोग कर उत्तम दक्षता प्राप्त की जाएगी। परियोजना के लिए कोयला आवंटन हेतु भारत सरकार को आवेदन प्रस्तुत किया गया है।

बिजनेस भास्कर, 29 जुलाई, 2008

मछली पालन से एमपी को बड़ी उम्मीदें

मध्य प्रदेश के सात बड़े जलाशयों से सालाना 3500 टन होगा उत्पादन

भोपाल। मध्य प्रदेश में सिंचाई और बिजली परियोजनाओं के लिए नर्मदा घाटी में निर्मित बड़े जलाशय इस राज्य को आने वाले समय में मछली पालन करके अग्रणी राज्यों की श्रेणी में स्थापित कर देंगे।

केन्द्रीय मछली अनुसंधान संस्थान केन्द्र सरकार के एक अध्ययन के अनुसार घाटी के सात बड़े जलाशयों से प्रतिवर्ष 3500 टन तक मछली का उत्पादन लिया जा सकता है। वर्तमान दर के अनुसार इस मात्रा में उत्पादन से लगभग 25.77 करोड़ रुपए की वार्षिक आय संभावित है। राज्य में इंदिरा सागर के रूप में देश का मानव निर्मित सबसे बडा जलाशय मौजूद है। कुल 913 वर्ग किमी क्षेत्र के इस जलाशय में 59 हजार 29 हेक्टेयर जल-क्षेत्र मछली पालन के लिए उपयुक्त है। अन्तर्राज्यीय सरदार सरोवर परियोजना से निर्मित जलाशय का बड़ा भाग मध्यप्रदेश में है। इस जलाशय के 10 हजार हेक्टेयर क्षेत्र में मछली उत्पादन किया जा सकता है। घाटी की ओंकारेश्वर परियोजना जलाशय में आठ हजार 330 हेक्टेयर, मान परियोजना जलाशय में 696 हेक्टेयर, जोबट परियोजना जलाशय में 946 हेक्टेयर, अपर बेदा परियोजना जलाशय में 830 हेक्टेयर व निर्माणाधीन महेश्वर परियोजना जलाशय में चार हजार 876 हेक्टेयर जल क्षेत्र मछली उत्पादन के लिए तैयार है। इन जलाशयों के कुल 84 हजार 647 हेक्टेयर जल क्षेत्र में मछली उत्पादन क्षमता के दोहन के लिए समग्र कार्य योजना का निर्माण प्रक्रिया में है। नर्मदा घाटी विकास प्राधिकरण के अध्यक्ष नागेन्द्र सिंह ने हाल ही में अधिकारियों को निर्देश दिए थे कि जलाशयों से मछली उत्पादन की क्षमताओं के दोहन व इससे घाटी के विस्थापित मछुआरों की रोजगार गारंटी सुनिश्चित करने के लिए सभी स्तरों पर सघन विचार-विमर्श कर कार्य योजना बनाई जाए। प्राधिकरण के उपाध्यक्ष प्रदीप भार्गव ने बताया कि जलाशयों की मछली उत्पादन और 10 हजार से अधिक विस्थापित परिवारों को रोजगार दिया जा सकेगा। (वार्ता)

NBA made false statements, stands discredited: SC

KRISHNADAS RAJAGOPAL
NEW DELHI, MAY 11

THE self-esteem of Narmada Bachao Andolan (NBA), the activist group formed by Medha Patkar 22 years ago, may suffer a severe dent with the Supreme Court on Wednesday "discrediting" the organisation for making false statements. The observation, part of a judgment by a three-member Bench, led by Justice J M Panchal, follows an earlier caution that it may be "blacklisted" from representing the farmers of Narmada valley in any court.

The organisation had made a "misleading statement" in the top court that the Madhya Pradesh government had already "dispossessed" farmers of 284.03 hectares of land at Dhardi, Nayapura, Guwadi, Kothmir and Narasinghpura and banned "any activity" there. A subsequent survey, ordered by the Supreme Court, on a Madhya Pradesh government plea, found the statement to be false.

"The court has been entertaining this petition under the bonafide belief that the NBA was espousing the grievance of inarticulate and illiterate poor farmers, with all sincerity and thus, would not make any misleading

MEDHA PATKAR

NBA had made "misleading statement" in the SC that the MP govt had "dispossessed" farmers of 284.03 hectares of land. A subsequent SC survey found it to be false

statement. However, our belief stands fully belied," the Bench wrote in the judgment pronounced on Wednesday. "The applicant/ respondent (NBA) made pleadings and advanced arguments without any basis only to secure unwarranted benefits to those tenure holders. In the instant case, it stands discredited totally in the eyes of this court," the court added.

The Bench expressed relief at having ordered the field check by the Indore District Judge on the NBA claim: "This court had been a little careful and cautious in this regard, which has exposed the true picture." The District Judge during his visit to the five villages in March 2011 obtained thumb impressions and signatures of the farmers, who acknowledged that they were still sowing their crops on the land. Besides, Alok Agarwal 'chief activist of NBA', the court said, was present at the inspection to admit that the land was still being cultivated by the farmers.

"We reach the inescapable conclusion that the NBA has not acted with a sense of responsibility and so far succeeded in securing favourable orders by misleading the court. Such conduct cannot be approved," the court said.

The court restrained from passing any positive orders against NBA, saying it has to take into consideration "the pitiable condition of the oustees whom the organisation represents."

The bench was disposing of a bunch of petitions challenging the orders of the M[illegible] High Court on the rehabilitation measures to be adopted for oustees of Omkareshwar hydro project on the Narmada.

हिन्दुस्तान टाइम्स, नई दिल्ली, 8 अप्रैल, 2011

SC strictures against NBA

Outfit will file application for expunging remarks: activists

HT Correspondent

BHOPAL: Narmada Bachao Andolan (NBA) will file an application before the Supreme Court for expunging the scathing strictures passed by the court against the outfit while disposing of a cluster of three petitions on issues related to Omkareshwar Project.

A three-member bench of Justice J M Panchal, Justice Deepak Verma and Justice Dr B S Chauhan in its order observed "The court has been entertaining this petition under the bona fide belief that NBA was espousing the grievances of inarticulate and illiterate poor farmers, with all sincerity and thus, would not make any misleading statement. However, our belief stands fully belied. Applicants/respondents (NBA) made pleadings and advanced arguments without any basis only to secure unwarranted benefits to these tenure holders. In the instant case it stands discredited totally in the eyes of this court. This court had been a little careful and cautious in this regard, which has exposed the true picture".

Addressing a press conference on Saturday, NBA activists Alok Agrawal and Chitrupa Palit said that the judges thought the NBA had misled the court over status of project-affected people, whose land was acquired by the government. The court said that they continued to live in their old houses and cultivate their land contrary to NBA's claim that they had been dispossessed of their land.

They said the NBA had filed two affidavits before the court in February and August 2010 stating that project-affected people continue to live at the old place of their habitat and continue farming on their land despite its acquisition by the government. But the court did not take cognizance of the affidavits. The NBA had also filed a perjury application against the state government on the issue but it was also not taken note of. He said that the court was misled by the state government, which had filed a perjury application against the NVA in the matter.

The two NBA activists said that they would also file a revision petition against conclusion of the court that 'land against land' norm in the rehabilitation policy would not apply on adult sons of the family as decided by the Supreme Court earlier.

"How can a three-member bench overturn order of a bench with the same strength of judges. They could have referred the matter to a larger bench but not overturn earlier order of the Supreme Court", Alok said.

The NBA activists said that they would also file a revision petition against the Supreme Court order as it has decided that land in five project-affected villages in Dewas district would not be acquired.

परिशिष्ट

परिशिष्ट–1

न्यायाधिकरण के समक्ष प्रस्तुत भारत सरकार और राज्यों के अधिवक्ता और अधिकारी

नर्मदा जल विवाद न्यायाधिकरण के निर्णय की ऐतिहासिक प्रक्रिया में चारों राज्यों के विधि विशेषज्ञों और तकनीकी विशेषज्ञों नें महत्त्वपूर्ण भूमिका का निर्वाह किया। नर्मदा घाटी विकास के आधुनिक स्वरूप में इन सभी का योगदान अंकित है। न्यायाधिकरण के समक्ष प्रस्तुत हुए विधि विशेषज्ञ और तकनीकी विशेषज्ञ इस प्रकार थे–

गुजरात की ओर से	**मध्यप्रदेश की ओर से**
श्री जे.एम. ठाकोर, महाधिवक्ता	श्री डॉ. वाय. एस. चितले, अधिवक्ता
श्री एस.बी. वकील, अधिवक्ता	श्री एम.एस. गणेश, अधिवक्ता
श्री एन.जी. दोषित, अधिवक्ता	श्री शेखर भार्गव, अधिवक्ता
श्री सी.के.दफ्तरी, अधिवक्ता	श्री एन.ए. पालखीवाला, अधिवक्ता
श्री जे.एल. हाथी, अधिवक्ता	श्री के.ए. चितले, अधिवक्ता
श्री सी.सी. पटेल, मुख्य अभियन्ता और विशेष सचिव	श्री यू.एन. भाचावत, अधिवक्ता
श्री ए.पी. राज, मुख्य अभियन्ता और विशेष सचिव	श्री राम पंजवानी, अधिवक्ता
श्री आई.एम. शाह, अधीक्षण यंत्री	श्री के.एल. हाण्डा, सिंचाई सलाहकार
श्री एन. रामास्वामी, अधीक्षण यंत्री	श्री आर.एल. गुप्ता, मुख्य अभियन्ता
श्री एम.एम. शाह, अधीक्षण यंत्री	श्री व्ही.एम. चितले, उपसचिव
श्री एन.बी. देसाई, अधीक्षण यंत्री	श्री एम.एस. बिल्लौरे, अधीक्षण यंत्री
श्री बी.जे. शाह, कार्यपालन यंत्री	श्री एल.के. वाघ, कार्यपालन यंत्री
श्री पी.डब्ल्यू. परवानी, कार्यपालन यंत्री	श्री डी.व्ही. सहस्त्रबुद्धे, कार्यपालन यंत्री
	श्री एस.सी. भटनागर, कार्यपालन यंत्री

महाराष्ट्र की ओर से	**राजस्थान की ओर से**
श्री एफ.एस. नरीमन, अधिवक्ता	श्री के.के. जैन, अधिवक्ता
श्री बी.आर. झाईवाला, अधिवक्ता	श्री बी.डी. शर्मा, अधिवक्ता
श्री के.के. फ्रमजी, तकनीकी सलाहकार	श्री ए.के. सेन, अधिवक्ता
श्री व्ही.आर. देउस्कर, सचिव जल संसाधन	श्री जी.सी. कासलीवाल, महाधिवक्ता
श्री एस.के. गुहा, विशेष आयुक्त	श्री डॉ. एल.एम. सिंघवी, महाधिवक्ता
श्री एम.जी. पाध्ये, मु. अभियन्ता/ सं. सचिव	श्री मोतीराम, तकनीकी विशेषज्ञ सलाहकार
श्री बी.एस. कापरे, मु. अभियन्ता/ सं. सचिव	श्री मनोहर लाल, मुख्य अभियन्ता
श्री एस.सी. साखलकर, विशेष कर्तव्य अधिकारी	श्री डी.एम. सिंघवी, अधीक्षण यंत्री
श्री एम.एम. जोग, उपसचिव	श्री सी.जी. माथुर, कार्यपालन यंत्री
श्री जी.ई. दपाडे, अवर सचिव	
श्री आर.डी. सर्राफ, अवर सचिव	
श्री ई.सी. सल्धाना, मुख्य अभियन्ता और संयुक्त सचिव	
श्री ए.के. शिनोलीकर, विशेष कर्त्तव्य अधिकारी	
श्री एन.वी. देशमुख, अवर सचिव	

भारत सरकार की ओर से
श्री नीरेन डे, महान्यायविद्
श्री ओ.पी. मल्होत्रा, अधिवक्ता
श्री सतपाल, अधिवक्ता
कुमारी एस. चक्रवर्ती, अधिवक्ता
श्रीमती श्यामला पप्पू, अधिवक्ता
श्री वी.पी. नंदा, अधिवक्ता

परिशिष्ट–2

नर्मदा नियंत्रण प्राधिकरण की संरचना

नर्मदा नियंत्रण प्राधिकरण की संरचना में अध्यक्ष और पदेन सदस्य नामांकित किये गये। समय-समय पर इसकी संरचना में संशोधन हुए। वर्तमान में नर्मदा नियंत्रण प्राधिकरण की संरचना निम्नानुसार है–

1. सचिव, भारत सरकार, जल संसाधन मंत्रालय - अध्यक्ष
2. सचिव, भारत सरकार, ऊर्जा मंत्रालय - सदस्य
3. सचिव, भारत सरकार, पर्यावरण एवं वन मंत्रालय - सदस्य
4. सचिव, भारत सरकार, सामाजिक न्याय एवं अधिकारिता मंत्रालय - सदस्य
5. सचिव, भारत सरकार, जनजातीय मामलों से संबंधित मंत्रालय - सदस्य
6. मुख्य सचिव, गुजरात सरकार - सदस्य
7. मुख्य सचिव, मध्यप्रदेश सरकार - सदस्य
8. मुख्य सचिव, महाराष्ट्र सरकार - सदस्य
9. मुख्य सचिव, राजस्थान सरकार - सदस्य
10. तीन व्यक्तियों को, जो मुख्य अभियन्ता स्तर से नीचे के न हों, केंद्रीय सरकार द्वारा स्वतंत्र सदस्यों के रूप में नियुक्त किया जाएगा जिनमें से एक को प्राधिकरण के कार्यकारी सदस्य के रूप में पदांकित किया जाएगा। - तीन सदस्य
11. पर्यावरण और विस्थपित व्यक्तियों के पुनर्वास के क्षेत्र में अनुभव रखने वाले एक ऐसे व्यक्ति को, जो भारत - सदस्य

सरकार के संयुक्त सचिव या राज्य सरकार के अपर सचिव के स्तर के नीचे का न हो, केंद्रीय सरकार स्वतंत्र सदस्य के रूप में नियुक्ति करेंगी।

12. सिंचाई विभाग, विद्युत विभाग या राज्य बिजली मण्डल के प्रमुख अभियन्ता, मुख्य अभियन्ता या कार्यवाहक अपर मुख्य अभियन्ता के स्तर के चार सदस्य, जिनमें से एक-एक गुजरात, मध्यप्रदेश, महाराष्ट्र और राजस्थान सरकार द्वारा नियुक्त किया जाएगा। - चार सदस्य

कार्यकारी सदस्य, अध्यक्ष के साधारण पर्यवेक्षण और नियंत्रण के अधीन, प्राधिकरण के प्रशासनिक कार्य का प्रभारी होगा।

जब भारत सरकार के सचिव या राज्य सरकारों के मुख्य सचिव प्राधिकरण की बैठकों में उपस्थित होने में असमर्थ हो, तो वे अपने प्रतिनिधियों को भेज सकेगें जो कि भारत सरकार के संयुक्त सचिव या राज्य के सचिव से नीचे के स्तर के न हो।

प्रत्येक स्वतंत्र सदस्य पूर्णकालिक सदस्य होगा और एक अवधि के लिए नियुक्त किया जाएगा, जो पांच वर्ष से अधिक नहीं होगी। प्राधिकरण का एक सचिव होगा। यह इंजीनियर होगा और प्राधिकरण का सदस्य नहीं होगा।

परिशिष्ट–3

नर्मदा नियंत्रण मण्डल, मध्यप्रदेश की संरचना

1. मुख्यमंत्री, मध्यप्रदेश शासन - अध्यक्ष
2. मंत्री, नर्मदा घाटी विकास विभाग - उपाध्यक्ष
3. निम्नलिखित विभाग के प्रभारी मंत्री, नियंत्रण मण्डल के सदस्य रहेंगे:-
   - मध्यम और लघु सिंचाई विभाग
   - पर्यावरण विभाग
   - ऊर्जा विभाग
   - लोक निर्माण विभाग
   - कृषि विभाग
   - वन विभाग
   - वित्त विभाग
   - राजस्व विभाग
4. मुख्य सचिव - सदस्य
5. अध्यक्ष, नर्मदा घाटी विकास प्राधिकरण - सदस्य
6. उपाध्यक्ष, नर्मदा घाटी विकास प्राधिकरण - सदस्य
7. सचिव, नर्मदा घाटी विकास विभाग - सदस्य
8. सचिव, मध्यम एवं लघु सिंचाई विभाग - सदस्य
9. सचिव, ऊर्जा विभाग - सदस्य
10. सचिव, लोक निर्माण विभाग - सदस्य
11. सचिव, वित्त विभाग - सदस्य
12. मुख्य अभियन्ता, नर्मदा घाटी विकास विभाग - सचिव
13. सदस्य (वित्त), नर्मदा घाटी विकास प्राधिकरण - वित्तीय सलाहकार

नर्मदा घाटी विकास प्राधिकरण (नर्मदा वेली डेव्हलपमेंट अथॉरिटी) की संरचना–

1. मंत्री नर्मदा घाटी विकास विभाग - अध्यक्ष
2. अपर मुख्य सचिव (नघाविवि) - उपाध्यक्ष

सदस्य–

1. सदस्य (अभियांत्रिकी)
2. सदस्य (ऊर्जा)
3. सदस्य (वित्त)
4. सदस्य (योजना)
5. सदस्य (पुनर्वास)
6. सदस्य (पर्यावरण एवं वन)

निम्नलिखित अधिकारी प्राधिकरण के पदेन सदस्य होते हैं–

1. आयुक्त, इन्दौर संभाग
2. कृषि उत्पादन आयुक्त
3. सचिव, मध्यप्रदेश शासन, नर्मदा घाटी विकास विभाग
4. सचिव, वित्त विभाग
5. सचिव, वन विभाग
6. सचिव, ऊर्जा विभाग
7. सचिव, पर्यावरण विभाग
8. सचिव, राजस्व विभाग
9. सचिव, लोक निर्माण विभाग
10. सचिव, जल संसाधन विभाग

परिशिष्ट–4

मध्यप्रदेश मास्टर प्लान की मध्यम परियोजनाएं

क्र.	परियोजना का नाम	जिला	क्र.	परियोजना का नाम	जिला
*1.	जलगांव	बालाघाट	21.	बरेरा टेंक	जबलपुर
*2.	बन्जर	बालाघाट	22.	जबलपुर टेंक	जबलपुर
*3.	बिछिया टेंक	मण्डला	23.	सीहोरा रेग्युलेटर	जबलपुर
*4.	धुआंधार टेंक	मण्डला	24.	गुटेरी टेंक	जबलपुर
*5.	बोहरीबंद टेन्क	कटनी	25.	धरवाड़ा टेन्क	जबलपुर
*6.	मेहगांवटोला टेंक	जबलपुर	26.	सागोरा टेंक	जबलपुर
*7.	बारनू टेंक	जबलपुर	27.	चिरचिट्टा टेंक	नरसिंहपुर
*8.	मडई टेंक	जबलपुर	28.	रानीसेट टेंक	बडवानी
*9.	परियट टेंक	जबलपुर	29.	गगन टेंक	खरगोन
*10.	डुकरीखेड़ा टेंक	होशंगाबाद	30.	कालापाथा टेंक	खरगोन
*11.	चन्द्रकेशर टेंक	देवास	31.	गाडीगल्तार टेंक	खरगोन
*12.	पारस टेंक	देवास	32.	अम्बकनाला टेंक	खरगोन
*13.	सम्पना टेंक	बैतुल	33.	पड़लिया बुजुर्ग टेंक	खरगोन
*14.	चोरल नाखेड़ी टेंक	इन्दौर	34.	सेमल्दा टेंक	धार
*15.	सेगवाल टेंक	बडवानी	35.	पलकमती टेंक	रायसेन
*16.	साटक टेंक	खरगोन	36.	जागल्दा टेंक	बालाघाट
*17.	देजला देवड़ा टेंक	खरगोन	37.	करमसारा टेंक	बालाघाट
*18.	कुन्दा टेंक	धार	38.	अहमदपुर टेंक	बालाघाट
*19.	साकल्दा टेंक	धार	39.	नवलपुरा टेंक	खरगोन
20.	मोहारी टेंक	जबलपुर	40.	खारक टेंक	खरगोन

क्र.	परियोजना का नाम	जिला	क्र.	परियोजना का नाम	जिला
41.	रालावती टेंक	बडवानी	69.	मछरेवा टेंक नं 1	नरसिंहपुर
42.	मण्डला उद्वहन	मण्डला	70.	मछरेवा टेंक नं 2	नरसिंहपुर
43.	सिल्गी उद्वहन	मण्डला	71.	अजनाल टेंक	होशंगाबाद
44.	कैर उद्वहन	जबलपुर	72.	संगवान टेंक	होशंगाबाद
45.	सोहारा उद्वहन	जबलपुर	73.	सेमरी नदी टेंक	होशंगाबाद
46.	भगोरानाला उद्वहन	सिवनी	74.	सियामीन नदी टेंक	होशंगाबाद
47.	मोहगांव टेंक	मण्डला	75.	हाथरनाला टेंक	होशंगाबाद
48.	मोगन नाला फीडर	मण्डला	76.	बसदेव टेंक	सीहोर
49.	गुरबीनीनाला टेंक	मण्डला	77.	सालासोन्द टेंक	सीहोर
50.	कुकरानाला टेंक	मण्डला	78.	गोगरा टेंक	सीहोर
51.	लोईलरटोला टेंक	मण्डला	79.	पनकी पानी टेंक	सीहोर
52.	फेन टेंक	मण्डला	80.	सिप नाला टेंक	सीहोर
53.	गौर नदी नं 2 टेंक	मण्डला	81.	सिंगपुर टेंक	सीहोर
54.	बिलगांव टेंक	मण्डला	82.	मोगराखेड़ा टेंक	सीहोर
55.	दण्डाना टेंक	मण्डला	83.	चाचलाकलां टेंक	सीहोर
56.	कनई नदी टेंक	मण्डला	84.	बरोदिया टेंक	सीहोर
57.	खरमेर टेंक	मण्डला	85.	भागनेर उरिया टेंक	सीहोर
58.	खामी टेंक	मण्डला	86.	गंजपानी गड़रिया टेंक	सीहोर
59.	बिछुवा टेंक	मण्डला	87.	कटपुरा टेंक	सीहोर
60.	सुनीनाला टेंक	मण्डला	88.	बाबर टेंक	सीहोर
61.	अपरसुनी टेंक	मण्डला	89.	अमधाना टेंक	बैतुल
62.	अमीनपुर टेंक	मण्डला	90.	आर तवा टेंक	बैतुल
63.	कनवा टेंक	मण्डला	91.	डाबरी टेंक	बैतुल,
64.	लभेरा नदी टेंक	जबलपुर	92.	रामपुर टेंक	बैतुल
65.	अमहेटा टेंक	जबलपुर	93.	देनवा नाला टेंक	बैतुल
66.	सगवान दारोली टेंक	जबलपुर	94.	कावेरी टेंक	खण्डवा
67.	मोहपानी टेंक	नरसिंहपुर	95.	गन्धवा टेंक	खण्डवा
68.	बिरनी नदी टेंक	नरसिंहपुर	96.	राजगढ़ टेंक	खण्डवा

क्र.	परियोजना का नाम	जिला	क्र.	परियोजना का नाम	जिला
97.	पिपरानाला टेंक	खण्डवा	117.	कनर टेंक	देवास
98.	घोड़ा पछाड़ नं 1	खण्डवा	118.	खारी टेंक	देवास
99.	घोड़ा पछाड़ नं 2	खण्डवा	119.	दातुनी टेंक	देवास
100.	डाकोची टेंक	खण्डवा	120.	देवलर मछखा टेंक	देवास
101.	ठीकरी टेंक	बडवानी	121.	किशनपुरा टेंक	देवास
102.	सतवाड़ी टेंक	खरगोन	122.	हिरनगांव टेंक	देवास
103.	धोरवा टेंक	खरगोन	123.	चान्दवाना टेंक	देवास
104.	कालिया खेड़ी टेंक	खरगोन	124.	फरशीमर टेंक	अनुपपुर
105.	उमरखली टेंक	खरगोन	125.	तनोर लोअर टेंक	बालाघाट
106.	लोअर बेदा टेंक	खरगोन	126.	कोडला टेंक	बालाघाट
107.	उरी वाघ टेंक	धार	127.	सुबखर टेंक	बालाघाट
108.	करम टेंक	धार	128.	भीमा डोंगरी टेंक	बालाघाट
109.	रामगढ़ टेंक	रायसेन	129.	गुहानाला टेंक	बालाघाट
110.	सजनी टेंक	रायसेन	130.	रानाहरल टेंक	सिवनी
111.	नाक्तीनाला टेंक	रायसेन	131.	सोनेर टेंक	सिवनी
112.	नहरियानाला नं 1	रायसेन	132.	कन्हेर टेंक	सिवनी
113.	छिन्द टेंक	रायसेन	133.	बन्दोह टेंक	छिंदवाड़ा
114.	नहरियानाला नं 2	रायसेन	134.	डोराली टेंक	छिंदवाड़ा
115.	तन्दोनी टेंक	रायसेन	135.	सुआ नाला टेंक	छिंदवाड़ा
116.	शिवहरे नदी टेंक	रायसेन			

1. *-पूर्ण मध्यम परियोजनाएं निर्मित क्षमता 65 हजार 62 हेक्टेयर।
2. सभी 135 मध्यम परियोजनाओं के पूर्ण हो जाने पर 6 लाख 70 हजार हेक्टेयर सिंचाई क्षमता निर्मित होगी।

परिशिष्ट-5

नर्मदा कछार में उपलब्ध जल की मात्रा

नर्मदा जल विवाद न्यायाधिकरण ने नर्मदा कछार में 70 वर्ष के वर्षा आंकड़ों की गणना के बाद उपलब्ध जल की मात्रा 28 एम.ए.एफ. आंकलित की है। इसी के आधार पर चारों राज्यों को जल की मात्रा का आवंटन किया गया है। जल की यह उपलब्धता 75 प्रतिशत निर्भरता के आधार पर की गई है, अर्थात् प्रत्येक जल वर्ष (जुलाई से जून) में जल उपलब्धता एक समान नहीं होगी। निश्चित कालखण्ड में 75 प्रतिशत वर्षों में आंकलित जल की मात्रा सुलभ होगी, वहीं शेष 25 प्रतिशत वर्षों में जल की मात्रा आंकलित मात्रा से कम होगी। इसे इस प्रकार समझा जा सकता है कि 20 वर्षों में 15 वर्ष की अवधि में आंकलित जल की मात्रा सुलभ होगी, शेष 05 वर्ष में यह मात्रा आंकलित मात्रा से कम हो सकती है। प्रतिवर्ष उपलब्ध जल की मात्रा के आधार पर ही पक्षकार राज्यों को जल का बंटवारा होगा। इस प्रकार कुल उपलब्ध जल का 65.19 प्रतिशत मध्यप्रदेश को, 32.14 प्रतिशत गुजरात को, 1.78 प्रतिशत राजस्थान को और 0.89 प्रतिशत महाराष्ट्र को मिलेगा। इससे स्पष्ट है कि हर वर्ष नर्मदा कछार में 28 एम.ए.एफ. जल उपलब्ध नहीं होगा। नर्मदा नियंत्रण प्राधिकरण ने जल वर्ष 1980-81 से प्रतिवर्ष नर्मदा कछार में उपलब्ध जल की गणना की है। इसके आधार पर वर्ष 2008-09 तक नर्मदा कछार में उपलब्ध जल की मात्रा का विवरण निम्नानुसार है–

जल वर्ष	–	उपलब्ध जल (एम.ए.एफ.)
1980-1981	–	31.82
1981-1982	–	24.83
1982-1983	–	17.98
1983-1984	–	34.64

जल वर्ष	–	उपलब्ध जल (एम.ए.एफ.)
1984-1985	-	36.12
1985-1986	-	20.54
1986-1987	-	31.36
1987-1988	-	13.80
1988-1989	-	30.06
1989-1990	-	22.06
1990-1991	-	45.41
1991-1992	-	24.01
1992-1993	-	19.72
1993-1994	-	34.43
1994-1995	-	59.56
1995-1996	-	22.23
1996-1997	-	25.74
1997-1998	-	31.91
1998-1999	-	21.85
1999-2000	-	42.07
2000-2001	-	13.80
2001-2002	-	23.35
2002-2003	-	22.76
2003-2004	-	33.59
2004-2005	-	18.75
2005-2006	-	37.32
2006-2007	-	35.25
2007-2008	-	30.84
2008-2009	-	19.11

उपरोक्त विवरण से यह स्पष्ट है कि नर्मदा कछार में उपलब्ध जल की मात्रा घटती-बढ़ती है। वर्ष 2008-09 में नर्मदा कछार में 19.11 एम.ए.एफ. जल उपलब्ध था। निश्चित प्रतिशत में बंटवारे के अनुसार, इस वर्ष मध्यप्रदेश को उपयोग

के लिए 12.46 एम.ए.एफ. जल उपलब्ध था, वहीं गुजरात को 6.14, महाराष्ट्र को 0.17 तथा राजस्थान को 0.34 एम.ए.एफ. जल का हिस्सा उपलब्ध था। इस उपलब्ध जल में से वर्ष 2008-09 के दौरान मध्यप्रदेश ने 4.62 एम.ए.एफ., गुजरात ने 3.89 एम.ए.एफ. तथा राजस्थान ने 0.08 एम.ए.एफ. जल का उपयोग किया। महाराष्ट्र राज्य ने उसके हिस्से में उपलब्ध जल का उपयोग नहीं किया। यहां यह उल्लेखनीय है कि आवंटित जल की मात्रा का उपयोग संबंधित राज्य को सिंचाई, औद्योगिक और पेयजल (घरेलू) कार्यों में करना होगा। इन्ही मदों में उपयोग किये गये व्यपवर्तित जल की मात्रा को उपयोग हुए जल की मात्रा माना जाता है। इस प्रकार वर्ष 2008-09 में नर्मदा कछार में उपलब्ध कुल 19.11 एम.ए.एफं. जल में से तीन राज्यों ने कुल 8.58 एम.ए.एफ. जल का उपयोग किया।

राज्यों द्वारा उपयोग किये जाने वाले जल की गणना

नर्मदा जल विवाद न्यायाधिकरण द्वारा राज्यों द्वारा उपयोग किये जाने वाले जल की गणना करने का दायित्व नर्मदा नियंत्रण प्राधिकरण को सौंपा गया है। व्यवस्था के अनुसार, नर्मदा नियंत्रण प्राधिकरण प्रत्येक जलवर्ष (जुलाई से जून) में पक्षकार राज्यों द्वारा उपयोग किये गये प्रवाहित जल की गणना पर प्रतिवेदन जारी करता है। यह प्रतिवेदन प्रतिवर्ष अक्टूबर माह में पक्षकार राज्यों को भेजा जाता है। जलगणना प्रतिवेदन वर्ष 1980-81 से प्रतिवर्ष निरंतर तैयार किया जा रहा है।

नर्मदा में जल प्रवाह और पक्षकार राज्यों द्वारा जल के उपयोग की गणना में केन्द्रीय जल आयोग और पक्षकार राज्यों द्वारा संकलित जानकारी का उपयोग किया जाता है। केन्द्रीय जल आयोग वर्तमान में बरगी, बरमान घाट, होशंगाबाद, इंदिरा सागर, मण्डलेश्वर और सरदार सरोवर पर जल प्रवाह की जानकारी संकलित करता है। पक्षकार राज्य नदी से जल का उपयोग करने वाली संस्थाओं तथा नहर सिंचाई और जल विद्युत उत्पादन में उपयोग किये गये जल के आंकड़े संकलित करता है। संबंधित समस्त आंकड़ों के विश्लेषण के बाद नर्मदा नियंत्रण प्राधिकरण द्वारा पक्षकार राज्यों द्वारा जल संग्रहण तथा उपयोग और जल प्रवाह के बारे में निष्कर्ष प्रतिवेदन तैयार किया जाता है।

परिशिष्ट–6

विभिन्न सिंचाई बांध जलाशयों का पूर्ण जलाशय स्तर (एफ.आर.एल.)

स.क्र.	परियोजना का नाम	एफ.आर.एल. (मीटर में)
1.	सरदार सरोवर	138.68
2.	इंदिरा सागर	262.13
3.	ओंकारेश्वर	196.60
4.	रानी अवंती बाई सागर	422.76
5.	अपर नर्मदा	737.00
6.	चिंकी	348.08
7.	मान	297.65
8.	शहीद चन्द्रशेखर आजाद (जोबट)	260.17
9.	बारना	348.55
10.	सुक्ता	410.67
11.	तवा	355.49
12.	कोलार	462.18
13.	मटियारी	497.43
14.	अपरबेदा	317.00
15.	लोअरगोई	300.00
16.	हालोन	623.50
17.	अपर बुढ़नेर	616.61
18.	अटारिया	403.00
19.	शेर/शक्कर/मच्छरेवा	412.70/445.31/420.93
20.	दूधी	388.10
21.	मोरण्ड/गंजाल	362.51/373.68

परिशिष्ट–7

'नर्मदा बचाओ आन्दोलन'

जनहित याचिका क्र. 319/94 पर भारत के उच्चतम न्यायालय द्वारा 18 अक्टूबर सन् 2000 को दिये गये निर्णय का क्रियाशील भाग

OPERATIVE PART OF THE JUDGMENT IN WRIT PETITION (CIVIL) 319/94 DELIVERED BY HON'BLE CHIEF JUSTICE A.S.ANAND & JUSTICE B.N.KIRPAL

While issuing directions and disposing of this case, two conditions have to be kept in mind, (i) the completion of project at the earliest and (ii) ensuring compliance with conditions on which clearance of the project was given including completion of relief and rehabilitation work and taking of ameliorative and compensatory measures for environmental protection in compliance with the scheme framed by the Government thereby protecting the rights under article 21 of the Constitution. Keeping these principles in view, we issue the following directions.

- Construction of the dam will continue as per the Award of the Tribunal.
- As the Relief and Rehabilitation Sub-group has cleared the construction up to 90 meters, the same can be

undertaken immediately. Further raising of the height will be only pari passu with the implementation of the relief and rehabilitation and on the clearance by the Relief and Rehabilitation Sub-group. The Relief and Rehabilitation Sub-group will give clearance of further construction after consulting the three Grievances Redressal Authorities.

- The Environment Sub-group under the Secretary, Ministry of Environment & Forests, Government of India will consider and give, at each stage of the construction of the dam, environment clearance before further construction beyond 90 meters can be undertaken.
- The permission to raise the dam height beyond 90 meters will be given by the Narmada Control Authority, from time to time, after it obtains the above-mentioned clearances from the Relief and Rehabilitation Sub-group and the Environment Sub-group.
- The reports of the Grievances Redressal Authorities, and of Madhya Pradesh in particular, shows that there is a considerable slackness in the work of identification of land, acquisition of suitable land and the consequent steps necessary to be taken to rehabilitate the project oustees. We direct the States of Madhya Pradesh, Maharashtra and Gujarat to implement the Award and give relief and rehabilitation to the oustees in terms of the packages offered by them and these States shall comply with any direction in this regard which is given either by the NCA or the Review Committee or the Grievances Redressal Authorities.
- Even though there has been substantial compliance with the conditions imposed under the environment clearance the NCA and the Environment Sub-group

will continue to monitor and ensure that all steps are taken not only to protect but to restore and improve the environment.

- The NCA will within four weeks from today draw up an Action Plan in relation to further construction and the relief and rehabilitation work to be undertaken. Such an Action Plan will fix a time frame so as to ensure relief and rehabilitation pari passu with the increase in the height of the dam. Each State shall abide by the terms of the action plan so prepared by the NCA and in the event of any dispute or difficulty arising; representation may be made to the Review Committee. However, each State shall be bound to comply with the directions of the NCA with regard to the acquisition of land for the purpose of relief and rehabilitation to the extent and within the period specified by the N.C.A.
- The Review Committee shall meet whenever required to do so in the event of there being any unresolved dispute on an issue which is before the NCA. In any event the Review Committee shall meet at least once in three months so as to oversee the progress of construction of the dam and implementation of the R&R programmes.
- If for any reason serious differences in implementation of the Award arise and the same cannot be resolved in the Review Committee, the Committee may refer the same to the Prime Minister whose decision, in respect thereof, shall be final and binding on all concerned.
- The Grievances Redressal Authorities will be at liberty, in case the need arises, to issue appropriate directions to the respective States for due implementation of the R&R programmes and in case of non

implementation of its directions, the GRAs will be at liberty to approach the Review Committee for appropriate orders.

- Every endeavor shall be made to see that the project is completed as expeditiously as possible.

This and connected petitions are disposed off in the aforesaid terms.

[A.S.ANAND]...........CJI
[B.N.KIRPAL]............. J

New Delhi
October 18, 2000

परिशिष्ट–8

पक्षकार राज्यों के मुख्यमंत्री

नर्मदा से जुड़े विवाद, विरोध और विकास के घटनाक्रम को नर्मदा के पक्षकार राज्यों के मुख्यमंत्रियों ने अपने-अपने समय में प्रभावित किया है। नर्मदा से जुड़े मामले राष्ट्रीय और अंतर्राष्ट्रीय रुचि का विषय होने से इन मामलों में मुख्यमंत्रियों की भूमिका और निर्णयों की भी व्यापक चर्चा हुई। विवाद, विरोध और विकास के लंबे घटनाकाल में पक्षकार राज्यों में कब कौन मुख्यमंत्री रहा, यह जानना रुचिकर है। इसी संदर्भ से यहां गुजरात, मध्यप्रदेश, राजस्थान और महाराष्ट्र राज्य के मुख्यमंत्री और उनका कार्यकाल दिया जा रहा है।

गुजरात के मुख्यमंत्री और उनका कार्यकाल

मुख्यमंत्री का नाम	कार्यकाल
श्री जीवराज नारायण मेहता	01.05.1960 से 03.03.1962
श्री जीवराज नारायण मेहता	04.03.1962 से 19.09.1963
श्री बलवंतराय मेहता	20.09.1963 से 20.09.1965
श्री हितेन्द्र के. देसाई	21.09.1965 से 03.04.1967
श्री हितेन्द्र के. देसाई	04.04.1967 से 06.04.1971
श्री हितेन्द्र के. देसाई	07.04.1971 से 12.05.1971
श्री घनश्याम भाई सी. ओझा	17.03.1972 से 17.07.1973
श्री चिमनभाई पटेल	18.07.1973 से 09.02.1974
श्री बाबूभाई जे. पटेल	18.06.1975 से 12.03.1976
श्री माधव सिंह सोलंकी	24.12.1976 से 10.04.1977

श्री बाबूभाई जे. पटेल	11.04.1977 से 17.02.1980
श्री माधव सिंह सोलंकी	07.06.1980 से 10.03.1985
श्री माधव सिंह सोलंकी	11.03.1985 से 06.07.1985
श्री अमर सिंह चौधरी	07.07.1985 से 09.12.1989
श्री माधव सिंह सोलंकी	10.12.1989 से 04.03.1990
श्री चिमन भाई पटेल	05.03.1990 से 17.02.1994
श्री छबीलदास मेहता	18.02.1994 से 14.03.1995
श्री केशुभाई पटेल	15.03.1995 से 21.10.1995
श्री सुरेश मेहता	22.10.1995 से 19.09.1996
श्री शंकर सिंह वाघेला	23.10.1996 से 27.10.1997
श्री दिलीपभाई रमणभाई पारिख	28.10.1997 से 04.03.1998
श्री केशुभाई पटेल	05.03.1998 से 06.10.2001
श्री नरेन्द्र मोदी	07.10.2001 से 22.12.2002
श्री नरेन्द्र मोदी	23.12.2002 से 22.12.2007
श्री नरेन्द्र मोदी	23.12.2007 से निरंतर

मध्यप्रदेश के मुख्यमंत्री और उनका कार्यकाल

मुख्यमंत्री का नाम	कार्यकाल
श्री रविशंकर शुक्ल	01.11.1956 से 31.12.1956
श्री भगवंतराव मण्डलोई	01.01.1957 से 30.01.1957
श्री डॉ. कैलाशनाथ काटजू	31.01.1957 से 14.04.1957
श्री डॉ. कैलाशनाथ काटजू	15.04.1957 से 11.03.1962
श्री भगवंतराव मण्डलोई	12.03.1962 से 29.09.1963
श्री द्वारका प्रसाद मिश्र	30.09.1963 से 08.03.1967
श्री द्वारका प्रसाद मिश्र	09.03.1967 से 29.07.1967
श्री गोविन्द नारायण सिंह	30.07.1967 से 12.03.1969
श्री राजा नरेशचन्द्र सिंह	13.03.1969 से 25.03.1969
श्री श्यामाचरण शुक्ल	26.03.1969 से 28.01.1972
श्री प्रकाशचन्द्र सेठी	29.01.1972 से 22.03.1972

श्री प्रकाशचन्द्र सेठी	23.03.1972 से 22.12.1975
श्री श्यामाचरण शुक्ल	23.12.1975 से 29.04.1977
राष्ट्रपति शासन	29.04.1977 से 25.06.1977
श्री कैलाशचन्द्र जोशी	26.06.1977 से 17.01.1978
श्री वीरेन्द्र कुमार सखलेचा	18.01.1978 से 19.01.1980
श्री सुंदरलाल पटवा	20.01.1980 से 17.02.1980
राष्ट्रपति शासन	18.02.1980 से 08.06.1980
श्री अर्जुन सिंह	09.06.1980 से 10.03.1985
श्री अर्जुन सिंह	11.03.1985 से 12.03.1985
श्री मोतीलाल वोरा	13.03.1985 से 13.02.1988
श्री अर्जुन सिंह	14.02.1988 से 24.01.1989
श्री मोतीलाल वोरा	25.01.1989 से 08.12.1989
श्री श्यामाचरण शुक्ल	09.12.1989 से 04.03.1990
श्री सुंदरलाल पटवा	05.03.1990 से 15.12.1992
राष्ट्रपति शासन	16.12.1992 से 06.12.1993
श्री दिग्विजय सिंह	07.12.1993 से 01.12.1998
श्री दिग्विजय सिंह	01.12.1998 से 08.12.2003
सुश्री उमा भारती	09.12.2003 से 23.08.2004
श्री बाबूलाल गौर	24.08.2004 से 29.11.2005
श्री शिवराज सिंह चौहान	30.11.2005 से 11.12.2008
श्री शिवराज सिंह चौहान	12.12.2008 से निरंतर

राजस्थान के मुख्यमंत्री और उनका कार्यकाल

मुख्यमंत्री का नाम	कार्यकाल
श्री हीरालाल शास्त्री	07.04.1949 से 05.01.1951
श्री सीएस वेंकटाचारी	06.01.1951 से 25.04.1951
श्री जयनारायण ब्यास	26.04.1951 से 03.03.1952
श्री टीकाराम पालीवाल	04.03.1952 से 31.10.1952
श्री जयनारायण ब्यास	01.11.1952 से 12.11.1954

श्री मोहनलाल सुखाड़िया	13.11.1954 से 11.04.1957
श्री मोहनलाल सुखाड़िया	12.04.1957 से 11.03.1962
श्री मोहनलाल सुखाड़िया	12.03.1962 से 13.03.1967
श्री मोहनलाल सुखाड़िया	26.04.1967 से 09.07.1971
श्री बरकतुल्ला खान	10.07.1971 से 11.08.1973
श्री हरिदेव जोशी	12.08.1973 से 29.04.1977
श्री भैरोसिंह शेखावत	22.06.1977 से 16.02.1980
श्री जगन्नाथ पहाड़िया	06.06.1980 से 13.07.1981
श्री शिवचरण माथुर	14.07.1981 से 23.02.1985
श्री हीरालाल देवपुरा	24.02.1985 से 10.03.1985
श्री हरिदेव जोशी	11.03.1985 से 20.01.1988
श्री शिवचरण माथुर	21.01.1988 से 04.12.1989
श्री हरिदेव जोशी	05.12.1989 से 04.03.1990
श्री भैरोसिंह शेखावत	05.03.1990 से 15.12.1992
श्री भैरोसिंह शेखावत	04.12.1993 से 29.11.1998
श्री अशोक गहलोत	01.12.1998 से 08.12.2003
श्रीमती वसुंधरा राजे	09.12.2003 से 11.12.2008
श्री अशोक गहलोत	12.12.2008 से निरन्तर

महाराष्ट्र के मुख्यमंत्री और उनका कार्यकाल

मुख्यमंत्री का नाम	कार्यकाल
श्री यशवंतराव चव्हाण	01.05.1960 से 19.11.1962
श्री मारोतराव कन्नमवार	20.11.1962 से 24.11.1963
श्री पी.के.उर्फ बाळासाहेब सावंत	24.11.1963 से 05.12.1963
श्री वसंतराव नाईक	06.12.1963 से 20.02.1975
श्री शंकरराव चव्हाण	21.02.1975 से 17.05.1977
श्री वसंतदादा पाटील	18.05.1977 से 05.03.1978
श्री वसंतदादा पाटील	06.03.1978 से 18.07.1978
श्री शरद पवार	19.07.1978 से 17.02.1980

राष्ट्रपति शासन	18.02.1980 से 09.06.1980
श्री ए.आर.अंतुले	10.06.1980 से 21.01.1982
श्री बाबा साहेब भोंसले	22.01.1982 से 01.02.1983
श्री वसंतदादा पाटील	02.02.1983 से 09.03.1985
श्री वसंतदादा पाटील	10.03.1985 से 01.06.1985
श्री शिवाजीराव पाटील निलंगेकर	03.06.1985 से 06.03.1986
श्री शंकरराव चव्हाण	12.03.1986 से 26.06.1988
श्री शरद पवार	27.06.1988 से 04.03.1990
श्री शरद पवार	05.03.1990 से 25.06.1991
श्री सुधाकर राव नाईक	26.06.1991 से 22.02.1993
श्री शरद पवार	06.03.1993 से 14.03.1995
श्री मनोहर जोशी	15.03.1995 से 30.01.1999
श्री नारायण राणे	01.02.1999 से 11.10.1999
श्री विलास राव देशमुख	18.10.1999 से 17.01.2003
श्री सुशील कुमार शिन्दे	18.01.2003 से 19.10.2004
श्री विलास राव देशमुख	01.11.2004 से 04.10.2008
श्री अशोक चव्हाण	05.12.2008 से 26.10.2009
श्री अशोक चव्हाण	08.11.2009 से 10.11.2010
श्री पृथ्वीराज सिंह चव्हाण	11.11.2010 से निरंतर

❑❑❑